高峰秀子との二十年

斎藤明美

草思社文庫

高峰秀子との二十年◉目次

母・高峰秀子の死　～まえがきに代えて　12
初めての原稿依頼　37
ハワイからの贈り物　51
初めて会った日　71
大反響となった記事　91
初めての撮影　119

二十二年ぶりの連載実現 137
生涯の恩人となる 157
高峰秀子が乗り移る 193
〝はらわた〟と虚心坦懐 211
写真集「女優　高峰秀子」が教えてくれたもの 241
知ることと認識と 307

矛盾する二つの思い　349
高峰さんが授けてくれたもの　369
一期一会　389
人生の後始末　いよいよ本格化　439
人生の後始末　そのダイナミズム　461
美しさの意味　485

迷惑な訪問者と高峰の真骨頂 499
大女優の魂の言葉 513
始末のいい女性 575
生きること 593
あとがき 625
文庫版に寄せて 631

高峰秀子との二十年

「黙って私を見ていればいい」
その小さな背中は、
いつもそう言っているように思えた。
それが家事であれ、どんな仕事であれ、
その人は常に、静かに着実に、
そして完璧にやり遂げる。
そこにある、人としての志――
一介の編集者として、記者として、
その大女優と仕事ができた二十年は、
あまりにも貴重な学び舎だった。
高峰秀子という人は、
触れる者全てを導いてくれる、
偉大な師である。

母・高峰秀子の死

～まえがきに代えて

まさかこのような今を見越していたわけではないだろうが、高峰が突然そのことを口にしたのは、平成二十一年の初秋、三人で夕食の卓を囲んでいる時だった。

「明美をうちの養女にすることをどう思う?」

食卓で向かい合った松山(善三)に、高峰は切り出した。

「そうだねぇ……」

松山は驚いた様子もなく、だが即答せずに、何か考えているようだった。

それを見て、高峰が詰問するような調子で聞いた。

「善三さんは、明美がうちの子になるの、反対なの⁉ イヤなの⁉」

松山は心外だという風に、高峰を正面から見ると、

「そうじゃないよ。僕はただ、明美さんに責任が被さって、彼女を縛ることになるんじゃないかと心配しているだけだよ。本人さえよければ、もちろん僕は嬉しいですよ」

「そうッ」

高峰は初めて満面の笑みを見せた。

そうッ——。

高峰のこの一言で私の養子縁組は決まった。

この間、高峰は当事者である私の意志は一切聞かなかった。私は二人のやりとりを聞きながら、黙って夕食を食べていただけだ。

思えば、松山家のあらゆる事柄は、各々の仕事に関すること以外は、常に高峰の〝鶴の一声〟で決まってきた。

著作権継承者のことも、最初に私に告げたのはやはり高峰で、今から七年前、どういうことのない用事でかけてきた電話だった。

「あんた、明日うちに来る時ね、ホウレンソウとお豆腐買ってきてくれる?」

しじゅう松山家で高峰の手料理をご馳走になっていた私は、その翌日も夕飯を食べに行くことになっていた。

「うん、わかった。ホウレンソウは少量の包みで、お豆腐は絹ごしだね」

高峰が好んで使う食材は承知していたので、私は電話口でメモを取りながら、答えた。

と、唐突に高峰が聞いた。

「あんた、著作権継承者って知ってる?」

「うん、知ってるよ。亡くなった画家の絵の写真を使わせてもらう時、遺族の人に電話したことがあるから」

当時まだ週刊誌の記者をしていた私は答えた。

すると高峰が言ったのだ。

「あんたはうちの著作権継承者になりました」

一瞬、私は意味がわからなかった。

「え?……何?」

聞き返す私に高峰は上機嫌で答えた。

「松山と私の著作権を継承するんですよ」

事の重大さがわかってきた私は、かろうじて言った。

「そんな恐ろしいこと……」

文字通り、私は恐ろしかった。

「恐ろしくても何でも、そう決めたの、夕べ。とうちゃんと私で。もちろん、私達がそれぞれ死んだ後よぉ」

高峰はおどけたように笑った。

「とうちゃんとかあちゃんが死んだ後のことなんか聞きたくないよ。それに……」

「じゃ、ホウレンソウとお豆腐、忘れないでね」

高峰は一方的に言って、電話を切った。

私はしばらくの間、ぼんやりと電話の側に座っていた。

だが、ややして思った。「またかあちゃんのことだ、よくわからずに言ってるのに違いない」。高峰は極めて聡明な人だが、社会的手続きに関しては少々疎い。何かの勘違いに決まっている。

私は松山の書斎に電話した。高峰のことを言いつけたつもりだった。

だが松山は否定するどころか、その渋面が受話器を通してもわかるような口調で、

「かあちゃんはお喋りだなぁ。僕がしかるべき時にきちんと君に伝えようと思ったのに、もう喋っちゃったのか。困ったもんだ」

最後はため息だった。

「じゃ、ホントなの？　だって私は……」

「いいんだよ。そう決めたんだ。僕たちの著作を守ってくれるのは、君が一番相応しい。夕べ、かあちゃんとそう決めたんだ。じゃね」

松山も私の話を最後まで聞かずに、電話を切った。

可笑しかったのは次の日。つまり夕飯を食べに行く当日の昼過ぎである。

何か買い物の追加でもあって電話をかけてきたのかと思ったら、高峰が言った。

「昨日私が電話で言ったことね、今夜とうちゃんには言わなくていいから」

用件はそれだけだった。

私は電話を切った後、一人で笑ってしまった。

松山に「お喋りだな」と叱られては困るから、私に口止めしたのだ。普通の人なら「言わないでね」と言うところだが、高峰は「言わなくていいから」と。いかにも高峰らしい言い回しが可笑しかった。そして夫に叱られたくないという高峰の気持ちが可愛らしかった。

その日の夕食の席で、松山が切り出した。

「君をうちの著作権継承者にしました」

そして他の幾つかの項目に変更が加えられ、二人の遺言書が最終的な書面として作成されたのは平成十九年一月。私が正式に著作権継承者に指定されたのも、その時である。

松山善三がこれまでに書いた映画・テレビ・舞台の膨大な脚本、高峰秀子が書き上げた三十作近い著作。その貴重な作品を散逸することなく、乱用されることなく守っていくことは重要な仕事だ。それを遂行する人間に自分が選ばれたことに、私は恐れを感じた。

もとをただせば、私は、高峰がその晩年にたまさか仕事でかかわった一介の記者にしかすぎない。詳しい経緯《いきさつ》は本書に記した通りだが、高峰と松山は、彼らの通常の人間付き合いからは異例とも言える密接さで私に接してくれた。私が曲がりなりにも文章を書いて生きていかれるのも、ひとえに二人のお蔭である。その一介の記者にしかすぎない私を、著作権継承者にまでしてくれた。

だが果たして私は、そんな夫妻の好意に応え得る人間だろうか。不安を抱きつつも、しかしこの時は、そこまで私を信頼してくれた夫妻の気持ちに額《ぬか》ずきたい思いだった。

だが、養子縁組のことは、少し違った。

もちろん松山と高峰の本当の子供になれることは嬉しかった。人間の子供になれたピノキオのような気持ちがした。しかしそれ以上に、高峰が私を養女にと口にした時、私が一番感じたのは、ある奇妙な感覚だった。

つまり、高峰は養女を貰う〝タイプ〟ではないからだ。

五歳の誕生日に実母を失い、攫《さら》われるようにして叔母・志げの養女になって以来、高峰を苦しめ続けたのは、他でもない、血縁というしがらみだった。十数人の親類を養うために、教育の機会も奪われ、職業選択の自由も与えられず、わずか五歳の時から五十年、最後まで好きになれなかった女優という仕事に全力を尽くした人である。

三十歳で松山善三と結婚して、ようやくその重い肩の荷を少しずつ下し始め、ある時からは、まるで振り切るようにして血縁との縁を断ち切ってきた。

戸籍上の〝縁〟は、高峰にとって、自身を苦しめるものではあっても、幸福とはほど遠い要素だったのである。

事実、かつて高峰は私に言ったことがある。

「血縁、肉親という言葉を聞いたら、裸足で逃げ出したくなる」

自身にとってまがまがしい以外の何物でもない縁戚関係を、八十歳を過ぎた人生の最晩年に、高峰が本気で結ぼうとするだろうか。

気の迷いかもしれない。

私はあの時、食卓で黙って箸を運びながら、内心でそう思った。

だが同時に、高峰秀子という人の生き方と気性についても考えた。

女優を引退するまでは別として、それ以後は一気に己の生活信条を前面に打ち出すようになった。殊に私が近くで見るようになった七十歳以降は、気に染まぬことは金輪際しないと宣言しているかのような生活だった。それは、「これでやっと本当の自分になれた」、そう高峰が天に向かって気持ちよさそうに深呼吸している姿に、私には思えた。

「うちには亀の子束子《だわし》に至るまで、私の嫌いな物は何一つ置いてない」と私に言い切った人である。事実、知人からの贈り物でも、自分の好みに合わぬものは、それがどんな高価な物であっても、人にやるか、捨てた。

高齢になっても、忘れ物はおろか、ついうっかりの一度さえなく、その頭の冴えは驚異と思えるほど、健在だった。

その高峰に、気の迷いがあるだろうか。

養女の話が持ち上がる前から私は松山家の離れに住んでいるが、母屋でいつまでも高峰に甘ったれていると、「もう（離れへ）行きな」と言う人だった。その度に私はわざと「ワンワンッ」と吠えて、高峰を笑わせた。我ながら、それはいつまでもじゃれつく犬が主人に「ハウス！」と命じられて犬小屋に戻る姿に似ていて、私は高峰の飼い犬であることにこの上ない誇りを感じた。

高峰には、若い者にいつまでも側にいてほしいと願う普通の年寄りらしさなど、微塵もなかった。

常に背筋を伸ばして、真っ直ぐ前を向いて歩いている。そんな人だった。

なぜ高峰は、今になって自分の戸籍に、あえて家族を増やしたのか……。

高峰らしくない。

だから、奇妙な感じがしたのである。

それだからというわけではないが、仕事が忙しかったこともあって、私は作成された養子縁組の書類を、一カ月近く区役所に出さないでいた。もしかしたら、「やっぱりやめた」と高峰が言うかもしれない。いや、一旦自分で決めたことは決して撤回しない人だ。しかし今回だけは……。様々に考えながら、私は署名捺印された書類を自分の部屋に置いたまま、原稿の締切に追われていた。

「まだ出してないんですか？　早く出していただかないと。ご夫妻の気持ちも考えて」、顧問弁護士のI氏に促されて、私は、いつまでも書類をこのままにしておくことはできないと思った。

だが、一つだけはっきりさせておかねばならないことがある。

私はある日の午後、養子縁組について、初めて二人に自分の気持ちを伝えた。

「とうちゃん、かあちゃん、私みたいなものを養女にしてくださる気持ちは本当にありがたいです。バチが当たるほど、身に過ぎた幸せです。でも一つだけ言わせてください。私は財産は相続しません。本当の子供にしてもらえるだけで天にも昇るほど嬉しいんだから。それで思ったんだけど、法人にしたらどう？　二人の映画界への貢献を記念するような。そのためにとうちゃんとかあちゃんの財産を使う、って言うか、こういう時は寄贈って言うのかな。とにかく、私もただの思い付きで、詳しい知識がないから、一度I先生に相談してみない？」

人には分というものがある。

いくら考えの足りない私でも、自分が松山善三と高峰秀子が長年築き上げた財産を受け継いでいく才覚がある人間かどうかぐらいはわかる。私では器が小さすぎる。

いつになく改まった調子で話し始めた私に、最初はおどけた顔を見せた高峰だったが、すぐに真顔になって松山と一緒に耳を傾けてくれた。

　松山が言った。

「明美さんがそのほうが気が楽なら、そうするか」

「そうね。相続したらあんたが大変になるね。じゃ、映画の法人だ」

　その時、自分でも意外だったが、反射的に言葉が出た。

「かあちゃんは昔から裏方さんが好きじゃないの。裏方さん達もかあちゃんのことを……」

　ほぼ同時に高峰が言った。

「私もそう思ってた。裏方さんを表彰しよう。監督や俳優は賞を貰う機会がいくらでもあるけど、裏方さんはどんなに優れた人でも、誰にも知られないで消えていく。それがいい」

　数日後、I弁護士と、そしてやはり松山家のブレーンとも言える顧問税理士のS氏に来てもらった。

「こんないい話なら、何もお二人が亡くなった後にしなくてもいいじゃないですか。お元気なうちに、お二人がじかに裏方さんに賞をあげれば、その人だってどれほど喜ぶか」

　S氏が笑顔で言った。

「その通りですよ。さっそく申請するための準備にとりかかりましょう。松山さん達は、まず会の名前を考えてください」

Ｉ氏もすぐに賛成してくれた。

「でも法人にしたら、私達が死んだ後、この人は……？」

高峰が私を気遣って、Ｉ氏に聞いてくれた。

「そりゃ、大丈夫だよ、ね？　Ｉさん」

松山が言った。

「もちろんです。明美さんは法人の運営者ということになります。理事などは後から決めるとして、まずは会の名前。お願いしますよ」

両氏は帰っていった。

「かあちゃんは本のタイトルでも何でもネーミングがすごくうまいから、かあちゃんが考えてよ」

私は会の命名を高峰に託した。

二日後、さすが高峰である。素晴らしい名前を考えてくれた。

〝一本のクギを讃える会〟

「映画作りが一つのビルを建てることだとしたら、監督もスタッフもみんながそれぞれに一本のクギ。女優もただの一本のクギにしか過ぎない。ただスクリーンに姿を晒すというだけの違い」

　かつて高峰は私に言った。

　その五十年にわたる映画人生を揺るぎなく貫いてきた、大女優・高峰秀子の信条である。

　私はこの言葉が好きだ。

　高峰の命名に、松山と私は拍手で賛成した。

　そして我ながら名案だったが、私は高峰が一番喜ぶであろう一人目の受賞者を提案した。予想通り、高峰は喜んでくれた。

　あのままなら、ちょうど今頃、その人に高峰と松山が賞を授けるはずだった。あのままなら……。

　数日後、仕事が一段落した私は養子縁組の書類を区役所に出しにいく決心をした。

　その日、改めて私は、松山と高峰の前に書類を広げた。そして念を押した。

「出しますよ。いいんですか？　本当に」

「まだ持ってたのか」

　松山が目を丸くした。

「あんた、まだ出してなかったの？」

　高峰が呆れたように言った。

「かあちゃん、本当に、本当にいいんだね？　後悔しないいんだね？　私みたいなものを子供にして」

私は書類を高峰の鼻先に突き付けて、さらに念を押した。

「早く出してきなさい」

その時、私は高峰の顔をじっと見た。

その目は優しく微笑んでいた。

平成二十一年九月二十四日、私は松山善三・秀子夫妻の籍に入り、「松山明美」となった。

そして、自らが養女だった高峰秀子は、八十五歳にして養女を貰った。

区役所の窓口で、ごく事務的に手続きをする係りの人を見ながら、私は届出用紙を貰いに来た日のことを思い出していた。

「養子縁組の用紙をいただきたいんですが？」、私が言うと、窓口の女性が一枚の紙を手にして遠慮がちに聞いたものだ。「あのぉ、失礼ですが、養女をお貰いになるんですか？　行かれるんですか？」

もちろんそれによって記入する欄が違ってくるから聞いたのだろうが、私はさもありなんと、心の内で笑った。どう見ても若くはない女だから恐らく養女を貰うのだろうが、そう決めつけては失礼だから念のため聞いておこう。そう考えたであろうその女性の気持ちがわかるような気がしたからだ。

「あ、行くんです、養女に。あそこにいるのが養父《ちち》です」

離れた所に掛けている松山を指して、私は答えた。

だが、養女になったからと言って、私の生活には何の変化もなかった。

二十年近く前から高峰を「かあちゃん」、松山を「とうちゃん」と呼んでいる。既に松山家の離れで生活するのにも慣れていた。

強いて変化があったと言えば、病院で「松山さん」と呼ばれた時、しばらくの間、それが自分のことだと気づかないこと。そして顧問弁護士に「これからは、『斎藤明美』はペンネームになるわけです」と言われた時に感じた一抹の寂しさ。

もう一つ。それは書類を出した後、松山家に帰ってきて、ベッドで本を読んでいる高峰に、「かあちゃん、出してきました」と言った時。「かあちゃん」という言葉に、自分でも思いがけず、それまでに感じたことのない重さのようなものを感じて、その二音節だけが拡声器にでもかけたように自分の耳に響いたことだった。

そして冬が来て、春がきて、夏が過ぎて、秋が深まった時、高峰が異変に襲われた。

平成二十二年十月三十一日の午後、それまで松山と一緒に、私がかけた映画のＤＶＤを機嫌よく観ていた高峰が、突如、呼吸困難に陥った。

あまりに突然だった。

私は全身の血が引いた。

あの時、高峰が救急搬送されたあの時から、松山と私の上に流れた時間——。

高峰が荼毘《だび》に付されるまでの、あの五十九日間は本当に現実だったのだろうか。

果たして私は、真実その時間を生きていたのか。毎日、病室の高峰の横で松山と一緒に三度三度食事をして、まんじりともせず高峰を見つめて、本当に私はあの五十九日間を生きてきたのだろうか……。

今考えても、定かではない。

ただ、一つの考えが繰り返し頭に浮かんだことだけは覚えている。

「私みたいなものが養女にならなければ、高峰はこんなことにならなかったんじゃないか」

思う存分吸ってやる。高峰の分まで吸ってやる。意地でもやめない。高峰と同じ病気で死ねたら本望だ。そう思いながら、深夜一人で抜け出した病院の駐車場で、切るような風に身をかがめながら、私は煙草を吸った。「煙草って美味しいね」、ふいに病室で漏らした高峰の言葉を思い出して、私は続けさまに煙草に火をつけた。

そんな時、決まって同じ考えが頭を過《よぎ》った。

「私みたいなものが養女にならなければ……」

ずっと力になってくれたある先輩に、そのことを口走った。

「何をバカなことを！　じゃ、あなたは高峰さんの判断が間違ってたって言うの？　あの高峰さんが、間違った決断をしたと言うのかい？　それはあまりに高峰さんに対して失礼だよ。何の根拠もない、そんなバカなことを言うもんじゃない。今、あなたがいなかったら、松山家はどうなってたと思う？　あなたは本当によくやってる。僕はね、正直、感心してたんだよ。高峰さんの看病と松山先生のお世話は大変だと思う。でもね、それが娘になったということなんだよ」

その人がもし私の疑念に対して「そうかもしれないね」、そう言ってくれたら、私はせめて自分を責めることで高峰が死の床にいることを納得できたかもしれない。自分のせいにしなければ、受け入れることができない残酷な現実だった。

「それが娘になったということなんだよ」

しかしその人の言葉は、たとえ一時的だったにせよ、確かに私を支えてくれた。

病院の売店に松山と自分の弁当を買いに行った帰り、外で電話をしてきた帰り、いつも私は最上階の特別病棟へ上るエレベーターの中で、床に跪《ひざまず》いて祈った。

「私を殺して高峰を助けてくれ」

人の命の重さは同じだというが、私はそうは思わない。高峰と私の命は同じ重さではない。他者を励ますことができる人は、大勢の人に希望を与えることができる人は、一日でも長く生きていなければならない。こんな風に、まるで辻斬りにでも遭ったように命を奪い去られてはいけないのだ。

私の祈りが天に届いたと思う時もあった。本が読みたいからと、私は大喜びで高峰に言われた小説を買いに走ったこともある。三人で映画のDVDをパソコンで観たこともある。医師が「強い方ですね」と感嘆するほど、快方に向かった時期もあった。

だが、私ごときの命と引き換えでは、奇跡は起こらなかった。

平成二十二年、十二月二十八日。午前五時二十八分。

私の世界は崩壊した。

未だにまだ私は、自分が現実を生きている気がしない。

こうして高峰の死を、パソコンで一字一字打ち出している自分が、信じられない。

高峰が死んだ時、本当の自分も一緒に死んだのではないか。

だが、記憶だけはある。その前後の三カ月間に起った出来事をつぶさに覚えている。

「四十九日まで伏せておけるのではないか」「いや、到底それは無理だ。絶対に情報は漏れる」「妙な憶測記事を書かれる前に、記者会見を開いたほうがいいのではないか」「記者会見はやめたほうがいい」「年明けに訃報を流すか」「明美さんが養女であることは発表するのか」「遺族は松山善三さんだけということでいいのか」「マスコミに流す文面にはどの程度のことまで書くか」……。

顧問弁護士をはじめブレーンになってくれた数人の人達が特別病棟の控室で頭を寄

せて協議した。できるだけ世間を騒がせず、なおかつ松山善三をマスコミの攻勢から守るには、いつ、どんな形で高峰の死の報を流せばよいか。

まだ高峰は生きていた。

だが「あと二、三日が山です」、担当医師に宣告された日、私は彼らに集まってもらった。まだ病と闘っている高峰を病室に残して、一体私は何をしている。自分自身を憎悪しながら、だが今、あらゆることを決めておかなければ大変なことになると思った。

「大晦日に流す。NHKの紅白があるから、ニュースの時間が短い。新聞も雑誌もテレビも、年明けまで動きがとれない。流すタイミングは、松山先生と明美さんが成田の出発ゲートに入った直後。第一報はNHKの七時のニュースになるはずだ」

それが結論だった。

松山と私は、とるものもとりあえず、逃げるようにして日本を離れた。

高峰のお骨を抱いて。

「お二人とも、ゆっくり身体を休めてきてください。何もかも忘れて」

ブレーンの彼らが言ってくれた。

だが、ハワイにいた二カ月余り、高峰の死はあまりに重すぎた。

抜けるような青空も、美しい花々も、心地よい風も、街も、ふいに涙を誘うだけの材料に過ぎなかった。

広大な丘陵に広がる芝生の中に、高峰と松山が五十代の時に用意した二人のお墓があった。

その墓石を見た時、急に松山が嗚咽した。

もう私にはそれを慰めることも励ます力もなかった。ただ松山の背中をさすりながら、松山以上に泣きじゃくった。

墓地に高峰の骨を納める時、松山が前に進み出たかと思うと、地面から小石を幾つも拾い上げた。

「書斎の僕の机の上に置くんだ」

私は、また泣いた。

もう松山も私も、ボロボロだった。

しかし、マスコミは容赦なく、遠いハワイの地まで追いかけてきた。

顧問弁護士達と大事な連絡をするために持参した私の携帯電話は絶え間なく鳴り続け、パソコンにはマスコミからの受信メールが流れた。

「高峰さんについて書いてください」「最後のご様子は?」「闘病について原稿を」「お別れした時のお気持ちを」……。高峰の死後数日を締切日に設定して何字以内で原稿を書けという週刊誌に呆れ、十年近く前に一度食事をしただけの記者から「お久しぶりです。何度も飲みに行きましたね。高峰さんについて書いてください」としつこく入ってくる留守メッセージに罵倒の言葉を浴びせ、私の携帯電話の番号もパソコンのメールアドレスも知らないはずの雑誌や新聞から連絡が来たことに恐怖を感じた。

彼らにとっては所詮、単なる〝女優の死〟でしかない。どんなきれいな悔みの言葉を前置きしようと、どれほど飾った言葉で依頼してこようと、知りたいのは、一つだけだ。

そんなに〝高峰秀子の死にざま〟が知りたいか！

私は初めて、自分と同業の彼らを憎んだ。

公人なら、その死に方まで公開しなければならないというのか。五歳の時からファンに応え、マスコミに応え、映画界に貢献してきた高峰に、まだその最期まで公けにしろと言うのか。

悲しむ間もなく、私は毎日、怒り続けた。

松山には何も知らせず、義理のある媒体だけに断りのメールを送って、他は全て無視した。

獅子の亡骸《なきがら》に群がるハイエナだ。自分が禄《ろく》を食《は》むマスコミを、私は呪った。

マスコミだけではない。

かつて私の前で高峰を中傷しておきながら、テレビや雑誌に出まくってあたかも自分が一番高峰と親しかったと言わんばかりに喋り散らす人。驚くべきことにその人物は、ご丁寧にも、私が帰国すると、高峰の最後の様子が知りたいから「飯でも食おう」というハガキを私宛に寄越していた。あるいは、私の携帯に「〇〇が是非お別れをしたいと言っているので」と、再三マネージャーに電話させてくる目立ちたがり屋のタレント、「松山さんと連絡が取れないから警察に通報したほうがいいのではないか」と松山の親族を焚きつける有名人……。

まだしもマスコミの人間には、「仕事だから」という名目がある。しかしこれら著名人にあるのは、欲望。自己顕示という欲望だけである。高峰の生き方も心情も何一つ理解せず、高峰の死に乗じて自分を売り出そうとするこれら輩を、私は軽蔑した。

恐らく現在まで、あの世で高峰が喜んでいるのは、雑誌「オール讀物」に掲載された安野光雅画伯の追悼文、ただ一つだろう。

ハワイの二カ月、私は煮え返るような思いで、留守メッセージを聞き、パソコンから送られてくる日本の情報を見つめていた。

「人間なんて、そんなものよ。今頃わかったの？　もう一度、よぉく目を開けて人間を見てごらん」

耳元で高峰が囁くのが聞こえるような気がした。

五歳の時から、ありとあらゆる人間の醜さを見つめながら、なぜこの人の目はこれほど澄んでいるのだろう。

そう思わずにいられないほど、病室の高峰の目は、澄みわたっていた。

その頬は、桜色につやつやと輝き、あまりに美しかった。

死はその人だけのものである。

最後の言葉も、末期の姿も、私は誰にも語るつもりはない。

松山と私だけが知っていればいい。


今もまだ私は自分が現実を生きている気がしない。

高峰のいない台所、高峰がいない空のベッド、高峰が袖を通さぬ部屋着、高峰が使わぬ洗面所、石鹸、歯ブラシ、櫛、タオル……。

高峰秀子がいない家は、軀《むくろ》である。

それでも私は、高峰がいた時と同じように、松山と一緒に麻布十番に買い物に行く。

帰宅して二階の居間に入ると、「お帰り」と言う高峰の声が台所から聞こえてきて、思わず覗き込む。

だが高峰はいない。

高峰の席が空いた食卓で、松山と二人で食事をしながら、ふとその席を見ると、突然滂沱の涙が出る。

高峰が書いた買い物のメモが目に入ると、いきなり胸を刃物で刺されたように、痛い。

しかしそれでも、高峰のいない家で、高峰がいた時と同じ生活をしなければならない。

高峰がいない時間をおめおめと生きている自分を殺してやりたいほど憎いと思っても、生きていかなければならない。

松山善三は私にとって、高峰が残した大切な〝忘れ形見〟だ。

この人がいる限り、私は高峰がそうしたように、ずっとそうしたいと願ったように、松山家で朝を迎え、夜を過ごさねばならない。

松山は少し物忘れが始まった。

しかしそれでも、自分が食べた後の食器をきちんと流しまで運んでくれる。辛くて当り散らす私に、寂しそうに微笑むことはあっても、声を荒げることさえない。高峰の美味しい手料理を食べていた人が、私などが作ったものを「美味しいよ」と言って毎日食べてくれる。

高峰がいなくても、それでも。しかしそれでも……。

私よりもっと、松山はそう思いながら生きているのかもしれない。

「僕だって泣きたいんだよ」

ポツリと言った松山の言葉が、耳元を離れない。

なぜ高峰が松山を愛したのか、高峰を失った今、一層わかるようになった。

「娘の携帯電話の番号を教えてください」

私が病室にいない時、高峰が看護師に言った言葉。

高峰が私を「娘」と言ってくれた、それが最初で、そして、最後だった。

松山明美

平成二十三年三月

初めての原稿依頼

意外にも、私が初めて松山家と接触したのは、高峰さんではなく、夫君の松山善三氏だった。

昭和六十二年夏、私は「週刊文春」という雑誌の編集部に入ったばかりで、まだ右も左もわからず、自分に与えられた「テレビ評」というページに執筆してくれる著名人を毎週探すことで、頭が一杯だった。

何か一つテレビ番組を観て、それについてきちんとした意見を書いてくれる人。誰に頼めばいいだろう……。怖くない人がいいな。元来が臆病な私は、できるだけ優しそうな書き手を選んで依頼した。永六輔氏、天野祐吉氏……。だが週刊誌だから毎週毎週、それは続いていく。編集者として素人に等しい私に、そう次々に候補が浮かぶわけはない。

さて、次回は……。考えているうちに日が過ぎて、もう手紙では間に合わなくなり、いきなり電話で依頼した、松山善三氏に。

小学生の頃、ネスカフェのCM〝違いがわかる男〟で見た氏は、生真面目そうで、そして優しそうに思えた。

「あ、あの、週刊文春という雑誌の斎藤と申しますが……」

私はドギマギしながら用件を述べた。

松山氏は穏やかな声で応えた。

「申し訳ないけど、僕はテレビを観ないんですよ」

「そうですか……」

私の落胆ぶりが伝わったのだろう、氏は次にこんな風に言ってくれた。

「うちのヨメさんにも聞いてみてあげましょうか？　でも彼女も殆どテレビを観ないけど……」

「ヨメさん」って、高峰秀子のこと？　高峰さんが極上の書き手であることは既に彼女の随筆を読んで知っていた。しかし「彼女も殆ど観ない」と夫が言っているのだ、断られるに決まっている。それに怖そうだし……。

「あ、いえ、そんな、結構です。すみません、お忙しいところを。ありがとうございました」

私はそそくさと電話を切った。

「そうだったか？　全然覚えてないなぁ」

先日、この時のことを話すと、氏は微笑みながら言った。

当然だ。始終かかってくる原稿依頼の電話、それも二、三分のやりとりを。

私だって、自分がかけた電話をすべて覚えているわけではない。だがこの時の電話は鮮明に覚えている。松山氏が言った一言一句。電話をしたのが当時私が住んでいた世田谷の1DKの、机の上の草色の電話機からだったこと。そして受話器を取って番号を押す時ドキドキして、受話器を置いたら、掌にじんわり汗をかいていたこと。

なぜそれほど覚えているかと言えば、松山氏の対応が〝親切だった〟からだ。その後、恐らく何千何万回と、私は原稿や取材依頼の電話をかけたが、あの時の氏ほど、丁寧な言葉遣いで、何か歳下の人間への慈愛とでもいうような雰囲気を持った対応は、なかった。

へーぇ、あの『名もなく貧しく美しく』って映画を撮った監督、いい人なんだぁ。電話を切ったあと、私は思ったものだ。

だがこの時、まさかその人を「とうちゃん」と呼ぶようになるとは、夢にも思っていない。

翌年、私の担当が増えた。最近身の周りで起こった腹が立つ出来事か、あるいは可笑しい出来事について書いてもらうという「立腹抱腹」。

その頃には、少しだが気持ちに余裕ができた。だから多くの編集者が一度は思うことを、思った。

高峰秀子の原稿が欲しい。

しかしこんな短いコラムに原稿をくれるだろうか……。正直ダメもとで、私はそれまでの「立腹抱腹」の記事のコピーを添えて、依頼状を郵送した。

今なら間違いなく「抱腹」のほうを依頼するのだが、当時の私は「怖そうな人だから、腹の立つことがたくさんあるに違いない」と、「立腹」のほうに寄稿をお願いした。

電話をかけたのは手紙を投函した四日後、平成元年の、確か一月だった。

気持ちに余裕はできても、編集部の自分の席から高峰秀子に電話をかける勇気はなかった。しどろもどろになるかもしれない自分の姿を他の人に見られたくなかったのだ。だから〝取材部屋〟と呼ばれる、事件ものを担当する記者が内密な電話をかける小部屋の一つに入った。思えば、まだ携帯電話などない時代だった。

今度は電話をかける前から既に掌に汗をかき、私は両手をこすり合わせて、呼吸を整えたのを覚えている。

「奥様はアメリカです」

お手伝いさんだった。

私は拍子抜けしたと同時に、どこかでホッとした。まるで予防注射の順番を待っている小学生が、自分の前の人が済んだところで、「次の人からは給食の後にします」と言われたように。

「いつ頃、ご帰国でしょうか?」

「二月です」

「二月のいつ頃ですか？」

「わかりません」

後から聞くと、未知の人間には帰国する日を教えぬよう、お手伝いさんに言い含めてあったそうだ。

私は二月末に改めて電話した。

「少々お待ち下さい」

お手伝いさんは言った。

私の鼓動が速くなった。今度こそ私が注射をされる番、いや、高峰秀子が電話口に出てくるのだ。

「はい」

私が聞いた高峰秀子の第一声である。

今でもそうなのだが、高峰さんは低い声で、どこか不機嫌そうに電話に出る。そして相手が旧知の人間だとわかると、安心したように明るい声に変わるのだ。

私が初めて聞いた肉声もそうだった。ただし明るい声には変わらないままで。

「あの、過日、お手紙を……」

おずおずと私は言った。

途端に、パキパキした調子で、高峰さんが応えた。

「あのね、週刊誌でうちに送ってくれないのは、◯◯とお宅だけなのよね」

わッ。

「すみません！　すぐに送ります」

「まず見てみます、そのナントカっていうページを」

高峰さんは電話を切った。

やっぱり怖い。私は思った。

何が怖いものか。相手はただ自分の思うことを言っただけではないか。今ならそう思えるのだが、当時の私はまだ新米で、やたらとビクビクしていた。

私はすぐさま雑誌を送り、一週間後に再び電話した。

「届きました。ありがとう。あのね、考えときます」

高峰さんはそれだけ言うと、電話を切った。

一カ月後、また電話した。

「う〜ん……。考えとくわよ」

今度もそう言って、高峰さんは電話を切った。

やっぱりダメなのかなぁ……。だが、断られたわけではない。

二カ月後、また電話。

「ん〜、考えとく」

返事は同じだった。

今思うと、高峰さんには珍しく、即答しなかった。たぶん「短いからすぐに書けるだろうが、面倒臭いな」と思ったのだろう。そしてそのうち、こちらも諦めるだろうと。

普通なら私も、「もういいや」と諦めるのだが、それまで彼女の随筆を読んでいて、明確な根拠があったわけではないが、心にないことは言わない人だろうと、何となく感じていた。だから「考えとく」ということは、本当に検討してくれるのだろうと思ったのだ。つまりまだ可能性はあるのだと。

だからさらに一カ月して、電話をした。

「考えときますよ」

明らかに煩わしそうだった。

私はさすがにハッキリさせたくなって、遠慮がちに言ってみた。

「あのぉ、そろそろご確約をいただけないでしょうか？」

電話口の向こうで、「フッ」と一瞬、かすかに高峰さんが微笑んだように思えた。

と、次の瞬間、答えたのだ、

「じゃ、書こうかな」

なんだかこのコ、困ってるみたい。

高峰さんがそう思ったように、私には感じられた。

私は受話器を持ったまま、お辞儀した。

依頼した日から、実に半年が過ぎていた。

ところが先日、この時のことを高峰さんに話すと、彼女が意外なことを言った。

「あの時、私が『考えとく』と言ったのは、あなたが言うテーマに相応しい話題があるかどうか考えとく、という意味だったのよ。週刊誌の記事って、面白くなきゃいけないからね」

そうだったのか……。

「でもあんたも随分、粘ったんだねぇ」

何か小さな子供でも労《ねぎら》うように、高峰さんは微笑んだ。

余分なことを言わない代わり、依頼した相手よりもその仕事のことを深く考える。

高峰秀子の姿勢は、この時も同じだったのだ。一方、そんな慮《おもんぱか》りに気づきもしないで、ただひたすら「高峰さんは原稿依頼を受けてくれるか、くれないか」、そればかり考えていた自分は、二十年経った今、果たして成長しているのだろうか……。

高峰さんの笑顔を見ながら、私は思った。やっぱり敵わないな、この人には。

高峰さんの原稿は、「書こうかな」と言った二日後に郵送で届いた。

早いのはその後もずっと同じだった。決して締め切りの日より遅れることはない。どころか、一旦「書く」と言ったら、締め切りの数日前に原稿をくれる。それが〝高峰流〟である。

中身は、簡潔明瞭。今こうして読んでみても、なかなかいい原稿である。

だが原稿をレイアウトに入れてみると、規定の字数より大幅に足りなかった。慌てて私は高峰さんに電話した。

「奥様は昨日、アメリカに発ちました」

またアメリカ？　しょっちゅうアメリカに行くんだな。何しに行ってるんだ？　ハワイの別宅に夏と冬、三カ月近く滞在するのを、まだ私は知らなかった。

「あの、頂いたお原稿のことで、至急ご連絡を取りたいんですが」

「連絡は取れません」

そんな……。

〝一見《いちげん》さん〟にはハワイの連絡先を教えないことにしていたのだ。

困った。しかし何とかしなければならない。大きな余白を残したまま雑誌に載せるわけにはいかない。

私は、高峰さんの肉筆原稿をじっと見直した。すると見ているうちに、腹が立つ出来事を箇条書きにしているのが気になってきた。だから試しに、それぞれの間を一行空けてみた。すると、見事にピタッと収まったのだ。

高峰さんの謎かけが解けたような気がして、私は一人でニンマリした。

「すごいね！　斎藤さん、高峰秀子さんから原稿が取れたの？　私も前に頼んだことがあるけどダメだったよ」

私が掲載用に高峰さんの写真を印刷所行きの箱に入れているのを見て、同僚の若い女性が言った。

半年かかったけどね……。

心の中で、私は答えた。

以後、私は、必ず高峰秀子の「立腹」記事をコピーして、「ご参考までに」と、依頼状に添えた。「高峰秀子さんが書いているなら」、大物と言われる著名人が次々にかかった、いや失礼、承諾してくれた。

この方式は、その後もずっと霊験あらたかに、私を助けてくれた。つまり〝鯛〟でマグロやクジラを釣り上げるやり方が。

そしてそのたびに、私は、いかに高峰秀子という人が人々に信頼され尊敬されているかということを、身をもって感じていくことになるのだ。

立腹抱腹

立腹帖　　高峰秀子　女優

・駅のホームや空港のロビーで、雨傘を振りまわしてゴルフの練習をする。
・新幹線の車中で汚い靴下の足を前方座席の背にのせて、マンガ本に目をこらす。
・人混みの中を、煙草を持った手を振りながら歩く。
・他人と会食中に、自分勝手に煙草を吸う。
・いいトシをしてやたらと流行語（アサシャン、ジャリタレ、など）や略語（パソコン、カメリハ、など）を使う。
・スープやスパゲティなどをズルズルと音を立てて吸いこむ。
・子供のない人に長々と自分の子供の話をする。
・ところかまわず大声をはりあげる。
・エレベーターの前に立ち塞がる。
・自分から電話を掛けておきながら、ガチャン！　と先に切る。
・公衆電話で、次の人がイラついているのを知っていても長電話を続ける。

・有名人をジロジロ見たり、指さしたりする。
・他人と対話中に貧乏ゆすりをする。
・人前でツマヨウジを使う。
・行列を無視して割りこみでスルリとトイレットに飛びこむ。
・となりの椅子に自分の荷物をデンと置く。
・ホテルの出入口に突っ立って立ち話をする。

こうして書き並べていると果てもなく続きそうなので、もうおやめにする。
外出すれば、一日に何度かはこうした情景に出会って、一人でプンプン腹を立てているけれど、あまり怒って、これ以上人相が悪くなると困るから、なるべく目玉をムイて睨んだり、眉間にシワをよせたりしないように心がけている。

「週刊文春」一九八九（平成元）年八月三日号

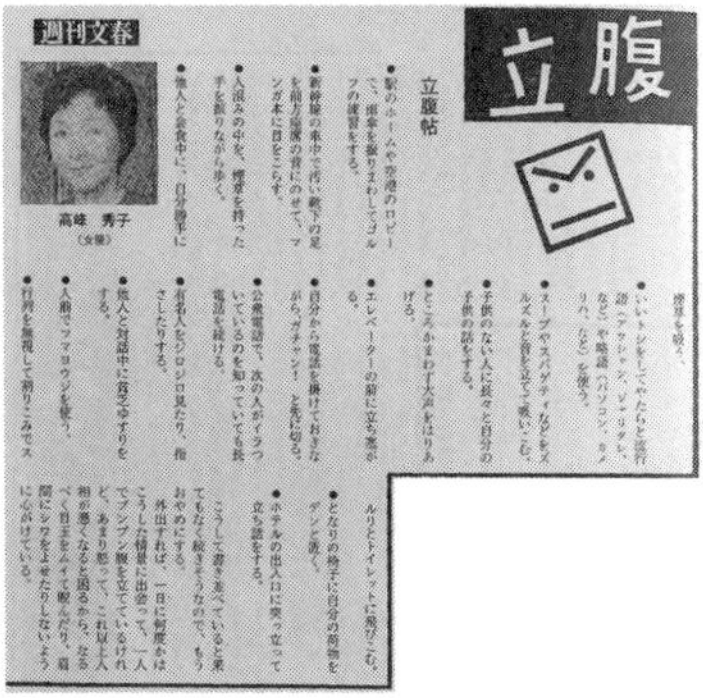
立腹

立腹帖

週刊文春

高峰 秀子
（女優）

ハワイからの贈り物

高峰さんに初めて原稿を貰った二年後、平成三年の夏、「週刊文春」編集部にいた私は、もう一つ新たなページを担当することになった。

既に担当していた「テレビ評」や「立腹抱腹」などと同じく、週ごとに違う著名人の原稿を載せる形式で、テーマは「思い出の本」。心に残る一冊を取り上げて随筆を書いてもらうという企画だった。

この編集部で仕事を始める時、私をそこに入れてくれた初代のデスク・S氏に言われたことを、今でもよく覚えている。

「君は社員じゃないから、連載小説の作家を担当することはできない。これから君がする仕事は、新入社員でもできる仕事なんだよ。毎週毎週、いろんな有名人に原稿を貰ったり、談話をまとめたり、そんな仕事ばっかりだ。だから君は、その都度接する有名人、そういう人達を自分の財産にしていくしかないんだよ」

この言葉を、もしかしたら、良い意味にとらない人もいるかもしれない。「君の仕事はせいぜいそんなものだ」と言われたような気がして。

だが私は、少しもイヤではなかった。むしろS氏の好意を感じた。私に下手な期待や希望を抱かせず、極めて現実的な、それ以上でも以下でもない、私が担うであろう仕事の性質。その中から、吸収できることは精一杯吸収していきなさい、そう言ってくれているように思えたのだ。

事実、それから二十年、私は「週刊文春」の記者として、毎週、毎週、様々な芸能人や文化人、スポーツ選手などから原稿を貰い、あるいは談話をまとめた。退職する時、記録したノートを見たら、インタビューした相手だけでも軽く千人を超えていて、自分でも驚いた。別にS氏の言葉を守ったわけではない。仕事だからやっただけだ。だが結果的に、確かに私はそれら千人余りの人々から多くのことを教えられ、〝財産〟にしたと思う。

そしてその中で、生涯の〝至宝〟に出逢った。

それが大女優・高峰秀子である。

だがもちろんこの平成三年の時点では、高峰さんとそれほどの縁ができるとは夢にも思わず、週刊誌の記者として慌ただしい日々を過ごしていた。

ただ幸いだったのは、私が自分の仕事を通して、人間を観察することに強い興味を抱き始めたことかもしれない。だから週に五人だろうが十人だろうが苦にせず、ノートに作った自分の担当表のマスを、一つ一つ、著名人の名前で埋めていくことができたのだと思う。

四代目のデスクに「『思い出の本』、第一回目は誰にする?」と聞かれたのは、そんな時だった。私は迷わず答えた。「高峰秀子さんにしようと思います」。するとデスクは心配そうに言った、「そりゃすごくいいけど、原稿、貰えるの?」。私は断言した、「貰ってみせます」。なぜそれほど自信たっぷりに言えたのか、今でもわからない。

私は高峰さんにファクシミリで原稿の依頼状を送り、翌日、改めて電話した。

「二年前、『立腹抱腹』という欄にお原稿を頂いた者です」と言うと、高峰さんはやはりパキパキとした口調で応じた。

「あぁ、あの時の人。あのページ、まだ続いてるの?」

どうやらそのページは読んでくれていないようだったが、それでも二年前の電話と比べて、高峰さんと少し会話らしい言葉が交わせたのが、私は嬉しかった。

高峰さんは依頼について言った。

「私なんかじゃなく、誰かちゃんとした作家の方に書いてもらったら?」

もはやこんな言葉で怯む私ではなくなっていた。

「いえ、是非、高峰さんにお願いしたいんです」

私が断固として言うと、

「あのね、今、うちにお客様が来てるから、夕方、もう一度電話くれる?」

「はい、わかりました!」

お、これは脈がある。私は思った。

そして夕方の電話。

高峰さんは言った。

「さっきも言ったけど、他の人に頼んでくださいよ」

「いいえ。第一回目は、どうしても高峰さんじゃないとダメなんです」

断固というより、押しが強い。

すると高峰さんが、

「どうして私でなきゃいけないの？　私は作家じゃありませんよ」

「だって、日本エッセイスト・クラブ賞じゃないですか」

彼女が、自伝『わたしの渡世日記』でその賞を受けていることに触れた。

「フフン」、かすかに高峰さんが笑った。

「こいつ、うまいこと言って私を乗せようとしてるな」という風に私には思えた。

だが沈黙はいけない。少しでも相手との会話が途切れたら、その隙に「ＮＯ」と言われそうで、私は急に話題を変えた。

「私、高峰さんの映画は殆ど観てます。『二十四の瞳』『浮雲』『喜びも悲しみも幾歳月』『名もなく貧しく美しく』『女が階段を上る時』『乱れる』……」

思いつく限りの出演作を羅列した。

と、間髪を入れず、高峰さんが言った。

「それとこれとは関係ないわよね」

「そうですね」

私が萎んだように答えると、電話の向こうで高峰さんがちょっと笑った。

よし、今だ。もっと攻めよう。

「高峰さんがカタツムリの置物を集めてることも知ってるんです。私の郷里の高知に竹屋さんがあって、そこに小さな竹のカタツムリがあるのをこの間見つけたので、今度帰省した時に買って、高峰さんに送ろうと思ってます！」

「あれね、もうやめたの、集めるの」

「ハ、そうですか」

私は空気が抜けた。

「アハハ……」

今度は声に出して、高峰さんが笑った。

私も笑ってしまった。自分が続けざまに、しかも自慢げに出した話題を、二つとも瞬時に粉砕してしまった、その高峰秀子の当意即妙が、私にはとても愉快だったのだ。

「何て面白い人だろう」、話していて、ワクワクした。

「じゃね、一つだけ調べてくれる？」

やや改まったように高峰さんが言った。その言葉は、原稿依頼を受けてくれることを意味していた。

「林芙美子の『浮雲』の初版がいつ出たのか、調べてもらいたいの」

訳もないことだった。

「はい！　わかりました。調べてお電話します！」

当時は気づかなかったが、こうして書いていると、今さらながら頭が下がる。なぜなら、高峰さんはこの電話をしている時、既に「どの本を取り上げるか」決めてくれていたことがわかるからだ。つまり私が依頼した時点で、あるいは夕方、私が再度電話をするまでの間に、こちらの依頼したテーマについて考えていてくれたのだ。

高峰秀子という人は、余計なことは一切言わないが、こちらが求めることに対して、極めて迅速に、誠実に、そして明確に応えてくれる。決していい加減な対応はしない。

原稿は二日後に送られてきた。

二十代半ばの高峰さんが半年パリに滞在していた時、ある日突然、送られてきた一冊の本、『浮雲』。送り主の名前はない。奇しくもその四年後、映画化された『浮雲』に主演して、それが高峰秀子生涯の最高傑作となり、また映画史上、白眉と言われる名作になったことを思えば、実に不思議な、そして運命的な出来事だ。その貴重な体験を、彼女は素晴らしい原稿にして、私にくれた。「小さな棘」というタイトルを付けて。

「すごいな、この人」

原稿を初見した時、私は思った。

もはや前回と違って、ゲラにした段階で慌てることもなく字数はピッタリ、校了日まで余裕綽々、内容は抜群。もちろんデスクは大喜び。何より読者が喜んだ。掲載誌が出たあと、読者から賞賛のハガキや手紙が相次いだのだ。

だが一つだけ、今でも高峰さんに申し訳ないことをしたと思うのは、原稿を誌面に載せる時、タイトルを変えたことだ。このページのタイトルには、必ず本の題名を入れるというのが決まりだった。今ならデスクと喧嘩してでも、高峰さんが付けた「小さな棘」をタイトルにするのだが、その時の私にはできなかった。数年後、高峰さんが出した随筆集にこの原稿が収められ、タイトルが「小さな棘」となっているのを見て、その申し訳ない気持ちはさらに募った。

しかし高峰さんの原稿のお陰で、新しい企画連載は、輝かしいスタートを切ることができた。

そして私は〝例の手〟を使った。即ち、前回書いた〝高峰秀子で釣る〟方法。二回目以降、この連載が終了するまで五年間、私は高峰秀子の原稿を見本として依頼状に添え、人間国宝、ノーベル賞学者、当時話題の知事……ありとあらゆる大物を〝釣り上げた〟。つまり、第一回目に高峰さんから原稿を貰ったことで、このページに箔が付いたのだ。

私は時々、高峰さんに手紙を書くようになった。懲りもせず、自分が観た高峰さんの映画をリストアップして、「横に赤線が引いてあるのは、ビデオに録画して持っている物です」などと書いたりして。その都度、高峰さんは短い返事をくれた。「ずいぶんたくさん観てくれているんですね」「今度こんな本を出しました。よかったら買ってチョウダイ」と、梅原龍三郎画伯が描いた美しい〝高峰秀子像〟の絵葉書で。『おいしい人間』の書評を書いたのは、そんな高峰さんの近著を、私が個人的な楽しみとして買ったのがきっかけだった。買うなり仕事帰りの電車の中で読み始めたら、涙が止まらなくなった。例えば、身を呈して火事から大河内伝次郎を守った付き人「正《しょう》やん」の話。初めて夫の母親に会った時、かけられた言葉に思わず涙を流した高峰さん自身のこと……。そこには高峰秀子の価値観と人間性の全てが表れていて、深く心打たれる。

編集部の人間が好きな本を一冊推薦するその小さな囲み記事に、それまで私は一度も書きたいと思ったことはなかったが、この時初めてデスクに「書かせてください」と申し出た。たぶんこの短い文章が、私が生まれて初めて公に書いた、談話ではない、自分の文章である。

だが勝手に書いてしまった後、気になって、「事後報告で恐縮ですが……」と、ことわりの手紙を高峰さんに出した。

だが、珍しく返事が来なかった。

なぜだろう。無断で書いたからだろうか。文章がまずかったのだろうか。私はしばらく気に掛かって仕方なかった。

と、掲載して一カ月ほど経ったある日、私の自宅に小包が届いた、ハワイから。送り主は高峰さんだった。

驚いて中を開けると、チョコレート・キャンディが入っていた。

そして添えられた手紙には、

「あなただったんですね。知人がこの記事をハワイに送ってくれました。拙著を紹介してくれてありがとう。とても嬉しいです。ハワイにはロクな物がないけど、このキャンディはちょっと美味しいゼヨ。食べてみて」

世田谷の小さなアパートの一室で、私は独り狂喜乱舞した。それにしても「美味しいゼヨ」とは。「ゼヨ」は高知弁だ。私が高知の人間だというのを覚えていてくれたのだろうか、と思いながら……。

さっそく私は会社でデスクに自慢した。「高峰さんがハワイからチョコレートを送ってくれました〜」と言って。

だが離れた所でその様子を見ていた人間がいるのには気づかなかった。それはグラビア担当の若い女性編集者だった。

彼女が私に、思わぬ機会を与えてくれたのだ。

初めて高峰秀子に会う、という機会を。

文春図書館　思い出の本

「浮雲」との運命的出逢い

高峰秀子　女優

一九五一年、五月。二十五歳（原文ママ）だった私は、羽田空港からパリに向って飛び立った。

物見遊山などという結構な旅ではなく、日本国内脱出、海外逃亡めいた必死の旅立ちであった。

理由は、私の好むと好まざるとにかかわらず、限りなく膨張してゆく映画女優の「高峰秀子」という虚像に振りまわされて、ホトホト疲れ果てたからである。

「親もいらない、人気もいらない、金もいらない、恋もいらない」と、日本国をふり切るようにしてパリに到着した私は、ルクサンブールの学生町で七カ月間の下宿生活に入った。当時のパリにいた日本人は十人足らず、フランス語の分らない私には新聞もラジオも無関係、日本の情報など何ひとつ得られず、ただ虫のように毎日を過ごしていた。

そんなある日、日本から、ボロボロになった小包みが届いた。単行本の端っこが覗いていて、林芙美子著の「浮雲」だった。日本の活字に飢えていた私は、文字通り、貪《むさぼ》るようにして読んだ。「浮雲」のストーリーは、惚れた男の不実をなじりながらも、恨み、反撥、つらみ、あきらめをくり返して、最後には喀血して死んでゆく、という、全く救いのない女の物語である。

それでなくても、生れてはじめての孤独をかみしめて頑張っている私には、読めば読むほど気の滅入るような小説だった。そして、破れた包装紙には送り主の名前がなかった。

私のパリ行きを知ったとき、眼を吊り上げて反対した私の母が本など送ってくれる筈はなく、私が林芙美子のファンであると知っている友人もない。考えられるのは、人気女優の私の周《まわ》りで、オスの匂いをさせていた、男性たちの一人がその送り主であったかも知れない。もし、そうだとしたら……その心は何なのか?……「浮雲」のヒロインゆき子のように、踏まれても蹴られても俺にしがみついていろ、というナゾなのか?……。全く、もう、「お前さん、うぬぼれもいいかげんにおしよ」と、私はチャンチャラ可笑《おか》しかった。

七カ月の逼塞《ひっそく》が終り、チーズとワインで雪ダルマの如く太った私は帰国し、「稲妻（林芙美子原作）」「カルメン純情す」など四本の映画に出演し、そのあと「雁

（森鷗外原作）」「女の園（阿部知二原作）」「二十四の瞳（壺井栄原作）」など、立て続けに八本の映画に出演した。

東宝映画から「浮雲（林芙美子原作）」の出演交渉があったのは、一九五四年であった。パリで「浮雲」を読んだときは、まさか私がゆき子を演《や》るなどとは夢にも思わなかったので、私は仰天した。そして、映画化を前提として読みなおした「浮雲」のヒロインは、役としても難役で、私には到底自信がなかった。私は東宝に断りの返事をしたが、東宝は承知せず、私はしかたなく、届けられた脚本のゆき子の台詞《せりふ》だけをズラズラとテープに入れ、「このように下手クソなので、遠慮させていただきます」という手紙をそえて成瀬巳喜男監督に届けてもらった。が、なんと、映画化の準備は急速に進み、アッという間もなく撮影は開始された。いまの女優なら要領よく蒸発でもしただろうが、私にはそんな才覚もなかった。

相手役の森雅之さんの名演に支えられて、「浮雲」はようやく完成した。私の尊敬する小津安二郎監督から、「ウキグモハ　ブンガクニカツタ　デコ　オメデトウ」という電報を頂戴したとき、私はやっと、ヤレヤレと一安心した。

なんのかんのと「浮雲」は私にとって人さわがせな本だったが、私が受けた六十余の演技賞の大半は「浮雲」と「二十四の瞳」で戴いたのだから、人間、一寸先きのことは分らないものである。

それにしても、パリの空の下で読んだ「浮雲」の送り主は、いったい誰れだったのだろう？　指さきにもぐりこんだ小さな棘《とげ》のように、「浮雲」はなんとなく気になる本である。

※「浮雲」は新潮文庫におさめられています。

「週刊文春」一九九一（平成三）年八月二十七日号

文春図書館

落涙の恐れあり、要注意
『おいしい人間』

　手を洗ってからでないと、触れるのがはばかられるような純白の表紙に、安野光雅さん描くところのユーモラスなピエロが銀色の三日月にぶらさがってマンドリン（だと思うが）をかなでている。

　タイトルは『おいしい人間』（潮出版社　1300円）、女優の高峰秀子さんの最新エッセイ集である。

　高峰さんといえば、昭和五十一年七月に、自伝『わたしの渡世日記』で第二十四回日本エッセイスト・クラブ賞を受賞し、他にも、『巴里ひとりある記』『いっぴきの虫』『人情話　松太郎』『私の梅原龍三郎』……など、文筆家としては、すでに誰もが認める才人である。

　しかし、ご本人の語る、あるいは書くところによると、監督の松山善三さんと結婚するまでは、「辞書」の存在を知らず、読めない字がある時は、その辺にある新聞や雑誌を片っ端からひっくり返してその同じ文字を捜して、読み方を知ったそうである。五歳から天才子役として東奔西走していた著者は、まさに独学の人であり、同時に、出逢う人すべてを〝師〟として学んだ生徒であるのかもしれない。

今回のエッセイ集には、そんな高峰さんが人生でまみえた多くの人々が描かれている。

冒頭は「私の丹下左膳」。俳優の故・大河内伝次郎さんとお付きの「正《しょう》やん」との生涯を通じての人間愛を、まだ少女だったデコちゃんが小さな瞳で見据えている。すでに、この話から落涙の恐れがあるので、書店で買った後、帰りの電車の中で読みながら……と思う読者は要注意である。

そして、落涙注意の極め付きは「お姑《かあ》さん」。将来の夫、松山氏の実家を訪ねた高峰さんは、お姑さんからかけられたひと言に涙をにじませる。どんな言葉だったかは、読んでのお楽しみとしておこう。

もちろん、松山善三氏ご本人とのやりとりも随所に登場する。何と仲睦じいご夫婦だろうと、読者はうらやむ。そして、高峰さんのファンは歯ぎしりする。あらゆるエピソードが、著者の人柄なのだろう、何の作為もなく心憎いほどサラリと描かれている。

「おいしい人間」とは、他ならぬ高峰秀子さん自身かもしれない。

（ア）

「週刊文春」一九九二（平成四）年七月二日号

初めて会った日

〝高峰秀子に会う〟きっかけを作ってくれたのは、「週刊文春」のグラビア班にいた二十代の女性編集者だった。

彼女は、私が高峰さんから手紙の返事を貰ったことやハワイからチョコレート・キャンディを送ってもらったことをデスクに報告しているのを見ていたらしく、ある日、私の席にやってきて言った。

「高峰さんは『私の大好物』に出てくださらないでしょうか……」

毎回一人の著名人が好きな食べ物を紹介するというその巻末グラビアを、彼女は担当していたのだ。

「母が高峰さんのファンなんですけど、私は高峰さんのことよく知らないし、電話するのが怖くて……。斎藤さんは高峰さんと文通してるんでしょう？　頼んでもらえませんか？　もちろんインタビューは斎藤さんにお願いしますから」

彼女は遠慮がちに言った。

「え⁉　それって、私が会うってこと？　高峰秀子さんに？」

私は思わず聞き返した。

当時の私は最低でも週に一人、多い時には五、六人の著名人に取材して談話原稿をまとめていた。それが私の仕事だったし、また生きがいにもなっていた。だがそんな私が珍しく、高峰さんに対してだけは「いつか、もっと遠い先のいつか、一度だけインタビューできれば」と殊勝な気持ちを抱いていたのだ。それほど、高峰秀子という女優には、畏怖すべき何かがあった。

もう会ってしまうのか……。私は若い編集者の申し出に戸惑いながらも、結局、「会ってみたい」気持ちのほうを取った。

依頼状を送ったあと電話したのは、初めて高峰さんに原稿を貰ってから三年後の、平成四年八月の終わりだった。

「レストランのお料理でもいい？」

電話口で高峰さんは言った。

こういうところがいかにも高峰さんらしい。私が送ったそれまでの記事ではどの著名人も持ち帰りの食品を挙げていたので、自分がレストランの料理を紹介してもいいのだろうかと、こちらに打診したのだ。「私がそうしたいんだからいいでしょ」的な有名人の驕りは、彼女には一切ない。

「銀座にとっても美味しいお肉専門のレストランがあって、そこのビーフストロガノフが大好きだから、よくお昼を食べにいくんですよ」

レストランの料理でも一向に差し支えないことを告げると、

「じゃ、あちらの都合もあると思うから、撮影してもいいか聞いてみるわね」
二、三日もすると、高峰さんから編集部に手紙が届いた。とにかく高峰秀子という人は、迅速・確実。
封書には、自ら定規を使って描いた、その店の丁寧な地図と、短い手紙が入っていた。

「九月一日、お昼をご一緒がてら取材というのはいかがですか？　私がご馳走させていただきます。この日でよろしければ、十一時半に、お店でお待ちしています」

地図には店の電話番号も記され、その行き届いた手紙に、私は感服した。

「ありがとうございます！　お目にかかれるのを楽しみにしています。でもお勘定は当然こちらが。取材ですから」

私が言うと、

「いいから、いいから」

高峰さんは笑って、電話を切った。

さぁ、いよいよ高峰秀子に会える。

私は約束の日まで毎日、そのことが心から離れず、例によってまたデスクに自慢した、「斎藤は高峰秀子さんとお昼を食べます〜」。「いいなぁ……」、デスクは子供のよ

うに羨ましがった。

前日、私は洋服を買った。今思えば、ちょっと変なブラウスとズボンだったが、その時の私には精一杯のおしゃれだった。

そして当日。十一時半と言ったら、きっかり十一時半に来る人に違いない。絶対に遅刻してはならない。そう思った私は、用心して家を早く出た。早く出すぎて、十一時前に銀座に着いてしまった。店までは四丁目の交差点から二分とかからない。これでは早過ぎてお店に迷惑だ。私はデパートの化粧室に飛び込んで、もう一度身だしなみを整え、心を静めた。

店に着いたのは十一時十五分。ビルの七階にあるその店は、受付からして上品な趣だった。

ここが高峰さんごひいきの店か……。私が〝田舎のネズミ〟のようにキョトキョトしていると、

「お待ちしておりました。高峰先生から伺っております」

黒いスーツの支配人が、恭《うやうや》しく迎えてくれた。

「ハ、この度はお世話になります」

名刺を出しながら、私は既に緊張していた。

支配人が席に案内して、言った。

「先生はいつもこのお席にお座りになります」

へぇ〜、席まで決まってるんだ……。私は、高峰さんが座るであろう席の向かいに掛けて、持参したテープレコーダーとノートをテーブルの上に用意した。

腕時計が十一時二十五分を示した時、受付のほうで声がした。

「こんにちは」

あ、高峰さんだ！

「先生ッ、この度は当店をご紹介頂けますとのこと、まことに……」

上ずったような支配人の声。

私は椅子からガバと立ち上がると、テーブルの横で気をつけの姿勢をして、高峰さんを待った。

コツコツコツ……、静かな靴音が近づいてくる。

「こんにちは。高峰です」

目の前に現れた。

その時の私の気持ちを想像してもらえるだろうか。

うわぁーー。私は心の中で声を上げた。それは、王家の谷でツタンカーメンを発見した、ハワード・カーターもこんな気持ちではなかったかと思える、世紀の一瞬だった。

時間にすれば一秒にも満たないその瞬間を、私は今も、鮮明な映像として覚えている。

高峰さんの微笑みはニコニコでもホホホでもなく、「ニカッ」という感じの、ちょっと悪戯っぽい笑顔だった。「時々手紙をくれたのはあなたですね。今まで電話と手紙だけだったけど、これが実物の私ですよ」と、その笑顔は言っているようだった。

私は思った。

〝大物〟とは、こういう人のことを言うのだな……。

身長は私の肩ほどまでしかなく、映画で観るよりずっと華奢な人だった。だが高峰秀子が醸し出す空気は、周囲を圧倒して支配する迫力に満ちていた。それは、それまでに私が会った数多《あまた》の「大女優」と呼ばれる人達が持つ人工的な華やかさとは全く違う、〝素の人間〟が持つ絶大な存在感だった。

事実、高峰さんのメイクは非常に薄く、落ち着いたベージュの口紅だけが、化粧をしていることを感じさせた。

服装は、黒いタイトスカートに、少してかりのあるモスグリーンのオーバーブラウス。胸元にはシルバーの四角いシンプルなブローチ。細い脚は黒い革のパンプスを履いていた。

私は直立不動で言った。

「十年か二十年して一度お目にかかれればと思っていたのに、こんなに早くお目にかかれるなんて……」

間髪を入れず、高峰さんが返した。

「十年か二十年？　死んでます、私」

私は噴き出してしまった。

高峰さんも笑って、私達は席に着いた。今ならわかるが、これも高峰流の気遣いなのだ。緊張でコチコチになっている相手にユーモラスなジャブを飛ばしてリラックスさせるという。

そしてこの日、私が何よりも強く感じたこと。

それは、高峰秀子の〝眼〟だ。

テーブルを挟んで対峙した時、私がその眼に感じたものは、切れるような知性と、深い底に潜んだ慈愛、冷静、そして、猜疑。こんな眼を見たことがない。その眼は、今までの私の平凡な人生には決して存在し得なかった、何か凄絶な光を湛えていた。

だが不思議と、私はその眼が怖くなかった。

それどころか、その高峰秀子の眼に正面からピタと見据えられた時、大きな安心感を覚えた。「あぁ、私はただの頭の足りないガキでしかないんだ。この人には知ったかぶりも虚勢も何も通用しない。ただありのままの自分でいればいいんだ」。そう思えて、肩から力が抜けた。初めて会った人の前で、これほど素直に額《ぬか》ずくような思いになれたのは、それまでも、そして今後も二度とないだろう。

「先生、本日はまことにありがとうございます」

支配人から料理長、遂には、この日のためにわざわざ関西の本社から上京した社長夫婦まで現れて高峰さんに謝辞を述べるので、私はその度に椅子から腰を浮かして会釈せねばならず、忙しかった。

「いつもは白いお皿にのせるんだけど、モスグリーンの模様のあるお皿がとてもきれいだから、今日は、私達のお料理をそれぞれ両方のお皿にのせてもらったの。撮影に使うのはどちらがいいかしら?」

高峰さんの配慮に頭が下がった。

そして私が「お皿自体はモスグリーンのほうが素敵ですが、ビーフストロガノフが映えるのは、やはり白いお皿のほうだと思います」と言うと、「そうね、そうしましょう」と同意してくれた高峰さんの公平さに、感激した。

だが、支配人が「撮影の日はあちらの個室にお料理を用意させていただきます」と言った時、私が「あ、そうですか」と言ったまま座っていると、「ホラ、あなたもお部屋を見てきなさい。照明の電源なんか確認しとかなきゃいけないでしょう」と高峰さんに注意された。撮影当日はグラビア班が来るから自分には関係ないという思いがどこかにあったのだろう。私は弾かれたように席を立ちながら、自分の雑さ加減が恥ずかしかった。文字通り〝頭の足りないガキ〟である。

なのに、料理についての話が済んだあと、私は取材と全く関係ないことを聞いている。

「結婚した時、高峰さんは既に大女優だったのに、ご主人の松山善三先生はまだ貧乏な助監督だったんですよね。もっと自分に見合う人と、という風には思わなかったんですか？」

何て失礼な聞き方をしたものか。

高峰さんはやや憮然として答えた。

「見合う人だと思ったから結婚したんですよ」

だが私は少しもめげずに続ける。

「いえ、そういう意味の見合うということではなく、地位とか財産とか」

「地位や財産が何だって言うんです。人柄さえ良ければいいんです」

なおも私は言う。

「でも人柄がいい人って、芸能界では割を食うことが多いですよね」

と、高峰さんがハタと腑に落ちた表情になって、言った。

「そう言えばそうね。仕事のことでは、うちの亭主も結構貧乏くじを引いてるところがあるわね」

度胸がいいのか、バカなのか、よくも初めて会った高峰秀子にこんなことを言ったものだ。

だが言い訳ではなく、相手が高峰秀子でなければ、こんな質問はしていない。図々しいくせに臆病な私がなぜこんなことを聞けたかと今考えてみると、きっと私は直感したのだ、「この人は、こちらが本当に思っていることなら、それを率直に伝えても、曲解はしない」と。

帰り、運転手さんに私を送るよう言ってくれた高峰さんは、買い物があるからと三越デパートの前で、愛車ジャガーを降りた。

「じゃ、またいつかね」

そして、軽くこちらに手を振ると、颯爽と横断歩道を渡っていった。

後部座席の窓越しにその後ろ姿を見つめながら、私は思った。

「もう二度と会えないだろう。高峰さんの姿を目に焼き付けておこう」

だが意外に早く二度目の機会を得た。

二年後、週刊文春の「すぽっとらいと」というページで、初めてテレビドラマの脚本を書いた高峰さんにインタビューすることになった。というより、自分が発案したページの第一回目に登場してくださるよう高峰さんにお願いしたのだ。

この辺りから私の高峰秀子へのあくなき〝探究心〟が芽生えたようだ。

ホテルオークラのティールームでその取材をした時、高峰さんは私が置いたテープレコーダーを見て、「回ってるかどうか、私が見ててあげるわね」と微笑んだ。

印象深かったのは、取材が終わって席を立とうとした時、高峰さんが周囲をチラと見て、呟いた言葉。

「見てご覧なさい。ここにいるのはみんな女ですよ」

そしてテーブルを離れ際に、悪戯っぽく、だが力を込めて、

「こんな所で喋くってないで、家に帰って本でも読め」

この呟きの中に込められた高峰秀子の心情を、そののち私は、強い哀しみをもって理解していくことになる。

私の大好物　高峰秀子　女優・文筆家

中央区銀座「竹園」のビーフストロガノフ竹園風・二千円
上質の神戸牛に前菜、デザート付き　お昼は二千円よ！

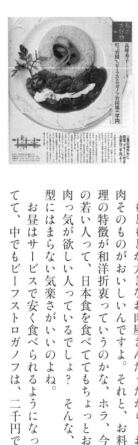

芦屋駅（兵庫県）から歩いてほんの二分ってな所に、「竹園」というかわいらしいホテルがあるんですけど、それが本店で、そのレストラン部門だけがソックリ銀座に出てきて開店したわけ。

もともとが大きなお肉屋さんだったから、お肉そのものがおいしいんですよ。それと、お料理の特徴が和洋折衷っていうのかな、ホラ、今の若い人って、日本食を食べててもちょっとお肉っ気が欲しい人っているでしょ？　そんな、型にはまらない気楽さがいいのよね。

お昼はサービスで安く食べられるようになってて、中でもビーフストロガノフは、二千円で前菜とデザートが付いていて、いいなと思ってる次第です。バターライスも、よくある申し訳程度っていうのではなく、たっぷり食べでがあるし……。フォークとお箸と両方出てくるのもいいでしょ。今のところ、三日にあげず通ってます（笑）。

「週刊文春」一九九二（平成四）年九月十七日号

すぽっとらいと

高峰秀子　女優・エッセイスト

初の脚本を書いた大女優は四十年間夫唱婦随

「天は二物を与えず」というが、例外はある。「子役出身に大女優はいない」というジンクスがあるが、例外はある。「大女優はえてして生涯独身。結婚しても、離婚するか家庭内離婚」、という言葉はないが確率は高い。そしてこれにも例外はある。

これらすべての例外にあてはまるのが高峰秀子さんだ。天才子役から大女優になり、しかも故・川口松太郎氏をして「おめえの亭主になるために生まれてきたような男」とまで言わしめた松山善三さんという伴侶《はんりょ》を得た。しかも仲がいい、結婚して四十年も経つのに仲がいい。いつも一緒にいる。この取材の日も、出かける高峰さんを門の陰から心配そうに見送る松山さんの姿があった。「ホラ、私の右手。中指にこんなペンだこができて、人差指なんか曲がっちゃったの。四十年も松山の口述筆記をしてるから」

確かに華奢《きゃしゃ》な白い指が曲がっている。しかし、指を広げて見せる高峰さんはちっともイヤそうじゃない。嬉しそうである。

　そして、「天は二物」どころか何物《なんぶつ》も与えてしまった結果、この度、高峰さんはテレビドラマの脚本を書いた。二十一冊のエッセイも抜群に面白かったが、脚本もいい。初めてとは信じ難い。〝プロの仕事〟だ。

「お正月、ハワイにいたら、石井ふく子さんから電話がかかってきて『脚本を書け』と言われたの。私、脚本なんか書けるはずないからお断りしようと思ったけど、なにしろ彼女は『オニのふく子』と言われるほどの頑固な人で、『ダメ』『あ、そう』とひきさがる人じゃない……。困っていたらそばから松山がヒョイって受話器を取り上げて、『ああ、ふく子さん？　高峰はね、脚本《ほん》書けますよ』って言っちゃったの。『断ってくれるのかと思ったのに』って私が抗議すると、『おい、しっかりせい！　お前さんは僕の口述筆記を何十年と続けてきたじゃないか。テーマは、お前さんがよく知っている女性《ひと》（石井さんの母・のぶ子さん）だよ。書けないことはないだろう。書いてごらん』と……」

　書き始めたら速かった。ハワイで二十日間で書き上げた。

「ところが書き出したら止まらなくなったの（笑）。二時間ドラマなら百二十枚がせいぜいなのに、百六十枚過ぎてもラストに行き着かないの。さすがに困って、松山に相談したら、『書くだけ書いて、あとから切ればいいじゃないか』

と言ってくれたんで、気持ちが楽になって……。でもその時、『ダメだよ。ちゃんと百二十枚に収めなきゃ』なんて言われてたら、ギブ・アップしてたと思うの。だから、書くのは速かったけど、切るのが五月までかかっちゃった。だって日本に帰ると毎日雑用が入るから。

映画時代に何百本も脚本を読んだし、松山の口述筆記で鍛えられてるし、慣れですよ、慣れ。

え、これからも？　いいえ！　もう書きませんよ（笑）」

ドラマ「忍ばずの女」は見事な出来栄えですでに収録を終えている。プロデューサーはもちろん石井さん。さらに、脚本には高峰さん本邦初公開の演技論も加えて、この秋上梓《じょうし》される。高峰さんにとっては二十二冊目の著作である。

「今は生涯で一番幸せ。二十二冊も本を出せて、おまけに『忍ばずの女』は安野光雅先生の素晴らしい装幀の上に、司馬遼太郎先生が題字を書いて下さって、こういうのを冥利に尽きるっていうんですね。バチが当たっても仕方がない、と思うくらい。それに、ノロケじゃなくて、いい夫もいるし、本当に幸せ」

立派なノロケである。

そして、高峰さんはまた明日からご主人の食事を作り、弁当をこさえ、エッセイを書き、夜はご主人と杯を傾け、二人はいつまでも幸せに暮らしましたとさ。めでたし、めでたし。

文・斎藤明美

「週刊文春」一九九四（平成六）年十月六日号

大反響となった記事

この仕事をして、ようやく私は高峰さんに名前を覚えてもらったようだ。

現在も「新」が付いて続いている週刊文春の連載企画「『家』の履歴書」。二年間の中断を除いて、今年で十五年目に入る。

四十代半ばで死んだ先輩編集者I氏が発案した企画で、その趣旨を彼は会議で、「各界の著名人にこれまで住んだ家を聞くことによってその半生を描く」と説明した。そして「僕と一緒にこのページをやりたい人は後で申し出てください」。私は氏とは殆ど口もきいたことがなかったが、企画に惹かれて名乗りを上げた。

「(このページの)編集をやりたいの？　書くほうをやりたいの？」。氏の質問に私は迷わず答えた、「両方やらせてください」。この時ほど私は自分が契約記者で良かったと思ったことはない。正社員の編集者なら、そんなことは聞いてくれないからだ。

長いものなど書いたことがない私を、I氏はよくぞ使ってくれたものだ。お陰で、私は氏から多くのことを学び、そしてこのページに育ててもらった。

彼は、私だけでなく外部のライターがインタビューする時も毎回取材に同行した。そして必ず事前に打ち合わせをして、同じ質問をした、「この人の〝核〟は何だと思う？」。私は先生の口頭試問に備えるように、ゲストの綿密な年表を作って、「この時期のこの出来事が重要だと思います」などと答えるようになった。

　取材の後にも氏は打ち合わせをして、「○○さんの何を中心に書こうと思う？」と聞いた。それはまるで「いくら下調べをしても、人間というのはじかに会ってみないとわからないものだろう」と言っているようだった。インタビュー原稿というのは、それを書く時ではなく、その人物にインタビューする時に既に出来の良し悪しが決まるのだということを、私は知った。

　私が三人の「家」を書いた時、氏は初めて私に人選を任せてくれた。「そろそろ斎藤さんの得意な、誰か大女優をやってもいいよ」。

　私は即座に言った、「高峰秀子さんを書きたいです」。「おぉ、いいねぇ」、氏は笑顔で応えた。そして「たぶん無理だとは思うけど、ご自宅で取材させていただけないか聞いてみて」。氏はこれをすべてのゲストに聞くように言った。現在の家を見ればその人柄がわかるからと。

　さっそく私は高峰さんに依頼の主旨をファクシミリで送り、電話した。この頃には「ちょくちょく原稿や談話取材を依頼してくる週刊文春の女の人」という認知はされていたようで、高峰さんはすぐに快諾してくれた。だが「自宅で取材」は予想通り断られた。

取材場所は高峰さんの自宅から近いホテルオークラに決まった。「高峰さんなら、スイートをお取りして」、I氏が言った。いつものように彼も同行する予定だったが、阪神淡路大震災が起きて、氏が担当していたアメリカ在住の作家が随筆の内容を差し替えることになったのだ。

「今回は一人で行ってください。でも残念だなぁ。僕も高峰さんに会いたかったのに……」。この三カ月後、氏は異動したが、私が高峰さんと親しくなったのを知って、廊下などで会うと口惜しがるように言ったものだ、「あの時、僕も一緒に行っていれば、僕だって……」。そういう無邪気なところもある人だった。

平成七年一月二十三日。

田舎者の私は高級ホテルの、ましてやスイートルームなど入ったこともなかったので、I氏が予約した部屋に入って目を見張った。寝室の隣に広いリビングがあり、トイレが二つもあった。

試しにこの時期の手帳を見てみると、取材は午後一時からなのに「十一時半、高峰さん宅」と自分で書いている。どうやら私はタクシーで松山邸に迎えに行き、取材の前に高峰さんと昼食を取ったようだ。記憶力には自信があるほうだが、この部分が抜け落ちている。何を食べてどんな話をしたのか覚えていない、残念だ。

ともあれ、昼食のあと、予約した客室に高峰さんを案内すると、開口一番、彼女が言った。

「あなた、今日、ここに泊まるの？」

「え？　いえ、まさか。取材が終わったら帰りますけど……」

私がキョトンとして答えると、

「もったいないわねぇ。たった二時間のためにこんな高い部屋を借りるなんて。結婚式場の控え室なら安く貸してくれるのよ。前もって私に相談してくれればよかったのに」

そのホテルを、高峰さんも夫君の松山善三氏も応接室代わりにと言っていいほど接客に利用していたのを、まだ私は知らなかった。そしてその後、高峰秀子という人が、金銭的なことも含めて、取材するこちら側にできるだけ負担をかけまいとする人だということを知る。

ソファに座って取材を始めようとした時、高峰さんがバッグから一枚の紙を出して、言った。

「私のことはあなたのほうが詳しいと思うけど、一応書いてきたの」

この短い台詞は非常に意味がある。

ここには高峰秀子の、取材者に対する観察力と思いやりが表れている。

高峰さんは、これまでに私と交わした会話の中から、私が彼女の著作をかなり読んでいることを感じ取っていたのだ。それを感じ取ってもらって、こんな風に言われたら、嬉しくない人間はいない。恐らく撮影所時代も、高峰さんはこのように、裏方であるスタッフの一人一人を観察し、その人間性を把握し、そしていかに気持ち良く仕事をしてもらうか、それを五歳の時から学び、実行してきたのだと思う。

これはもちろん〝お追従〟などとは異質の、人の上に立つ人間なら持っていなければならない〝人心掌握術〟だ。その点において、高峰秀子という人はまさに天才的と言える。

その証拠に、その後私は、高峰さんが一緒に仕事をする編集者に始まり、知人、松山家でかつて働いていたお手伝いさん、運転手さん、もちろんファンも含めて、高峰秀子と接したありとあらゆる人々が「高峰さんのために」嬉々として動き、仕事をするのを目の当たりにした。その度に私は思ったものだ、「この人は魔法が使える」と。

とはいえ、この取材の時点でそこまで分析できたはずもなく、ただ「嬉しいな」と思っただけだ。

そしてくだんの「紙」。それは実に見事なものだった。

そこには、「大正十三年　函館　蕎麦屋料亭・マルヒラ砂場」に始まり、現在に至るまで、正確な年号とその時に彼女が住んでいた家の形態、「アパート」「戸建て」などの記述が整然と箇条書きされていた。

私はこのページで三百人近い著名人に取材したが、そして現在も取材しているが、事前にこんな一目瞭然の資料をくれた人は、誰もいない。

次に感服したのは、高峰さんは取材中、決して話が逸れないことだ。こちらはこの機会に山ほど聞きたいことがあるから、故意にも含めて時々話が逸れた。高峰さんはそれに対して少しは答えてくれるが、すぐに軌道修正して話を戻した。

彼女のこの姿勢は短いインタビューの時も同じだが、こういう「半生」を聞く長いインタビューになると、どんなに頭脳明晰な人でも話が逸れるものだ。それは〝自分〟という人間について語るから。つまり人は多かれ少なかれ、特に芸能人は一番自分に興味を持っているものだから、どうしても自己を正当化し、少しでも良く見せたいという気持ちが働く。その結果、思い入れして話が長くなったり脱線したり、あれもこれも喋りたくなるのだ。私が取材した女優の中には、自分の話に酔って、泣いた人もいた。

高峰秀子は全く違った。

最初から最後まで淡々と語った。聞いているこちらが思わず涙ぐんでしまうような辛い話でも、飛び上がるほど凄い出来事でも。そしてそれら一歳半からの出来事を、その恐るべき記憶力で蘇らせ、まるで映像を見るかのように活写した。しかも端的な言葉で過不足なく。

私は聞きながら、思った。何て話が上手い人なんだ。千三百人近い人にインタビューした今でも、高峰秀子のその上手さを凌ぐ人は現れていない。

そしてこれこそが何よりインタビューイーとして稀有なことなのだが、話す内容が実にわかりやすい。殆どの人は、自分がわかっているからこちらもわかっているつもりになるのか、何者か判然としない人物の名前を説明もなく登場させて話をどんどん進めたり、突然、時代が飛んだりする。これは聞いていて非常に混乱する。高峰さんにはそれがない。いかに彼女が客観性を持っているかという証拠である。

その上、高峰さんは随所で真理を語った。それも短い言葉で。「男の人は職場で見るに限ります。その人がむき出しになるからね」「人はその時の身丈に合った生活をするのが一番です」など。聞いていて私は思うわけだ、「いい言葉だなぁ」。そして「これは小見出しに使えるぞ」と。

一時間ほど話した時、高峰さんは煙草を切らして、「一本頂戴」と、私のキャメルを吸った。

「久しぶりにこういう太い煙草を吸うと、何だか薪ざっぽをくわえてるみたい」

高峰さんが笑いながらそう言うのを聞いて、なるほど煙草を「薪ざっぽ」とは面白い表現だなと、私も笑った。

高峰さんが愛飲しているのは、アメリカ製のヴォーグ、非常に細い煙草だ。

そして少しすると、

「悪いけど、煙草を買ってきてくれる？　正面玄関の横の売店で売ってるから。ハイ、三百円（当時）。その間に私はオシッコしてきます」

この時にはもう驚かなかったが、最初に高峰秀子の口から「オシッコ」を聞いた時は驚いた。初めてその言葉を彼女から聞いたのは、前回書いた「すぽっとらいと」の取材の時だ。私がレジでコーヒーの代金を払おうとしたら、「私はちょっとオシッコに行ってきます」と言って、どこへともなく消えたのだ。びっくりしたが、高峰さんの気取りのなさが微笑ましかったのを覚えている。

私が指定のヴォーグを買って戻ってくると、高峰さんが言った。

「あなたもオシッコしてきなさい。私は寝室のほうを使ったから、あなたはこっちのトイレに入ってみたら？」

と、面白そうに。

今思うと、高峰さんは頃合のいいところで、取材に〝休憩〟を入れたのだ。

「そろそろいいわね」

高峰さんの言葉で取材は終わった。

腕時計を見たわけでもないのに、高峰さんは三時を十分ほど過ぎた時にそう言ったのだ。つまり休憩時間を除けば、こちらが事前に「二時間ください」とお願いしておいたまさにその二時間ピタリ。

これが今でも最大の驚きだ。

当時、高峰さんはまもなく七十一歳。この「『家』の履歴書」という取材を始めて十三年、七十歳以上の人で、いや、六十歳以上の人でも、二時間きっかりで自身の長い半生を語りきった人は、ただの一人もいない。

こちらができるだけたくさん聞きたいと取材を引き延ばすことも原因だが、六十年七十年生きてきた人は、当然ながらエピソードも多く、とても二時間では話しきれないのだ。普通は三時間、人によっては四時間、五時間、中には七時間ぶっ通しで喋った人もいた。

高峰さんの取材の時も、私は一分でも長く聞きたいという姿勢だった。ではなぜ二時間きっかりで取材ができたか？

それはとりもなおさず、高峰さんの話が非常にまとまりが良かったからだ。つまり、無駄がない。

そして最大の理由は、最後まで、高峰さんが取材の主導権を握っていたこと。こちらの質問に答えると見せて、彼女は確実に自分で取材を進行していたのだ。

それは言い換えれば、「家」というテーマについていかに彼女が事前に話す内容を準備してきてくれたか、いかに彼女が自身を客体化できる人か、そして頭が整理されたシャープな人であるかということを物語っている。

私は舌を巻いた。高峰さんの無言の言葉が聞こえるようだった。

「約束通り、お望みの二時間を差し上げましょう。その時間内に欲しいものを取っていくのが、あなたの仕事ですよ」

帰り。私は松山家から来る迎えの車を待ち、当然ホテルの玄関で見送ろうとした。するとロビーのソファに掛けていた高峰さんが言ったのだ。

「帰りなさい。ここで待ってればうちの車が来るんだから」

「いえ、お見送りを……」

私が言うと、

「いいのよ、そんなこと。まだこれから会社で仕事するんでしょ？　バイバイ」

笑いながら手を振った。

こと女優に関して、私はこれと反対の経験しかしたことがない。

数日後、私はどのゲストにもそうするように、仕上げた原稿を確認してもらうため高峰さんにファクシミリで送った。

一時間もしないで返事のファクシミリが来た。

「パチパチパチ、拍手の音。一字も直すところはありません。素晴らしい原稿です！ありがとう」

この言葉は今でも私の誇りだ。
そして掲載された記事には、読者から二十通近い、ハガキでなく、封書が来た。
現在に至るまで、「『家』の履歴書」にこれほど多くの封書が来たことは、ない。

「家」の履歴書　このヒトはどんなイエに住んできたか

高峰秀子（女優・エッセイスト）

代表作を挙げればきりがないほどの銀幕の大スターである。さぞや満ち足りた日々であったろうと誰もが疑わない。しかし、五歳の時自分の意志とは関係なく始まった女優人生には常に養母の呪縛が……。

私は〝予約〟された子だったの。父の妹が、四番目が生まれたら男でも女でももらいたいって言ってたんですって。だから、私が生まれてから何度も〝受け取り〟に来るんだけど、そのたびに父が私をおぶってどっか行っちゃうもんだから、また手ぶらで東京へ帰るってことを繰り返してたみたいよ。

生家は函館の「マルヒラ・砂場」というそば屋料亭です。他にカフェと劇場も経営してて。昔はそば屋料亭というのがあったの。一階が追い込みのそば屋で二階が宴会場。芸者さんも入ってましたね。私が人形みたいにきれいな振袖着てヨチヨチしてると、よく芸者さんが私を抱いて二階へ連れてったわ。だから私は小さい時から人慣れした子だったのよ。

　母が結核で死んだもんだからとうとう私は叔母の平山志げの養女になって東京へ行ったわけ。四歳の時ね。ゴムの乳首をくわえて（笑）、グレーの地にブドウ柄の入ったメリンスの着物、それに白いヒラヒラのアブサンをして。両手には穴を開けた小さなメリーミルクの缶。長いこと汽車に揺られてね。どうしてそんなこと覚えてるのかしら……。

　お袋は、志げさんね、鶯谷（台東区）の借家に荻野という男と住んでたの。北海道を出たい一心でお袋がついてきた活動弁士。要は誰でもよかったのよ。女性関係が派手で家にはめったに寄りつかなかったわ。

　その荻野がある日私をおぶって蒲田の松竹撮影所に行ったのが私の運のつき（笑）。そこにいる俳優と友達だったみたいね。そしたらその日はちょうど「母」という映画の主役を演《や》る子役のオーディションをしてたの。それで私がヒョイとつまみ出されて、以来五十年（笑）。ホラ、私、人慣れしたスレた子でしょ、「こっち向いて笑え」って言えばすぐニコッとしたんじゃない？

　鶯谷の家は上下に二間ずつある小さな借家。しばらくはそこから蒲田まで毎日始発電車で通ってたんだけど、「母」が大ヒットして次々に仕事がくるもんだから、通いきれなくなって撮影所の近くに越したの。六畳、三畳に台所がついた借家。家賃なんか覚えてないけど、五歳の私の稼ぎで三人が生活してたわけよ。荻野？　お金なんか入れませんよ。小金《こがね》でもあれば持ってくような人だから。流れもんですよ。たまに家にいると母と口論。母はよく台所で泣いてて……、かわいそうだった。

九歳の頃、蒲田でもう一軒借家に移ってます。そろそろお袋に欲が出てきて、麻雀クラブみたいなこと始めたの。部屋に三卓ぐらい置いてね。派手好きで、人が集まるのが好きだった。

東海林太郎さんが毎晩のように下落合の自宅から車飛ばして私の寝顔を見に来てたのはこの家よ。東海林さんが、「赤城の子守唄」のヒットを記念して日比谷公会堂で時代劇ショーを開いた時、子役の勘太郎を私が演《や》ったのが初対面。私、その頃は男の子も演ってたの（笑）。だからみんなに「秀坊」って呼ばれて。私は覚えてないけど、東海林さんが私をおぶって唄う時、私が後ろからおぶい紐を一所懸命に前へひっぱってたんですって、唄いやすいようにって。それがかわいくて仕方ないっていうんで、東海林さん夫妻が「くれ、くれ」ってことになったの。でも、お袋にしてみれば〝予約〟してまでもらった子でしょ（笑）、放すわけないわよね。で、女学校へ入るまでピアノと歌を教えるという約束で、と言っても私はそんな約束知らなかったけど、お袋と二人で東海林さんの家に住むことになったんです。

ところが東海林さんの家での生活はとっても複雑でね。私は東海林さん夫妻にそれこそ玩具《おもちゃ》のようにかわいがられるんだけど、お袋は女中部屋に寝て毎日台所を這いずり回ってるわけ。その上、東海林さんとこの二人の男の子が奥さんよりうちのお袋になついちゃって、私は私で奥さんが放さなくて……。もう誰が誰の子だか親だかわけわかんなくなっちゃったのよ。私もそんな生活に我慢できなくなって、ある日「母さん、出よう」って言って出たきり、東海林さんとは縁が切れたんです。私が九歳の時。

養母好みのスターの豪邸　そして〝籠の鳥〟の日々

田中絹代先生の家によく泊ってたのは、「新道」や「花籠の歌」で先生の妹役をさせていただいてた頃だから、十二かな。先生は「くれ」とは言わなかったわよ（笑）。だって先生はまだ二十代で独身だもの。

鎌倉山の立派な日本家屋だった。でも、先生を見てて、子供心に「偉いけど、淋しい人だな」って思いましたね。仕事が終わると、撮影所で男の付き添いさんは帰っちゃって、家に着くと運転手さんが帰るでしょ。二人の女中さんしかいない家で、先生は一人でポツンと食事してお風呂に入って寝るだけ。人に電話しておしゃべりするなんて方じゃなかったしね……。

十歳そこそこで様々な人間の生きざまを見てしまった〝デコちゃん〟だった。気兼ね続きだった東海林家を出た後、母娘は大森（大田区）の六畳一間のアパートへ。留守中に他の女性をひき入れていたことで、ついに養母は荻野と縁を切る。しかし、静かな母娘の生活も束の間。北海道から祖父や腹違いの兄など総勢九人が十代のデコちゃんを頼って大挙上京した。仕方なく千駄ヶ谷（渋谷区）に家を構え彼らに食堂を開かせる。

本名・松山（旧姓平山）秀子。〝高峰秀子〟は養母の女弁士時代の芸名。一九二四年北海道・函館生まれ。五歳で松竹蒲田の〝天才子役〟となり、七九年「衝動殺人 息子よ」を最後に引退するまで日本映画界のトップスターとして三百本以上の作品に出演。文筆にも秀れ、自伝『わたしの渡世日記』は日本エッセイスト・クラブ賞を受賞している。五五年に結婚した松山善三監督とは未だにおしどり夫婦だ。

女学校入学と成城の家を条件に出され東宝へ移籍。しかし女学校はたまにしか行けず、授業の内容についていけないためすぐに退学。「だから未だに私は九州がどこだかわかんないし、割り算もできないの」だそうだ。

その後成城で二度移転。目に見えて養母の生活は派手になり、ついに成城四軒目の家は……。

昭和十六年に画家の家を買い取って、そこを土台だけ残して大新築したの。河野鷹思さん設計の真白な家。とにかく、この家がピークだったわね。最後には女中さんが七人いたから。私がやったんじゃないわよ、お袋よ。一階に応接間、お袋の八畳と十畳。そこで毎日お客を呼んで麻雀してたわ。それと大きな女中部屋に台所、檜《ひのき》の風呂、トイレ。二階が二十畳のアトリエ。でも絵描くわけじゃないし、何の役にも立たないんだけど、飾りにグランドピアノ置いて、弾けもしないのに。で、私の寝室。広い庭にはヒマラヤ杉、バラのアーチ、ああ気持ち悪い（笑）。とにかくすごい家。

それから庭に小さな家を建てて、昔からのファンの母娘をひきとったの。その人たち困ってたからね。それと、車もないのにガレージ作って、その二階に実父と後妻さんを住まわせたの、お袋が。私の実の父親なのに私とは口もきかせないし、母屋へも上げてやらないの。私が夕方帰ると、父がお袋と縁側で話してて、父は私の顔見るとお袋に気兼ねしてすぐガレージの二階へ戻ったわ。不自然でしょ？　そんなことならひきとらなきゃいいのにね。何のため？　見栄ですよ、見栄、お袋の！

建築費は知らないけど、ものすごい額だったみたいよ。それに大所帯でしょ。私がいくら働いたって追いつきませんよ。

その頃私はもう完全に籠の鳥。手紙は出すのも来るのもお袋の検閲つきで、出かける先も時間も会う人も全部お袋が知ってなきゃ気が済まないし、私に寄って来る人は全員お袋の敵。

私、半分ノイローゼみたいになっちゃって、未婚の母にでもなってやろうかと思ったこともあるし、自殺しようと思って近くの踏切りに行ったこともあるわよ。でも小田急が走ってくるの見てやめたけどね（笑）。

この頃ね、黒澤（明）さんの下宿へ逃げて行ったのは。だって誰一人相談する人もいないでしょ。黒澤さんが「デコの家の近くへ仕事場借りたから遊びにおいでよ」って言ってたの思い出して、ある夕方、お袋が麻雀してる隙にこっそり家を抜け出して行ったの。ところが、私が黒澤さんの部屋へ入ったとたんにお袋が来たの。すごい勘ね！　ものすごい形相で。もちろんすぐに連れ戻されましたよ。

もしお袋が踏み込んでなかったら今頃黒澤姓？　そんなことないわよ（大笑）。だって十七だもん。それに今の十七とは違いますからね。

黒澤さんとは、山本嘉次郎監督の「綴方教室」と「馬」で一緒に仕事したの。助監督だったからね。「綴方」の時、主人公の私が綴方を書いてて、手に止まった蚊をピシャって叩くシーンがあったんだけど、その蚊を作ったのが黒澤さん。細い黒の絹糸で。なんて器用な人だろうと思ったわ。その頃なんて十三歳で、ロケ車で移動する時黒澤さんの長い脚の間へ座ってたくらいだもの（笑）。「お兄ちゃん」よ。

でも下宿の一件では、黒澤さんは会社とお袋ぐるみで何かよっぽどひどいことを言われたみたい。きっと会社は「これからという助監督と金かけた女優が結婚したらたまらない」と思ったでしょうから。そのすぐ後に顔合わせた時、いつもなら「ヨッ、デコ」なんて言う黒澤さんが黙って行っちゃったから。イヤな思いさせちゃって……。

パリの一人暮らしで初めて知った〝普通の生活〟

ついにお袋と離れて暮らす決心をしたのは、昭和二十三年。早田の雄（雄二・写真家）ちゃんが「今井町（港区）の焼け跡に小さい土地がいっぱいあるから、家建てて一人で住んだら」って言ってくれたの。雄ちゃんもうちの事情は知ってたからね。まあ、他の人も知ってましたよ、私がお袋の圧迫に堪えられなくなってたっていうのは。で、成城の家を母にあげて、今井町の百坪の土地に家を建てて、女中さんを二人連れて出てきたの。

ところがあなた、お袋は怒り狂って、成城の売却費を自分のポッポに入れると今井町へ押しかけてきたのよ、スパイの女中を連れて！　だから前よりひどい状態。狭い家で顔つき合わせるわけでしょ。拒否なんてできませんよ、鬼だから。すぐ出刃包丁ですからね。

たまりかねて、私は同じ敷地へ十五坪の別棟を建てて移ったの。そしたら、下の家から、土地が傾斜してるの、そこからお袋の女中さんが毎日私の家を監視するのよ。もう笑っちゃうようなことがいっぱいあったわ。たとえば、私の所へお客が来るじゃない？　するとその客が帰った後、母の女中さんがやって来て、「今のお客さんが虎屋の大きな羊羹を持ってきたでしょう。下さい」って言うのよぉ、信じられるぅ？　十五坪の家へ移る時だって家財道具は何一つ渡してくれなくて、私の茶碗と箸だけ投げてよこしたわ（笑）。

高峰さんの忍耐は限界に達し、いや限界を通り越し、昭和二十七年、ついに日本を脱出する。カンヌ映画祭出席の誘いに飛びついたのだ。「馬」から付いている〝死んでも離れない〟付き添いさん（高峰さんは〝付き人〟という言葉は使わない）だけを他家へ預け、十五坪の家を百三十万円で売り、スーツケース二つだけで単身パリへ飛んだ。一歩でも養母から離れたいと……。

パリの下宿は、仏文学者の渡辺一夫先生がソルボンヌ大学時代に下宿してた教授の家なの。私がいた時は教授はすでに亡く、未亡人とおばあちゃんがいました。ワンルームで快適だったけど、お風呂に入る時が大騒ぎなの。マダムが寒暖計でお湯の温度を計りながら、「今、今入れ」って言うの。「〝黒いダイヤモンド〟が風邪ひいたら大変だ」って（笑）。その頃、ちょうど俳優のルイ・ジューベが入浴中に心臓麻痺で死んだから、余計ね。勝手には入れないの。バスはマダムと私の部屋の間にあるから。

半年ブラブラして、ほんとに心の洗濯ができたわ。それまでは籠の鳥で買物一つしたことなかったけど、パリでは箒《ほうき》一本買うのでも辞書引いて「バレ、バレ」って言いながら荒物屋へ行って……。普通の人はこうやって生きてるんだと思ったわ。人間何とかやっていけるもんだって。

カンヌ映画祭？　行きませんよ。後援会さえ消滅することを願って日本を出たのにパーティなんか出てニコニコできる？

お袋からは一度手紙が来ましたよ。「金送れ」って（笑）。誰に住所聞いたか知らないけど。

帰国して今井町の家へ帰ったら、なんと家は大料亭になってたの。お袋が「娘が私を捨ててパリへ行ったので、私は生活ができません」って、泣いて銀行にお金を借り歩いてね。

宿泊代とられましたよ。一日二千八百円。他に洗濯代も食費も。私の友達が来て鶏鍋をすると、その鶏鍋代もとるの。（こちらの顔を見て）驚いた（笑）？驚くわよね。私を訪ねて来る人が怒っちゃって、「こんな所出なさい！」って、とりあえず帝国ホテルへ連れてってくれたの。忘れもしない、帝国ホテルの宿泊費はお袋の家より百円安かったわ。


約一カ月ホテル暮らしをするが、「また二千七百円分寝ちゃったわって、オチオチ寝てもいられない」し、加えて運転手さんが、車をとりに行き、他家へ預けた女中さんをピックアップし、ホテルへ高峰さんを迎えに行って撮影所へ、帰りはその逆コースと、「お金がかかってたまったもんじゃない」ので、白金町（港区）に百万円弱の建売りを買う。しかし、バラックの上、ゲジゲジが出没するので半年で売却。現在の場所を見つけるに至る。「カルメン純情す」のワンシーンを撮るために訪れたのが縁だった。番地を聞けば

「麻布永坂町一番地」。「絶対、ここ！」そう高峰さんは思ったという。

うちの運転手さんが調べてくれたら、ちょうど売りに出てるっていうの。単身行きましたよ、その家へ。ブザー押したら、ガウン着た英国人のおじいさんが出てきて、次に二階からやっぱりガウン着た日本人の奥さんが降りてきたの。「この家売りますか？」って聞いたら、「売ります」。「いくらですか？」「五百五十万円」「じゃ、買います」「明日出るから明後日から入れますよ」って言うからね。二、三日して五百五十万を風呂敷に包んで持ってったら、鍵くれて。そのまま今だに住んでるの（笑）。

一階に四間、二階が寝室と書斎、そこを衣装部屋にしてた。

女優じゃない自分の生活をしたくて家を縮小した

昭和三十年に結婚して、松山さんがうちへ来たの。持参金はリヤカー一杯の本（笑）。うんとね、それまでは松山さんは横浜の農家の納屋に住んでたんですって。自分で「納屋」って言ってたよ、私は一回も行ったことないけど。実家は磯子なの。松山さんの月給は一万二千五百円。そう、貧乏だったの。朝はケーキ一個でね、月給が出ると五目ラーメン食べるんだって。洋服も買えないから木下（恵介）先生のお古を着てね。松山さんは木下先生のお弟子だから。松山さんが助監督になって少しして、木下先生が「デコちゃん、松山君どう？　人物は保証するよ」っておっしゃったの。そうね、私も、働き者だしいい人だなとは思ってた。だって人の分まで仕事して走り回って、ズボンでスネ毛がすり切れる人なんて、いいじゃない？　男はね、仕事場で見るに限りますよ。一番その人間が剝《む》き出しになるから。それさえよきゃいいの。

買った家は安普請でガバガバだったから、昭和三十五年に壊して三十七年に完成したの。その間は工事してる横に十五坪の二階家を建てて仮り住まい。

初めて自分の気に入る家を建てたわ。三階建ての古風な教会建築。土地を抵当にして、二千万弱かな。地下に冷暖房の機械を置いて、一階が女中さんの部屋、台所、食堂、二階に寝室、書斎、クローゼット。三階がスイスの山小屋みたいに棟木《むなぎ》の見える屋根裏部屋で、そこに映画の資料やトロフィーなんか置いてたの。私、そういうのを応接間に飾る趣味はないから。

現在のように縮小したのは平成三年。五十五歳で引退して、さあこれから女優じゃない自分の生活をしようと思った時から何となく考えてたの。建てるより壊すほうが大変だったわね。そりゃあ、もったいないとは思ったけど、私はもう女優じゃないし、そんな広い家いらないからね。小さくていいから、亀の

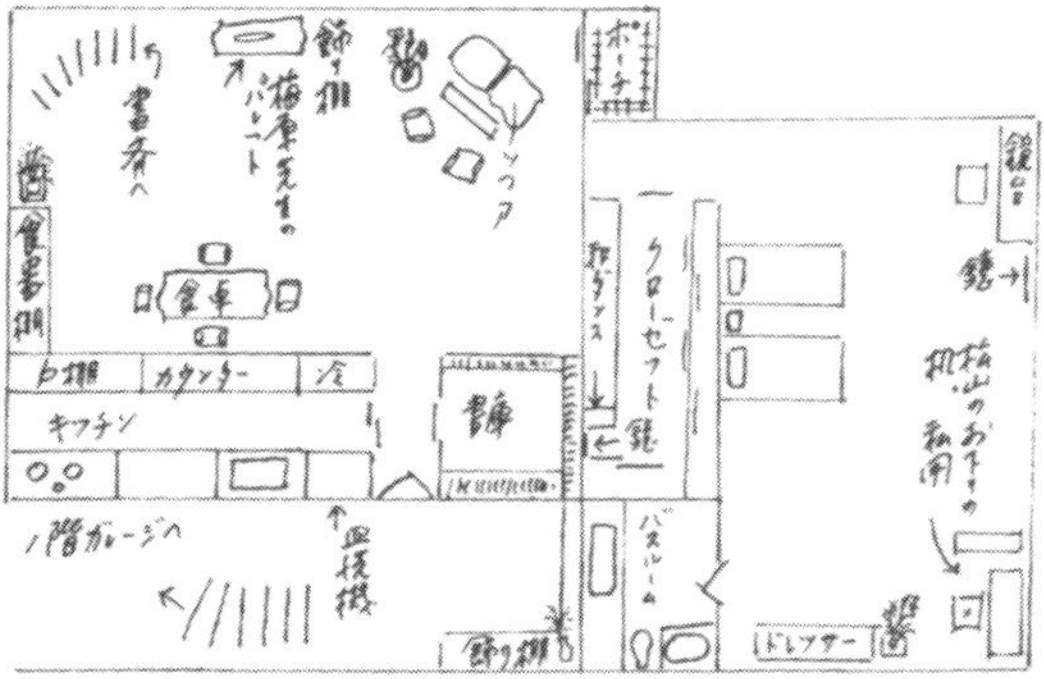

高峰秀子さん自筆による「終の住処」の間取り図。取材のために、本人が書いてくれた。

子束子《だわし》一つでも自分の気に入った物ばっかり置いた家にしたの。人間って、その時の自分の身丈に合った生活をするのが理想だと思うの。

だからせっせと集めた骨董《こっとう》も軽井沢の別荘も売って、映画の資料は全部川喜多記念館に寄贈して、本も食器もトロフィーもぜーんぶ処分したの。そう、映画賞のトロフィーよ。松山と二人で二百本ぐらいあったかな。もったいない？　あなた欲しかった？　だってあんな重い物どうする？　三階の床が抜けそうだったんだから。純金のちいちゃな、この小指ほどの女神だけは残してあるわ。「二十四の瞳」でもらった賞をすべて松竹がその台座に刻み込んでくれたの。それだけで充分よ。気持ちの中だけにあればいいの。

私、一遍も自分が大女優だなんて思ったことないの。第一、映画はみんなで作るものよ。セットに釘を打つ人、その辺を掃く人、画面に出る人……。私はたまたま出る人だっただけ。割り算も引き算もできない大女優なんて、釘打ってる人のほうがよっぽど立派よ。

今の家は老夫婦二人の〝終《つい》の住処《すみか》〟。書斎と食堂と寝室だけのさっぱりしたものよ。でも、人間って、何してんだろうって思うわ。蒲田の三間のアパートからいろんな家を建てちゃあ壊して、結局死ぬ時、また同じような三間の家（笑）。

母はね、ずっと料亭やって、私は母が死ぬまで生活費を送り続けた。私が膝にのってる間はいい母だった。でも私が自分の手におえなくなって、鬼になったの、かわいさ余って……。哀れな人でした。母は……、私にとって反面教師だった。

でも、今はとっても幸せ。広い家もプールもいらない。私、家で大根おろし作ってるほうが好きな女だから。


（取材・構成　斎藤明美）

「週刊文春」一九九五（平成七）年三月二日号

初めての撮影

高峰さんと仕事を重ねるうち、私は、〝ある事〟を考え始めた。そして少しずつ、彼女の意思を確かめるようになった。

「高峰さんのご本はここ数年、全部同じ出版社から出ていますが、そこ以外からは出したくないのですか？」

「いいえ、別に。他の出版社が言ってこないだけですよ」

高峰さんはこともなげに答えた。

「ではどこから出してもいいんですね？」

「うん。でももう書き下ろしはしませんよ。しんどいし、書く事もないしね」

私には「うん」だけで十分だった。

またある時には、

「週刊誌の連載は締め切りが大変だから、イヤですよね？」

まずは当然のように、自分が所属する週刊文春に連載してもらうことを考えた。

「とんでもない！」

予想通り、一蹴された。

「月刊誌なら締め切りは月に一度ですが」

「だからもう書く事がないのッ」

高峰さんは面倒臭そうに答えた。

こんな時はすぐに話題を変えた。この人は強いるのも嫌いなら、強いられるのはもっと嫌いな人だ。そう感じたからだ。

私は、「文藝春秋から高峰秀子の本を出す」ことを考えていた。

ただし、本来の私はそんなことを考えるほど意欲的な人間ではない。一介の契約記者として自分の持ち場を守っていただけだ。だが、高峰秀子の書く文章があまりにも魅力的だった。そして書く本人はそれ以上に。「この人の随筆を一人でも多くの人に読んでもらいたい」、それを実現するためには、自分が禄を食《は》む文藝春秋という会社はうってつけだった。いわゆる〝メジャー出版社〟なのだから。

それに、この人は「書く事がない」のではない。「もう書きたくない」のだ。女優業の次に今度は執筆業をやめて、夫と二人で静かな生活を送りたいのだ。だがそれはもう少し先に延ばしてもらおう。書き下ろしが「しんどい」なら、連載してもらって、それを本にしよう。

もし高峰さんが今の年齢、八十六歳なら、そんな酷なことは考えなかった。だが当時はまだ七十歳になったばかりだった。申し訳ないが、私は策を練り始めた。

そんな時、私の恩師S氏が小説誌「オール讀物」の編集長に就任した。私は氏に相談した。すると、「高峰さんなら『オール』の読者層にピッタリだ。来月からでも連載してほしいよ」。だが私が、まだ本人の承諾を得ていないと言うと、途端に顔を曇らせ、「なんだ、それを先にやりなさいよ」。

これで決まった。次に高峰さんに会う時、正式にお願いしよう。

その「次に会う時」が、平成七年の「文藝春秋」七月号グラビア「私の東京散歩」の撮影だった。毎回、東京に住む著名人にその人の散歩コースを写真と文章で紹介してもらうという内容だ。

当時の私の手帳を見ると、四月十三日の欄に「10時前、高峰さんにｔｅｌ　12〜13時、オークラで食事　連載の件　13時半より撮影」と記している。

「連載の件」を切り出すために、私は「12〜13時、オークラで食事」を撮影の前に入れたのだ。

「10時前、高峰さんにｔｅｌ」は、高峰さんからの指示だった。

最終確認のためだ。いくら前日に電話で確認しても、当日、何か不測の出来事が起こらないとも限らない。高峰さんらしい慎重さと深慮である。この「当日朝の電話」は以後もずっと続くことになる。

ホテルオークラのどの店で昼食をとったのか覚えていない。私が覚えているのは、

高峰さんと交わした会話だけだ。

「うちの『オール讀物』という月刊誌で是非、連載をお願いしたいんです」

「でもあなたは週刊文春の人でしょ。じゃ、あなたじゃない人と仕事するわけ？」

自分の仕事でないものをなぜ私が頼むのか、高峰さんは解せない様子だった。

したくても、私は週刊文春の記者だからできないんですよ。あなたはS氏と仕事するんです。S氏なら、きっとあなたのために最良の環境を用意してくれるから。私は心の中で高峰さんに言った。

「今の『オール』の編集長はSという人なんですが、その人は……」

氏がいかに優秀で信頼できる人物か、私は高峰さんに力説した。

すると、高峰さんが言った。

「お宅のNという月刊誌でAさんの連載が終わったら、次に私が連載することになってたの。でもAさんがどうしてもやめたくないというので、編集長から丁寧なお断りの手紙をいただきましたよ」

なんだ、それなら一度は連載しようと思ったんじゃないですか。N誌とは縁がなかったんですよ。でも今度は違います。必ず連載していただきます。私は再び心の中で高峰さんに言った。

「とにかくお返事は別として、一度、Sに会っていただきたいんです。あ、そろそろ行かないと撮影の時間が……」

　私は高峰さんを促して店を出た。時間がなかったのではない。高峰さんに「NO」と言う暇を与えたくなかったのだ。

　最初の撮影場所はホテルオークラから近い、松山邸からも歩いて数分の国際文化会館だった。

　そこは国内外の学術関係者が会議や宿泊に使う会員制の施設で、私もこの時、高峰さんに指定されて初めて知った場所だ。ホテルと違って限られた人間しか出入りしないので、ロビーは静寂に包まれ、その向こうには見事な庭園が広がっていた。松山夫妻はそこの永久会員だという。

　文藝春秋のHカメラマンと彼の助手は既に到着していた。

　高峰さんは二人と挨拶を交わすと、

「まだ時間はありますね。ちょっと失礼」

　そう言って、化粧室に姿を消した。

　途端にHカメラマンが私に耳打ちした。

「週刊の『「家」の履歴書』で撮影したカメラマンのBが高峰さんは怖いって言ってたんだけど、大丈夫かなぁ」

「え、そうですか？　どんな風に？」

私は聞いた。

「こんなポーズをしていただけますかってBが言ったら、『どうしてそんなポーズをするの?』って聞き返されて、Bはビビッちゃって、そのあと何も言えなくなったって……」

「アハハハ。そんなのちっとも怖くないじゃないですか。『どうして』って聞かれたら、こうこういう訳でって理由を言えばいいんですよ」

私は既に何人もの人から「高峰さんって怖いでしょ?」と聞かれていたので、「まさか」と思って、可笑しかった。

私は思った。「高峰秀子の怖さは別にある。それがもっと怖いのだ」と。
三、四分もすると、高峰さんは化粧室から出てきた。
これは、普通、あり得ないことだ。

女優がグラビア撮影の準備に数分しか時間をかけないことなど、絶対に、ない。必ず数時間はかける。それも、スタイリスト、メイクの係、付き人……様々な人の手を借りて、大騒ぎで支度をする。本人は鏡を見ているだけだ。

つまり、高峰さんは〝撮影の準備をするため〟に化粧室に入ったのではない。これから続く屋外の撮影に備えて、トイレを済ませたのだ。

〝準備〟なら、高峰秀子は常にできている。だから現場に着いたら、即働く。現場に来てからメイクをするのは〝役〟に扮する時だけ。その時でも役の気持ちは既に出来ている。高峰秀子に準備は要らない。「いつ撮っていただいても結構です」、そういう人である。カメラが向いた瞬間、自分を完璧な〝商品〟にすることができる人なのだ。それが、五歳の時から五十年、映画界の頂点に立ち続けたこの人の、プロとしての矜持である。

決して人の手を煩わせない。これは、女優としてだけでなく、人としての、彼女の堅い信念であり、気性である。

夫君の松山善三氏が私に言ったことがある。かつて松竹撮影所で共に仕事をしていた時、何から何まで自分でやるこの大女優を見て、まだ助監督だった氏は思ったそうだ。「なんて手のかからない女優さんなのだ」と。

私はこの逆の女優なら幾らでも知っている。中でも驚いたのが、ある取材の時。それは、話を聞くのが主眼で、写真は記事中に一枚載せるだけだった。つまりグラビア撮影ではなかった。だがその女優は、何と、自宅の鏡台をインタビュー場所の会議室に運び込み、約束のスタート時間から四十分もこちらのスタッフを待たせておいて、〝準備〟した。それも顔が〝売り〟ではなく、声が主たる仕事の女優だったにもかかわらず、である。

この日の高峰さんは、普段と同じく、その薄い皮膚を通して毛細血管が透けて見えるほど、化粧が薄かった。それがなお一層、彼女の美しさを際立たせていた。シックで、ロビーで、高峰さんはハンドバッグから一枚のストールを取り出した。

いかにも上等そうな大判の。

そして言った。

「今の季節ならこれを掛けたほうが自然かなと思って一応持ってきましたけど、掲載は七月号だって聞いたから、どうします？　掲載の季節に合わせますか？」

私は「あッ」と思った。それは編集者である私が事前に考えておくべきことではないか。いくら連載のお願いに気をとられていたとはいえ……恥ずかしい。

それにしても、ここまで考えてきてくれる女優がいるだろうか。私はこの時も、高峰さんの配慮に頭が下がった。

「ストールなしでお願いします」

Hカメラマンの言葉で、高峰さんは立ったまま、ストールを畳み始めた。

私は慌てて手伝おうとして、高峰さんが持っている反対の端を持ったので、いつまでも畳めず、高峰さんが笑いながら言った。

「手品じゃないんだから」

「そうですね。鳩が出たりして」

私は冷や汗をかきながら笑った。

見事な日本庭園で、高峰さんは悠然とカメラに収まった。その一分の隙もない立ち姿は、かつて土門拳や木村伊兵衛など名だたる巨匠に請われてポーズを取った大女優の威厳を湛え、それでいて恬淡として静かだった。

終わると、高峰さんが私に「おいでおいで」をしてくれた。私は犬コロのように彼女の側に駆け寄り、かしこまって記念の一枚を撮ってもらった。

次に行った麻布十番の八百屋さんはアポなしだった。「いつもどうも」、店のおばさんは笑顔で高峰さんを迎えたが、「すみませんけど、一枚、ここで撮らせてもらってもいい？」と高峰さんが言うと、「あ、どうぞ、どうぞ」と、気を利かせたつもりか、急いで奥に引っ込んだ。

「側にいてくれなくちゃ困るのよ。万引きしてるみたいじゃない（笑）」

高峰さんの言葉に、おばさんは再び急いで出てくると、かなり緊張した風情でカメラを背にしたのが、微笑ましかった。

そして最後が、松山邸のすぐ側の植木坂。高峰さんが坂を下りてくるところを撮るのだ。

今もこの植木坂と、下に続く鼠坂には、よく野良猫がいる。この時も一匹の尾の短い三毛猫がトコトコ現れた。

「あ、猫、猫」、猫好きの私が後を追っていると、高峰さんが、しょうがないガキだ

という風に、苦笑しながら言った、

「いいのッ、猫はかまわなくて」

だが、私の気楽な気分は吹っ飛んだ。

助手が高峰さんの前にレフ板（顔を明るくするための反射板）を構えた時だ。

高峰さんが言ったのだ。

「待って。雲が出てきたから」

しかも正面を向いたままで。

え？　どこ、どこ？　ピーカンだったその日、一体どこに雲が？　私は空を仰いだ。

すると、さっきまでなかった頭上に、小さな雲が近づいていた。

一度も空を仰ぐことなく、高峰秀子はレフ板から反射する光線の加減で、それを察知したのだ。

凄いな、この人……。私は驚嘆した。

雲が去るのを待って、再び助手がレフ板を構えた。

すると今度は、

「もう心持ち、私の方へ傾けて。十五度ぐらい」

高峰さんが言ったのだ。またしても正面を見たまま。

十五度ぉ？　私はアングリと口を開けていたと思う。助手は高峰さんの指示に従って、レフ板の角度を微調整した。

「はい、そこ。その位置でいいです」

言うと、高峰さんはピタリとポーズを決めた。

午後三時、撮影終了。三カ所の屋外撮影は、一時間半で終わった。

私は、写真家の秋山庄太郎氏から聞いたことがある。

「女優さんで一番早く撮影が終わるのが、高峰さんでしたよ。つまり、とっとと済ませて帰りたいわけ（笑）。だから『こういうポーズが欲しいんでしょ』と言わんばかりに、自分でポーズを取るの。それがまた、いいポーズなんだ。僕はシャッターを切るだけ（笑）。高峰さんが僕の写真で褒めてくれたのは一枚だけでね。僕が松山家に遊びに行った時、食堂でお茶漬けをごちそうになってたら、彼女が庭でご亭主の散髪を始めたの。それが実にいい光景だったから、僕はいつも携帯してた小型のカメラで、屋内から隠し撮りしたわけ。そしたら高峰さんがその写真をとても気に入って。『庄ちゃんに撮ってもらった中で一番いいわ』って。俺、悲しいんだか嬉しいんだか……（笑）」

顔に当たる光の具合で、今自分がどのぐらいの明度の中にいるのか体感でわかる大女優は、撮影中に坂を通る人がいると、「どうぞ、お通りください」と、さっと道を開けた。

そして撮影が終わると、
「お疲れ様でした。じゃ、私はここで」
と、坂の上の白い家に入っていった。
彼女にとって、撮影より大切な「夫の夕飯を作る」ために。
私は松山邸の玄関で、その華奢な後ろ姿を見送りながら、改めて思った。
絶対に、この人の本を出すぞ!

私の東京散歩

高峰秀子　麻布

あぁ、くたびれた。

「永坂一番地」というカッコイイ町名に惚れて、麻布に住みついたのは四十余年も前である。以後、中身の住人も老化したが、容れ物の家屋にもガタがきて、三回も建て直した。

　以前は閑散としていたわが家の周りは、現在、右隣りがアメリカ大使官邸、左がサウジアラビア大使館、後ろがギニア大使館と、大使館だらけになって、小さな庭に住みついていた蟇《がま》や蛇は姿を消し、目覚まし代わりだった小鳥たちの声も激減した。

春夏秋冬、花鳥風月には浸る間もなく女優の道をただ馬車馬のように突っ走っていた若い頃は、「老女になったらこのあたりを優雅に散歩でもしよう」と楽しみにしていたが、さて老女になってみたら、すっかり様変わりした付近の喧噪をかき分けてヨタヨタと散歩するなどはとんでもないこと、ひたすらくたびれるばかりである。

だが、くたびれるのはトシのせいばかりではない。麻布界隈には滅多矢鱈と「坂」が多いからだ。司馬遼太郎先生の文章によれば、「……まことに江戸は坂が多く、名称のついた坂だけでも三百以上ある……」そうだ。麻布周辺だけでも二十以上あるのだから、くたびれるのも当然である。

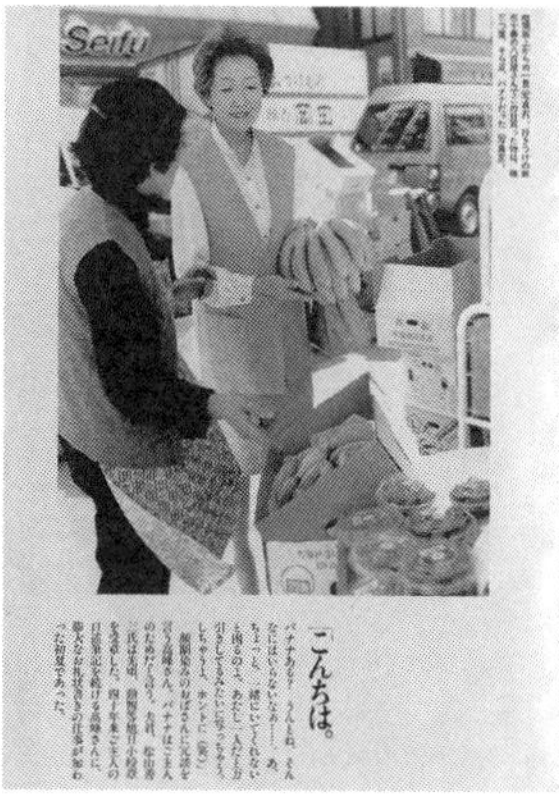

　爽やかな初夏の風に誘われて浮かれ狸よろしく私は久し振りに自宅近くの植木坂を下ってみた。大黒坂下の商店街でちょっと買物、暗闇坂を戻って鳥居坂の国際文化会館でひと休み。わが穴倉へ辿りついた時はもはやヘトヘト。玄関を入った第一声は「あぁ、くたびれた」だった。

「こんちは。バナナある？　うんとね、そんなにはいらないなぁ……。あ、ちょっと、一緒にいてくれないと困るのよ。あたし一人だと万引きしてるみたいに写っちゃう。しちゃうよ、ホントに（笑）」

　顔馴染みのおばさんに冗談を言う高

峰さん。バナナはご主人のためだと言う。夫君、松山善三氏は先頃、勲四等旭日小綬章を受章した。四十年来ご主人の口述筆記を続ける高峰さんに、膨大なお礼状書きの仕事が加わった初夏であった。

月刊「文藝春秋」一九九五（平成七）年七月号

二十二年ぶりの連載実現

「文藝春秋からこの人の本を出したい」、そう思い立った時から、私は〝悪魔のフィルム〟の如く、高峰さんの潜在意識に植えつけるように「連載」を口にしてきた。あとは具体的な実行力を持つ人物に任せるだけだ。私は、高峰さんに、同社の小説誌「オール讀物」のS編集長に会ってもらうことにした。

「でも、いいのかしら……。連載するわけでもないのに……」

私の懇願に、高峰さんは躊躇しながらも、S氏との会見を承諾してくれた。

会見は、平成七年四月二十五日、午後一時に決まった。場所は、高峰さんお気に入りの、六本木・国際文化会館。

二週間前に撮影した月刊「文藝春秋」「私の東京散歩」のグラビア写真も見てほしいのでと、私はできるだけS氏との会見が高峰さんの重荷にならぬよう、いわば「ついで」なのだということを強調した。

だが当時の手帳に、時刻と場所を赤字で書いていることからも、私の中でその会見はまさに「皇国の興廃、この一戦にあり」ほどの覚悟だったことがわかる。

ところが、である。

会見の前日、忘れもしない、夕方、私が「週刊文春」編集部で仕事をしていると、一枚のファクシミリが届いた。

文面を読んで、私は跳び上がった。

「よくよく考えてみましたが、私は一年のうち半分は日本にいません。それにもう七十歳です。やはり毎月の締め切りを守る自信がありません。良いお返事もできないのに、明日、『オール讀物』の編集長にお目にかかるのは無責任なことになると思います。なので、明日のお約束はナシにしましょう。ごめんなさい。あなたの泣き顔が目に浮かぶようですが、許してくださいね。高峰秀子」

何ということだ……。まさか、こんなどんでん返しが……。

私はファクシミリの紙を引っ掴むと、七階の「オール讀物」編集部に駆け上がっていった。

「Sさん！　今、こんなものが！」

私は万策尽きた思いだった。

「残念だなぁ……」

一読して、氏も顔を曇らせた。

だが、次に氏が言った言葉が、今思えばすべてを決定付け、ひいては、現在も文春文庫に九冊（現・八冊）揃っている高峰秀子の著作群を実現したと言える。

氏は気を取り直したように言ったのだ。

「でもさ、せっかくだから、明日の予定はそのままにさせてもらおうよ。高峰さんにお願いしてみてくれる？」

考えもしなかった、そんなこと。

今度は一目散に階段を駆け下りると、私は自席の電話を取った。コール音が鳴る間、妙に胸がドキドキした。

「ごめんなさいねぇ……」

高峰さんは開口一番、申し訳なさそうに言うと、さらに続けようとしたが、私はあえてさえぎり、努めて冷静に言った。

「いえ、それは一応置いておいて、Sは、せっかくですから予定だけはそのままにしていただけないかと申しております。私も本誌（月刊「文藝春秋」）で撮影した写真を見ていただきたいですし、是非、明日は予定通りに」

「でもねぇ……」

高峰さんはやはり躊躇した。

「いえ、もう連載のことはいいんです。前から私がお話ししている、私の尊敬する上司に、是非高峰さんに会ってほしいんです。それだけでいいですから」

事実、もうそれだけでいいと、私は思っていた。

「じゃ、ほんとに会うだけになるけど」

よしッ。これで何とかなる。

だが何とかなると思ってしまった。なぜそう思ったのか。それは、Sという人物の人柄が必ずや高峰さんの心を動かすだろうと思ったからだ。

当日、会見は実現した。

「本日はご無理を言いまして」

ロビーで、S氏が高峰さんに名刺を差し出した。

すると高峰さんは、時々見せるそのちょっと悪戯っぽい、ニカッとした笑顔を見せて、言った。

「あなたが、この人がいつも『いい人』『いい人』って言ってる、その〝いい人〟ですか?」

「そうです」

私が即答した。

だがS氏のほうは、気の毒なほど困った顔になり、「いや、そんな……」。

国際文化会館のティールームで、高峰さんとS氏が向かい合い、私はその間の、池に向いた席に掛けた。

「すみませんねぇ、お役に立てるわけでもないのに」

「いえ、こちらこそ……」

二人が会話を始めて十五分もすると、私は安心した。「ああ、高峰さんはS氏の人柄をわかってくれた」と。

この時、今でも強く印象に残っていることがある。

それは、庭から差す光がちょうど私の位置で逆光になり、高峰さんの横顔を、黒いシルエットにして浮かび上がらせた時だった。

なんて綺麗な横顔なんだ……。

その額から鼻筋、口元から顎にかけての完璧なプロフィール。息を呑むほど美しかったことを覚えている。

と、それまで世間話をしていたS氏が、控え目に言ったのだ。

「連載していただけないでしょうか」

その瞬間、私は「おや？」と思った。高峰さんの表情がかすかに動いたのだ。いや、少なくとも私にはそう思えた。

「でもねぇ……」

そう言った時には再びもとの表情に戻っていた。

一時間後、高峰さんを見送ったS氏と私は、会館の坂道を下りていた。

「う～ん、やっぱりダメなのかなぁ……」

横を歩く氏が、力なげに言った。

その時、私は断言した。

「いや、大丈夫です。あの顔は脈があります」

「え、そうかい？」

氏はちょっと驚いたように、私を見た。

私の根拠はただ一つだった。あの時、一瞬だけ動いた高峰秀子の表情。一体そこにどんな可能性を見たのか、今でも説明できない。ただ感じたのだ。私の動物的直感が「これは脈がある」と。

私はS氏に言った。

「明日から、私が何かとかこつけて高峰さんに電話してみます。そして説得してみます。でもSさん、あの鯛は年取ってますが逃げ足が速いです。私がそぉっと文藝春秋の〝生簀〟に追い込んで、それと気づかないほどの広ぉい投網をかけますから、私が『今だ！』と言ったら、思い切り網を絞ってください」

「よし、わかった！」

次の日、私は氏に言った通り、高峰さんに電話した。用事は「昨日のお礼」。

この時、高峰さんは言った、

「Sさんはあなたが言った通りの人だった」

そしてその翌日も電話した。用事は「お元気ですか？」。私はその後もずっと電話するつもりだった。だから特に期待もせずに言った、「何とか連載を」と。

するると高峰さんがサラリと言ったのだ。

「書こうかな」

私は耳を疑った。

「え、今、書くとおっしゃいましたか？」

「うん」

「書くとおっしゃったんですね？　言質を頂いたと思っていいんですね⁉」

私は信じられない思いで念を押した。

「いいですよ」

電話口の向こうで高峰さんが微笑んでいるのがわかった。

それは、私が高峰さんに初めて「連載」の二文字を出してから、実に三年が過ぎた、平成七年四月二十七日、夕刻のことだった。

内線電話でこの吉報を伝えた時の、S氏の声が今も私の耳に残っている。

「おぉ、でかした、斎藤君ッ」

数日後、S氏と私は改めて国際文化会館で、高峰さんに会った。

「読ませていただきました。この雑誌なら、私が書かせていただいてもお邪魔になららないと思いました」

　高峰さんは静かに言った。

　そして、少し調子を変えて、

「昨日、名刺の整理をしてたら、私の知り合いは亡くなった人とか年取った人ばかりなんですよ。だから、この人と月に二回ぐらい会わせてもらえませんか？　こういう生きのいい若い人と会えば、私もエッセイのヒントが浮かぶと思うので」

「この人」と言われた私は、天にも昇る気持ちだった。

　するとS氏が実にいい間で、ボソッと、言ったのだ。

「彼女もそう若くはないんですが」

　途端に高峰さんが噴き出した。

「Sさん、なんてことを！　いえ、実はホントにそう若くないんです。でも一所懸命やりますから！」

　高峰さんがもっと笑った。

　だが私が驚いたのは、高峰さんと別れた後、S氏と坂道を下りていた時だ。

「ご本人もああおっしゃってるし。斎藤君、ゲラの出し入れは僕がやりますから、原稿を取りに行ったり、高峰さんと打ち合わせをしたり、週刊（文春）の仕事に支障をきたさないようにするから、手伝ってください。高峰さんは好き嫌いがハッキリした人だから、下手な担当者をつけて連載をやめると言われても困るしね」

二度しか会っていないのに、S氏は完全に高峰さんの気性を理解していたのだ。

そしてもっと驚いたのは、氏が、思い出したように言ったことだ。

「でも凄いなぁ、あの人は。隅から隅まで『オール』を読んできてるよ」

「え、そうなんですか？」

私は全く気づかなかった。

「うん。話を聞いてたら、わかる。完全に全部読んできてる」

私は心の中で唸った。


毎年恒例のハワイ行きの前、七月初旬に、高峰さんは第一回目の原稿をくれた。「わたしの渡世日記」以来、二十二年ぶりの、高峰秀子の連載「にんげん蚤の市」の開始である。

連載開始を記念して「オール讀物」十月号の巻頭グラビアに「自宅の高峰さん」に登場願おうと発案したのはS氏だった。

そしてこの撮影に同行した時、私は初めて松山邸に足を踏み入れた。

高峰さんが帰国した直後、同年九月八日のことである。

玄関に迎えてくれた高峰さんに従って、S氏、Hカメラマン、私の三人は、邸内に入った。

最初に感じたのは、何とも言えぬ清々しさだった。

玄関は塵一つなく整然と静まり返り、その家の主同様、「一分の隙もない」。だがそれでいて、そこには、夫妻に日々愛しまれている〝家の幸せ〟とでも言うような、温かな空気が満ちていた。

あぁ、これが高峰さんの家か……。

私は深呼吸するように、その空気を身体一杯吸った。

玄関で次に感じたのは、空間の広さだ。実際の広さは三畳分ほどだから、もっと広い玄関はいくらでもあるだろうが、私が感じた〝広さ〟は、面積のそれではなく、感覚としての広さだった。二階まで吹き抜けている階段もさることながら、何より、物が一つも置かれていないこと。普通の家なら必ずあるだろうスリッパ、スリッパ立て、花、置物、時には家人の靴の一足や二足……。一切ない。

玄関ドアを開けて目に入るのは、真っ白な大判のタイルを敷き詰めた、極めて清潔な三和土、上がり框から階段へと流れるように続く薄いオレンジ色の絨毯、上がり框の正面にある二メートルはある大きな白い扉、靴箱である。そして三和土脇の等身大の姿見。さらに仔細に見れば、その鏡の横に、洒落た銅製のフックがあり、そこに小さな洋犬の頭が付いた靴べらが掛かっている。

「うちはスリッパを使わないんです。靴を脱いだらそのままどうぞ」

高峰さんの声に従って、私達はそれぞれ靴下のまま、薄いオレンジ色の絨毯を踏んだ。毛足が短いが、厚く、足に心地よい絨毯である。

ゆるく左にカーブする階段の脇には、縦長の明り取り窓があり、残暑の外光が明るく差し込んでくる。

階段を上りきると、四畳分ほどはある、ゆったりとした踊り場があり、壁際に沿って腰ほどの高さの低い戸棚が配されている。その上に、白い肌の細長い壺が一つ。私などに値打ちがわかろうはずもないが、後年、高峰さんに聞くと、ウン百万もする青磁だった。

そして、とっつきの開いたドアを入った時、私は思わず声にならぬ声を上げた。

広い！　とにかく広いのだ。

やはり天井が高い。一般住宅の、たぶん一・五倍はあるだろう。庭に面したガラス戸もその天井近くまであるから、部屋に入るなり、庭の緑が感じられる。

私はその部屋に入って、改めて深呼吸した。それほど空気が清々しかった。

普通の家は、どんな家でも必ず屋内に入った途端、何らかの〝匂い〟がするものだ。

だが、この家には匂いがない。

ドアを入ったすぐ左には、カウンターで仕切られた台所もあるのに、全く匂いというものがないのだ。

私は失礼も省みず、歓声を上げる思いで、ぐるりと部屋を見渡した。

カウンターの前には、椅子が四脚付いた広いテーブル。

今回の原稿を書くために高峰さんに聞いたら、

「これはダイニング・テーブルじゃなくて、〝カード・テーブル〟って言う、トランプやギャンブルをするテーブルなの。だから食卓にしては低いでしょ、椅子も。カードをするためのテーブルだからゆったりしてて、背が低い日本人にはピッタリなの。ハワイの家のテーブルが同じで、あれはハワイの家具屋さんで見つけたんだけど、偶然同じものが三越にあったから、この家を縮小した時に入れたの。百万ぐらいしたかな」

百万円のテーブル……。

もちろん、当時はそんなことなど知らず、私はひたすらキョロキョロしていた。

ベランダに面した部屋の奥には、小ぶりの籐の応接セット。食卓との間に異常に距離がある。私は思わず「ここで何かするんですか？」と聞いたほどだ。もちろん高峰さんの答えは、「何も」。

応接セットの背後の壁には、二〇〇五年、世田谷美術館に寄贈した、梅原龍三郎画伯作「高峰秀子像」。その横には、十九世紀にドイツで使用された骨董の楽譜立て。

それを松山家では飾り棚にしていて、ハガキ大ほどの盆に載せた十数個の玉の印、「二十四の瞳」のゴールドでできた映画賞のトロフィー、その横に、夫妻の小さな結婚写真がパリの蚤の市で手に入れた銅製の写真立てに収まっている。

だが、これらのことは、その後、私が頻繁に松山家を訪れるようになって、一つ一つ、夫妻に教えてもらったことであり、この初めての訪問の時には、ただ「素敵なものがいっぱいあるな」、そんな子供じみた感想を抱いただけだった。

だがそんな私にも、台所はわかる。

だから驚いた。驚いて、聞いた。

「ここ、使ってないんですか？」

だって、真っ白で何もないから。

「使ってますよ、毎日」

私達のために麦茶を注ぎながら、高峰さんが答えた。

その言葉で改めて見てみると、広い流し台の隅に、よくホットドッグショップでカラシを入れているプラスチック製の先が細い容器と、白い石鹸、長細い俵形のたわしが置かれていた。プラスチックの容器には台所洗剤が入っている。

だが火口が四つ並んだステンレスのガスレンジは鏡のように光り、調理台と戸棚は壁と同じ白で統一され、染み一つなく、ステンレスの水切りには、コップ一つ置かれていない。

モデルルームでもない限り、これほど整然として清潔な台所は、恐らくここ以外にはないだろう。

感動する思いで台所の入り口に立っていると、S氏の声がした。

「では、そこのカウンター越しにこちらを向いていただいて……」

そうだった。撮影に来たのだ、私は。

気が付くと、Hカメラマンがカメラをセットして、構えている。

高峰さんがカウンターの向こうで微笑んだ。いつもと同じ、完璧な被写体となって。

Hカメラマンが何度かシャッターを切ると、高峰さんが前回と同じく、私に「おいでおいで」をしてくれた。私はやはり前回同様、子犬のように駆け寄った。

だが後日、出来上がった写真を見て、編集部の者が口々に、「これ、合成写真？」「なんだ、こっち側、切り取れよ、汚いから」など、悪評たらたらだったことは、口惜しいが納得できる。それは、一度でも高峰秀子と一緒に写真に納まれば、誰でもわかる。

その時、声がした。

「やぁ、お世話になりますね」

夫君の松山善三氏が外出から帰宅したのだ。

私は玄関先で一度お目にかかったことがあるだけだった。

「善三さん、下に宅配便が来てるの」

カメラに向かって微笑んだまま、高峰さんが言った。

「秀さん、僕は今帰ったばかりなんですよ」

苦笑しながら氏は言って、部屋の真ん中で立ち往生する形になった。

そのやり取りに、私はクスッと笑ってしまった。恐らくいつもこんな会話を交わしているであろう夫妻の、飾らないやり取りに。そして、「善三さん」「秀さん」と呼び合う二人を見た、これが最初である。

「監督も入っていただけませんか」

Hカメラマンが言った。

「え？　じゃあ、こんな格好じゃいけないね。ちょっと失礼」

松山氏は隣室に消えると、スーツからTシャツ姿になって、戻ってきた。手にスカーフを持っている。

「これでどうかな？」

首に巻くと、高峰さんが寄ってきて、襟元を直してあげた。

そうやって納まったのが、一五五ページの一葉である。

撮影が終わると、松山氏が下から宅配便を上げてきて、開けた。

「わぁ、見事なホタテと秋刀魚だ。皆さん、持って帰りませんか？　ただし僕も好物だから、ご家族の数だけね」

と、悪戯っぽく笑った。

「今からベランダで秋刀魚を焼きますから、ご一緒に夕飯、いかがですか？」

松山氏が言うと、高峰さんが、

「ダメよ、皆さんお忙しいから」

いずこも同じ、夫と妻の感覚の相違である。既に夕食の準備をしている主婦にとって、突然の変更は大迷惑だ。

「食べていきたいなぁ……」

だが図々しい私は思わず、呟いた。

「斎藤君、僕は帰りますよッ」

子供を叱るように、S氏が睨んだ。

私は氏に引きずられるようにして、その清々しい家を後にした。まさかその後、何十回、何百回となく訪れることになるとは、夢にも思わず。

巻頭グラビア　OORU Who's Who

高峰秀子　馥郁たる日常

高峰秀子さんは一九七九年、「衝動殺人　息子よ」を最後に、「ほんとは結婚したらすぐやめたかった」女優業を廃業した。以来、主婦である。買い物もするし、台所にも立つ。長年にわたり、夫君松山善三氏の口述筆記もつとめている。しかし、そのかたわら、一九五三年の『巴里ひとりある記』から昨年上梓した『忍ばずの女』まで、著作じつに二十二冊。高峰さんにとって、執筆業は、どうやら天が与えた〝二物〟の一つだったようだ。今月号からスタートする『にんげん蚤の市』は、日本エッセイスト・クラブ賞を受賞した『わたしの渡世日記』以来、ほぼ二十年ぶりの雑誌連載となる。

松山善三氏と自宅居間にて

「オール讀物」一九九五（平成七）年十月号

生涯の恩人となる

今回の高峰さんとの仕事は平成九年、雑誌「オール讀物」十一月号に掲載された、中島誠之助氏との対談である。私はその対談のまとめをさせていただいた。

この頃、高峰さんの同誌での連載随筆「にんげん蚤の市」は、好評のうちにほぼ終わりを迎えていた。「ほぼ」というのは、執筆者である高峰さんと編集長との間に、明らかな認識のズレがあったからだ。つまり高峰さんは、開始から丸二年を経て、もう連載を終えたつもりだったが、編集長のほうはそれを了承していなかったのだ。

高峰さんが連載終了を主張した理由は、「今や私はどこにも出かけず誰にも会わないから、もう本当に書くネタがない」。だが普通は、雑誌で連載を始めたら、それも老舗小説誌ならなおのこと、書き手はできるだけ長く続けたいと思うものだ。だからたとえネタが乏しくなろうと、是が非でも何か書く。それに、連載終了は編集部のほうが告げるのだ。相手が大家であればあるほど、まるで猫の首に鈴をつけるように、恐る恐る切り出すのである。

だがこの猫、いや、高峰秀子は、「オール讀物」の最初の編集長が連載開始から半年後に異動が決まった途端、「じゃ、私の連載は終わりね」と、こともあろうに手を叩いて喜んだのだ。私はその場にいて、呆気にとられた覚えがある。「そうおっしゃるのではないかと心配していましたが、それは困ります。次の編集長も是非続けていただきたいと申しておりますので」と初代は言った。途端に高峰さんの顔が、歯医者にひきずられていく腕白坊主のそれに変わったのには、笑った。

二代目の編集長が「あと一年は続けてください」と言うと、高峰さんは「それは無理です」。「そこを何とか」、「じゃ、せめて半年に」。連載期間を値切る作家も珍しい。

そして連載が三年目に突入して、いよいよ高峰さんが書かなくなると、編集長は「毎月でなくてもいいんです。一カ月おき、いえ、二カ月おきでも」。遂には「いつでも、何枚でもかまいません。できた時に」と、作家なら一度は言われてみたい台詞まで捧げて、高峰秀子の連載を繋いだのである。

それほど彼女の随筆は読者に人気があり、またそれほど、彼女は連載をやめたがっていた。

なぜなら、高峰秀子にとって、「おさんどんと読書の毎日」こそ、理想の生活だったから。

だから私が強引に連載を承知させて始めたものの、彼女としては「もうこの辺りで勘弁してよ」というのが本音だったのだ。

気が付いたら映画の子役にさせられていて、十数人の血縁を養うためにやめたくてもやめられず五十年続けた女優業。編集者に請われて書き続けた二十六冊の著作。どちらも高峰さんが自ら望んでしたことではない。だが「やるからには全力でやる」という彼女の姿勢が、その両方の分野で、観客を、そして読者を魅了してやまない作品を生んだのだ。

高峰秀子が八十余年の生涯で自分から望んでしたこと。それは「松山善三との結婚」、それだけだったと、本人が言ったことがある。

信じがたいことだが、日本映画史に残る大女優が心底から望んでやまなかったのは、〝平凡な生活〟だったのだ。

それを阻止した一人でもある私が言うのも僭越だが、高峰秀子がその悲願を達成できたのは、七十代も半ばを過ぎた、平成十二年。彼女は遂に筆を折り、ようやく理想の生活を手に入れたのである。

とはいえ、この平成九年の段階では、「オール讀物」の編集長も、「週刊文春」の所属でありながら〝高峰番〟をしていた私もまた、それを許さなかった。

そして高峰さんも、滅多に書かなくなってはいたが、先の編集長の申し出にはいたく感激して、私に言ったことがある。

「有難いねぇ。私みたいな素人の雑文書きに、いつでも、何枚でもいいなんて」

もちろん私は言った。

「かあちゃん、そんなに感激するんなら、書いてよ」

この頃、私は高峰さんを自然に「かあちゃん」と呼ぶようになっていた。

それは、中島氏との対談の前年、私の身の上に起きた出来事がきっかけだった。その事によって、私は高峰秀子という人をそれまで以上に深く知るようになり、同時に、生涯の恩人とすることになるのだ。

出来事とは、郷里にいた私の母が死んだことである。

高峰さんに「オール讀物」の連載を説得していた頃、母は横紋筋肉腫という、医師によれば「癌より悪い」病に罹っていることが判明し、余命半年と宣告された。

未だにそうだが、私は年齢不相応に幼稚で、甘ったれた人間だ。そして今なら確信できるが、強いマザーコンプレックスを持った人間だった。母は容姿においても人柄においても、あらゆる点で私とは正反対だった。私が他人の美醜に極めて厳しくなったのは、この母が原因である。幼い頃から母親の、通った鼻筋やきれいな二重まぶたの目を当たり前として育った私には、「美しくない女など女ではない」という恐ろしい思想が根付いた。そして母親が持つ忍耐強さや他者への思いやりに溢れた聡明さは、私の理想であり、母は私にとって絶対的な存在だった。つまりこういうことを臆面もなく書けるところが、マザコンの典型なのだ。

そんな私に母親が死ぬなどという事実が受け入れられるわけがなかった。「もし、お母さんが死んだら……」、一瞬でもそんな考えが頭を過《よぎ》ると、目の前が真っ暗になった。だから「母が死ぬはずはない。たとえ医者が何と言おうと私が死なせはしない」、その一心で奔走した。五十冊余りの癌に関する本を読んで治療法を探し、末期癌患者を生還させた医師のもとへ母を預けた。そして高知、大阪、高松、岡山と、母が療養する場所と東京を三日おきに往復して、「週刊文春」の仕事と高峰さんの連載の手伝いを続けた。

そんな生活をしていれば、「原稿が出来ました」と高峰さんから留守電にメッセージが入っても、取りにいけないこともある。当時の編集長が気遣って「僕が頂きに行くから心配しないで」と言ってくれた。

そして高峰さんが私の事情を知ることになる。

「すみません、私事でご迷惑をおかけして」

高知の小さな漁村で療養する母に付き添いながら、私は潮で錆びた道端の赤電話から高峰さんに電話した。

その時、高峰さんが言った言葉が今も耳に残っている。

「どこにいるの⁉ 編集長のSさんに聞いても実家にはいないらしいと言うし。何か食べる物を送るから、住所を言って」

私は一介の編集者である。ただ高峰さんの連載のお手伝いをしているだけの人間だ。

私は涙が出るほど有難かった。

「いえ、本当にすごい田舎ですから。また東京でおめにかからせていただきます。本当にすみません」

「いいから住所を言って！　今、メモするから。食べる物を送るんだから！」

高峰さんは叫ぶように言った。

だが私は電話を切った。

もうすぐ死んでいく母のもとで私は何を思って暮らしていたのか、今はもう思い出せない。いや、思い出したくない。だが優れた文筆家であり大女優である高峰秀子という人が住む世界が、どこか遠い外国のように、その時思えたことだけは覚えている。しかし遠い国に住むその大女優は、私などにはもったいないほどの温情をかけてくれた。

私が東京に戻ると、「資料を取りに来て」と、玄関先で渡せば済むことを、家まで上げてくれて、「お腹が空いてるでしょ」と言った。「いえ、大丈夫です」と私が答えると、「サンドイッチ作ってあげる」。

私は驚いた。お手伝いさんがいないことは知っていたから、作るとすれば高峰さん自身が作るのだ。とんでもないことである。

「いえ、本当にいいです。お腹は空いてませんから」

だが既にキッチンに入った高峰さんは私の言葉を無視するように、「お茶漬けのほうがいいかな?」

「いえ、本当にいいですから」

「何でも『いいです』って言うのね」

そう言って笑いながら、立派な朱塗りの椀に、熱々と湯気の立つ、上等なお茶漬けを、ダイニングにいる私の前まで運んでくれた。

「これは食後にね」

見事な羊羹が、やはり朱の器に載せられていた。

もし人間にとって生涯で忘れられない味があるとすれば、私は、あの時、高峰秀子が出してくれたお茶漬けの味を、死ぬまで忘れないだろう。

そして母は、平成八年の五月、六十二歳の誕生日を前に、死んだ。医師の宣告を超えて、三年半生きてくれた。

それ以後、高峰秀子という人が私にかけてくれた情けは、常識ではあり得ないほどの温情であったと言うしかない。

何も聞かず、何も言わず、ただ来る日も来る日も、温かいご飯を食べさせてくれた。夫君の松山善三氏と、温かい笑顔で私を包んでくれた。

「自分の母親が死んだからと言って、高峰秀子を母親代わりに思うなど、とんでもなく図々しい話だ」と、その後刊行した拙著『高峰秀子の捨てられない荷物』の書評で私を批判した文芸評論家がいたが、たぶんその人はひどく立派な人なのだろう。世間には母親の死を冷静に受け止められない不出来な人間がいるということを知らないほど、賢明な人なのだろう。だが出来の悪い人間はいるのだ、私のように。精神的に強く母親に依存した人間もいる。母親を失うことが自分自身を無くすことに等しいと思う人間もいる。積極的に死を選ぶ気力さえなく、呆然とするしかない人間もいる。このまま仕事も失うだろう、ぼんやりと暮らしていれば、早晩車に轢かれて死ぬだろう。それでいいと思うほど、私は疲れ果てていた。

立ち直らせてくれたのは、高峰秀子である。

死にかけた私を抱きかかえるようにして、生き返らせてくれた。

私はこの頃よく思う。人は幸せな時には何も見えていないものだと。不幸に見舞われた時にこそ、自分という人間の身の丈や、周りの人間の本当の姿が見える。

私のことではない。愚かな私は、母の死をもってしても、まだ何も見えていない。

多くの困難や不幸に囲まれながら、その中でじっと己を見つめ、周囲を凝視してきたのは、他ならぬ高峰秀子である。

物心ついた時から家庭の温かみを知らず、小学校にも通えず働き続けた。その中で彼女が見てきたものは何だったのか。生ぬるい人生を歩んできた私などにはわからない。私にわかることは一つだけ。高峰秀子という人は、真実、人の傷《いた》みがわかる人間だということだ。

救ってもらった私には、それがわかる。拙い者への情け、傷んだ人間への慈愛。それは、彼女自身が生半《なまなか》ではない半生を送ってきたから、その辛酸に負けることなく生き抜いてきたからこそ、持ちうる聡明さだと、私は思う。

「誠《せい》ちゃん」「姐《あね》さん」と呼び合う旧知の二人は、歯切れのいい会話を交わしながら、対談を続けた。

その席には、「オール讀物」の編集長と私、そして速記者がいた。対談の終わり近く、その料亭で昼食が出た。私達は箸を進めながら話し、メモを取った。速記者に食事は出ず、彼女は黒子のように黙ってペンを走らせた。

仕事が終わると、速記者は食事をしている私達に気を使って、音もなく部屋を出ようとした。

その時、高峰さんが声をかけた。

「ありがとうございました！　ご苦労様でしたね」

その威勢のいい声に私達は慌てて箸を止め、「ご苦労様でした」と後に続いた。恐らく、高峰さんが声を発していなければ、私達はそのまま速記者を部屋から出していただろう。

私は胸を突かれる思いがした。

あぁ、この人はこうやって、女優時代も仕事をしてきたのだ。作品を陰で支えるスタッフの隅々にまで心を配り、感謝の言葉をかけて。

静かに箸を運ぶ高峰秀子を、私は惚れ惚れとして見つめていた。

高峰秀子　中島誠之助　特別対談

鑑定は、一日にして成らず

「にんげん蚤の市」の高峰さんと「開運！なんでも鑑定団」の中島誠之助さんが語る

〝目利き〟の条件

高峰　えー、私達の付き合いは、私が昔、有楽町の新国際ビルで営《や》ってた「ピッコロモンド」という骨董屋を、セイちゃんが手伝ってくれてから、ということになってるけど、改めて、それこそ第一回目に会ったのはって考えると……、覚えてないのよ。

中島　それはね、姐《あね》さん、おまかせください。姐さんが西麻布の店に来たんだよ。親父が死んだ後、私が独立して商売始めた店。昔の麻布霞町の〝墓地下〟ってとこ。

高峰　何ていう店だった？

中島　「中島美術店」。
高峰　「からくさ」は、青山からね。
中島　だから、姐さんが来てくれたのは昭和四十四年の初《しょ》っ端《ぱな》だと思う。
高峰　でも、その前に私達、会ったことなかったですか？
中島　なかった。
高峰　そんなことないよ。じゃ、なんで急に私が行くの？　知り合いでもないのに。
中島　それはね、骨董屋の「藪本《やぶもと》」。あそこにいたノムラ君が僕を知ってたから、ノムラ君が僕のこと紹介したんじゃない？
高峰　何のために？
中島　「ピッコロモンド」のため。
高峰　そんな。私、いきなり行って「ピッコロモンド手伝って」って言ったの？　そんなことないよ。
中島　いや、そうなの。だって僕、その時たまげたもの。大女優の高峰秀子さんがいきなりすごいジャガーでさ、ぺェぺェの家賃三万円どうやって払おうかと思ってる僕の店へ来たんだから、墓地下の(笑)。
高峰　ふーん。そうだっけ？　ノムラさんは確かに知ってたよ。「藪本」にはしょっちゅう行ってたから。

中島　だから姐さんは「藪本」に相談したんじゃない？　で、ノムラ君が「じゃ、いいのがいるから」って言ったんだと思う。

高峰　「私、お店営るんだけど、少々おっちょこちょいで、見場がさほどひどくなくて、気の利いた、生きのいいのいない？」って、私が言ったのかな？

中島　うん、そうだよ。だから、ノムラ君が「ちょっと人が行くけど……」って電話してきた。

高峰　じゃ、私はその店へ陶器見に行ったんじゃなくて、人間見に行ったわけね。

中島　そう。

高峰　で、これならまあまあだと。

中島　また、癇症《かんしょう》な僕のことだからさ、いつものように、商売そっちのけで店の中を指紋一つ残らないように雑巾でキチキチ拭いてたら、デーンと来たわけだよ、姐さんが。それで僕はね、いきなりジャガーに拉致されたんだ。

高峰　そりゃ、嘘だよ。それじゃ、まるで人さらいじゃない（笑）。

中島　アハハハ。絶対そうだよ。入って来るとね、「アンタに頼み事があんのよ」って、それで拉致されたんだから。

姐さんの家には「露店商」の札が

高峰　で、どこへ行ったの？
中島　とにかく僕はジャガーってすごい車だなぁと思って。喋ってる声が吸収されちゃって響かないでしょう。僕の声、一体姐さんに届いてるのかなって思ったの覚えてるんだ。それでね……、どこ行ったか、覚えてないんだよ（笑）。
高峰　怪しい話になってきたね（笑）。
中島　新国際ビルじゃない？
高峰　そうかもしれない。
中島　いや、違う！
高峰　じゃ、どこよ。
中島　思い出した。新国際ビルの隣の新東京ビル。あそこに狭いスペースがあったでしょ？　柱と柱の間にガラス張ったさ。
高峰　ああ、あそこか。あれはね、私が「朧月夜」って言ってた、会社をいくつも経営してる社長さんがいたんだけど……。
中島　姐さんはあだ名つける名人だよね。
高峰　そう言えばセイちゃんもそろそろ朧だねえ。

中島 あ、上から見ないで(笑)。

高峰 その「朧月夜」が私にそのスペースで何かやってくれないかって言うわけよね。何かったって、私はなんにも趣味ないし。そこはサラリーマンが大勢歩く所だから、ちょっと潤いのあるものがいいと思って。でも花屋はやりたくないし、喫茶店は二階だからダメだし。で、「何か古い物でも並べたら?」ってね。船徳利でもいいしそば猪口でもいいし。そしたら「お願いします」ってことになっちゃったわけよ。それで自分のうちにある物を少し持ってきたわけだけど、もちろん売る気はないのよ。それでガサガサ新聞紙から出してたら、若い人が入って来て、「これ、いくらですか?」って聞くからさ、「これは売りません」「今日開店ですか?」「開店はしないんです」ってね。だから、「朧月夜」に「ひでえ目に遭っちゃったから、もうやめだよ」って言ったら「ダメです。やったんさいよ」って。

中島 やっぱり、そこだよ。そこへ連れていかれたんだよ、僕は。ところが姐さんの言ってることがわかんないわけだよ。第一、売る店じゃないって言うんだから、一体何を相談されてるんだか。でも、相手は天下の高峰秀子で、こっちは店始めたばっかりの若造、三十だったよね。ただ頭がカーッとしてさ。それで、姐さんせっかちだから、一週間もしないうちに電話がかかってきて、「ちょっと来て」って、アアもスーもないんだ。またジャガーで拉致されてその時が新国際ビルの廊下なんだ。「ここで店をしようと思うの」と。「ここでやるなら、面白いでございます」って、僕もしゃっちょこばってね（笑）。
だけど、古物鑑札が要りますよと。美術品商なんてカッコつけたって、古物商なんだよね。それで僕が麻布警察に行ったんだ。そしたら、警察の人がその場所見に行ってくれて、「あそこは露店だ」と言うの。
高峰　そうそう。ビルの部屋じゃなくて通路だから、上は吹き抜けで天井ないし。
中島　そしたら、麻布警察の防犯課の人がさ、ちょっと高峰さんに色紙描いてもらってくれって言うんだ。そしたらすぐに鑑札がもらえるんだと、姐さんに頼んで描いてもらった色紙。いまだに忘れない。こけしの絵が描いてあって、きれいに彩色してあって。アレ、やるのもったいなかったなぁ（笑）。で、それ持ってったら、すぐ鑑札がおりたんだよ。
高峰　うん。そういう手続き全部セイちゃんがやってくれた。
中島　それで、写真が要るから持ってこいって言われたんだけど、女優のしかないんだ、いわゆるブロマイド。それ持ってったら、警察のおじさんが喜んじゃってね。麻布警察の署長まで見にきちゃった（笑）。

高峰　鑑札がおりたのはいいんだけど、ある日、仕事から帰ってきたら、うちの表札の横にバーンと「露店商」ってプレートが貼っちゃってあるのよ、白文字の。もうびっくりして、ガッカリしたよ。

中島　でも一応チークで縁どってあって額装してある。ああ、なるほど、鑑札ってこうやって貼るのかって、まず第一歩勉強するわけよ、僕は。でも、あの洒落た姐さんの家に「露店商」の札が貼ってある、あのコントラストって、最高だったよ。

高峰　一番驚いたのは私だよ（笑）。でも、その節は本当にお世話になりました。

美術の世界との出会い

中島　いえいえ。僕も大女優に頼まれて光栄で……。それで、仕入れに行ったね、芝の東京美術倶楽部の競り市へ。

高峰　そうそう。

中島　そしたら、姐さんが競り市の真ん中に坐っちゃうんだよね。だいたい向こう正面というのは功なり名遂げた大旦那しか坐れないのに。大旦那たちにとっては高峰さんがアイドルなわけですよ。

高峰　知ってる人がいっぱいいたから。というのは、若い頃から骨董屋回りばっかりしてたの。私は〝人気女優〟なんてものだったから、銀座に買い物に行ったりすると、ワーワー人がたかって追っかけられるわけ。悪いけど、そういうの嫌いだから。

中島　姐さん、そういうとこ、普通の人だからね。

高峰　それで、お店の正面から出ると黒山の人だから、裏の台所から逃げたりなんかしてたの。で、ある日、まだ十代の時だった、また野次馬に追っかけられてドンドン走って、くたびれちゃってね、フッと見たら、なんか薄暗い仕舞《しもた》屋《や》みたいな、ガラスのはまった店があって、そこへ入ったわけ、隠れるために。それが骨董屋さんだったの。

中島　ああ、そうなの。それが初めての骨董屋との出会い？

高峰　そう。銀座の松坂屋の傍だった。入ると、「いらっしゃいませ」って言われて、何や、これ？　ってなもんでさ。チョンチョンいろんな物が並んでた。それで、ああ、自分のオアシスを見つけたと思ってそれからは、休みたい時は骨董屋さんへ行くようになったの。

中島　へーえ、そうだったのか。

高峰　若い女の子だから、向こうは面白がって、「ちょっといい物見せましょうか」って見せてくれたり、お茶が出てくるようになったり。だんだん顔見知りになってね。

中島　それで目筋がいいんだ、姐さんは。

高峰　そう言っちゃなんだけど、あんまりセイちゃんに変だと思われる物は買わなかったでしょう？　競りでも。

中島　うん、そうなんだ。僕なんか、親の代から小僧で修業してる古いスタイルの骨董屋でしょ。だから、姐さんの家に行って、逆にある意味で勉強になりましたよ。初めて永坂（麻布）のうちに連れていかれた時、玄関に入ったら、セピアのガラスを通して……。

高峰　前の家は教会建築だったから。

中島　いいガラスだったねぇ。それで、窓辺に棚があって、桃山時代の阿古陀（カボチャ型）の香炉が置いてあるんだ。いいもんでしたねぇ。それで、シーンとしてるんだ。ああ、これが美術の世界なのかと思って。こっちは若いから毎日血刀振り回してるわけでしょう、骨董市へ行って、売れの売らないの、儲かるの儲からないのってさ。それが、あのシーンとした玄関のセピアガラスを通して阿古陀の香炉見て。僕にとっては、ある意味で美の発見だったねぇ。

高峰　ふーん。初めて聞いた。

中島　それでもう一つ言うと、奥へ入ったらば、透明なガラスの筒にポピーが生かってたんだよ。こっちは小僧暮らしで、ポピーなんて知るわけないの。そのポピーの茎が透明な水を通してスーッと立ってるのが目に入ったわけだ。きっと、ストローを入れてた筒なんだよ、三十センチくらいの高さでさ。

高峰　たぶん割り箸入れてた筒よ。私、そういう変な使い方するの。

中島　それがいいんだよ、姐さん流で。でも、僕はあの時の阿古陀の香炉とポピーの花生けが非常に印象的だった。

高峰　その時、それこそ偽物の九谷とか金襴手とか色鍋島とか、そんな物を置いてあったら、きっとセイちゃん、あんまり……。

中島　月並みな骨董マニアだと思ったろうね。小僧で駆け出しであっても、やっぱり骨董屋だから、鋭く相手を見てるわけだ。うちの親父によく言われましたよ。「よそのうちの玄関に入って、虎の毛皮が敷いてあったら帰ってこいよ」って。

高峰　だって私ね、いまだに日本旅館に行くと、錦手の写しの灰皿なんてのが廊下の籐椅子のとこにポンなんてあると、イヤなの。それとか、床の間に雉の剝製があったり、変な掛け軸とか、それでその宿屋がわかるね。だから、まず押入れ開けます。全部そこに目障りな物を入れます。トイレにあるホンコンフラワーも持ってきて押入れにしまいます。なくさないとイヤなの。

中島　でもわかる。親父は茶道具屋だったんで、それもかなりやかましい。だから子供の時から茶屋の清潔感というものを経験してきたから、姐さんの家の物の配置とか光線の具合とか、スパッと頭に入ってきたわけだ。

それで、もう一つ、その時のことで忘れられないのはね……。

高峰　何でもよく覚えてるね（笑）。

中島　姐さんがこう言ったんだ。「私は俳優としてはプロです。でも骨董屋としては一年生なんだから、中島さん、よろしくお願いします」って。こう、言われたんだ。

高峰　そんなこと言ったっけ？

中島　そうだよ。もう、こっちは、感の服でしたよ。当時は僕も突っ張ってたからね。だって骨董ってのは生産性のない商売でしょ。結局、どんなに仲良くても、味方じゃないんだよ、敵なんだ。だから突っ張ってないとやっていけない社会なんだよね。だから姐さんの言葉がグッときたんだ。

〝捨て目〟を効かせよ

高峰　でもあのお店、仕入れが間に合わなかったね。並べてもすぐ売れちゃって。

中島　僕はそれまでそういう商売してないわけだよ。二十客なら二十客、セットで売るんだけど、「ピッコロモンド」は、全部バラにして、姐さんが一つ一つ値札をつけて。「そんなことしたら手間かかって商売になりませんよ」って僕が言ったら、「いや、これからはそういう人たちに物を売らなきゃダメだ」って。

高峰　アクセサリーも置いたのよね。

中島　そうなんだ。鑑札もらう時、麻布警察の旦那衆が喜んじゃって、宝石もとっておきなさい、中古車販売の資格もって。三つとれるんだよね。

高峰　そう。だから私、中古自動車の売り買いだってできるんだ（笑）。

中島　アクセサリーも仕入れてくると、姐さんが全部バラして、一個一個ペンチ使って、手を油だらけにして作りかえるんだよね。〝高峰好み〟にさ。それをまた店先でやんなきゃいいのに、やってるわけだよ（笑）。そういう商売の裏は見せちゃいけないんですよと、僕は思ってるのに。

高峰　だって隠れるとこがないんだもの。

中島　僕は「ピッコロモンド」で普通の商売っていうものを知りましたよ。包装して、リボンかけて、領収書を出して。僕らその頃、商売道具は風呂敷しかないわけですよ。それで道具を包んでお客様のところへ行って、開けるという商売だったから。

高峰　でも、面白かった。面白かったね。

中島　面白かった。僕はいまだに何かの用で新国際ビルに行って、あのエアコンの匂い嗅ぐと、フーッと数十年前を思い出すものね。あそこで商売の基本を勉強しましたよ、「ピッコロモンド」で。

高峰　私もよ。私ね、〝朧月夜〟に「何か売りなさいよ」って言われた時、ちょっと考えたの。私、あんまり長く女優やってると、人はいつもこっちにお辞儀してくれるもんだと思っちゃうでしょ。それではいけないんちくなんじゃないかと思って、二年くらい、ちょっとした物でも売って人に「ありがとうございました」ってお辞儀してみようと思ったの。それで亭主（松山善三）に相談したら、「いいよ。道楽だと思ってやりなさい」と言われたんで、やり始めたの。

店の中から外を見てるだけでも面白かった。骨董好きな人は朝晩来るけど、興味ない人はこっち見ようともしない。それと、通路の角にあったから、しょっちゅう道聞かれたり、トイレどこですかとか。まぁ、教えてお礼言われたこと一度もないね。よくて「あ、どうも」。だから私、「ちょい待ち。ありがとうって言え」って、言わなかったけどね（笑）。人間観察しましたよ。

中島　それね、うちの死んだ親父も言ってた。「〝捨て目〟を効かさなきゃいけないよ」って。

高峰　あれはいい言葉ね。

中島　道歩いてても、人と話してても、心の一部を必ず開けといて、何かフッと目の前を通り過ぎたことを心に止めとけと。

この間、市川笑也さんていう歌舞伎の若手女形の方と対談した時、「ああ、骨董屋さんは捨て目ですか。私達の世界では〝捨て耳〟です。（市川）猿翁は『お前たちは捨て耳が効かないからダメなんだ』とよく言ってたそうです」って。

高峰　耳か。なるほど。でも、セイちゃんは捨て目どころか、いろんな変わったことしてきてるじゃない。マグロ船乗ったり……。

中島　あれはね、大学出てどこか外国を見て来たいと思って。僕は生物学が好きだったの。そしたら、日大の水産学科というのができたばっかりで、そこにいい教授が集まってたから、是非そこへ行こうと思って行ったんですね。そこである人が紹介してくれて船に乗ったんですよ。そしたらうちの親父も変わった男で、「骨董屋ってのは、骨董ばっかり見てたんじゃ、ろくな人間にならない」って、僕が骨董見ると怒るわけなんだよ。だから何でもやらせてくれたね。

高峰　珍しい人ね。

中島　江戸っ子なんだ。無責任といや無責任だね。マグロ船に乗ると言っても何も言わないわけですよ。そして帰ってきて、僕が築地の港へ降りたら、親父が迎えにきてるんだよ。あのヤロウと思ったよ。それで僕が船から降りたら、フッと、こう言ったよ。「おぅ、いい勉強したな」って。

高峰　いいこと言うじゃない。

中島　普通だったら、「大丈夫だったか、怪我しなかったか？」って聞くでしょう。やっぱり明治の人ってすごいね。

高峰　すごいね。ほんと、すごい。

中島　で、そろそろ、お前、いいだろうってなもんだね。

高峰　それから商売に身を入れるようになったわけ？

中島　そうです。

高峰　じゃ、中国陶器に興味持って勉強始めたのはいつなの？

中島　やっぱり子供の頃だよね。だって高校の修学旅行で京都のお寺に行くと、一番最初にバス降りて、乗るのは一番最後なんだよ。「また誠之助が遅刻してる」と言われるくらい。それほどお寺見るのも好きだったんだねぇ。

高峰秀子発声指南

高峰　それと、セイちゃんの声はいい声ですがね。競りの時もパーッと通る。

謡やってたんでしょ？

中島　始めた理由は二つあって。僕の生みの両親は二人とも肺炎で亡くなったの。店やってた親父は伯父だからね。だから、僕も体質的には肺が弱かったから、十八くらいの時、自分から宝生流の先生のとこへ行って習い始めたんだ。そういう健康のためと、もう一つは、吉川英治の「太閤記」読んだ時、その中で信長が桶狭間へ行く時に「人間五十年、下天のうちをくらぶれば……」って、「敦盛」を舞うんだよね。それで、ああいう幽玄の世界ってどんなものか一回唄ってみたいもんだと思ったこと。

高峰　結局何年やったの？

中島　二十年。でも、競りの時、後で姐さんに言われたよ。「セイちゃん、あんたのあの声の出し方ではもたないよ」って。

高峰　言った？

中島　うん。僕はたとえば「五十万、百万、百五十万」って競っていくのやらせてもらうわけだよ。それが若い者の役目なの。〝振り手〟というんだけど。骨董の市場で振り手ができるようになると一応一人前なんだよね。で、僕はさ、姐さんが向こう正面に坐ってるからさ、張り切っていいとこ見せたいじゃない、「姐さん、どうです」って（笑）。そしたら、競りが終わった後で「役者はああいう声の出し方しないよ。アレじゃ長く続かないよ」って。

高峰　たぶん、セイちゃんの発声の仕方が気になったんじゃないかな。

私はね、確か「馬」（山本嘉次郎監督）の頃だから、十五、六だったと思うけど、出来上がった映画見たら、私の台詞がどうもモゴモゴして声が籠もってると思って、自分で気に入らなかった。当時はマイクも悪かったけど、マイクが悪いんなら、こっちの声をよくすりゃいいんだと思ったの。すごいこと考えるね。それで、ずっと役者やるのにこの発声じゃダメだと思って、東宝の音楽部へ行った。発声習いたいって。だって誰も教えてくれないからね。すると、また音楽部が、奥田良三、長門美保というオペラの超一流を紹介してくれたわけ。長門さんなんて、「あー」って声出すと、窓ガラスがジリジリって震えるくらい大きい声だすの。だから少ない出演料から身銭を切って一年くらい通いましたよ。

中島　うん、うん、それで？

高峰　いろんなことやらされたけど、たとえば、発声がちょっと上手くなると、三十センチほど離れた所へ火のついた蠟燭置いて、その前で歌うわけ。もし蠟燭の炎がほんのちょっとでも揺れたら、「もう一回！」って初めからやり直しさせられるの。

中島　へーぇ！

高峰　「あなた、半分声が息になってる。その息いらない。息も声にしなさい。息ってものは全部声になるんだ」と。フーッ（無声音）とフー（有声音）は違うんだと。それと、息は背中まで入るから胸だけじゃなく背中まで息を入れろって。ほんと、ヒィヒィ言いながら発声やったんですよ。でも、できるようになったよ、十いくつの子が。変なマイクでも自分の声が通るようになったの。勉強は無駄じゃない。

中島　すごいですね。蠟燭の炎が揺れないって。やっぱりね、声は大きい小さいじゃないんだ。小さくても通る声ってのがある。競りの時なんか、スパッと入るんだ。

ただ最近ね、僕、どうも歯切れが悪くなった。三年半前にテレビに出た時の自分のビデオと今のを比べると、歯切れがよくない。言いたいことが出過ぎちゃうんだよね。

高峰　喋り過ぎじゃないか。

中島　そうなの（笑）。初めて「開運！なんでも鑑定団」に出た時、姐さんが見てくれて、その後電話かかってきて、「セイちゃん、ビデオを見る時は自分ばっかり見てちゃダメよ。人を見なさい」って。たぶん全体の中の自分を見なきゃいけないよってことだと思うんだ。
高峰　なるほど。またまた覚えてないけど、いいこと言ったらしいね。
中島　姐さんの言葉は的確な時にグサッと来るのよ（笑）。でも本当、随分いろいろ教えてもらってます。洋服の着方、物の食べ方……。
高峰　それは私もおんなじよ。さっき、セイちゃんが明治の人はすごいって言ったけど、そういう人に私も随分教えてもらったもの。私は上等な人間から見ちゃう。すると、上等じゃないのがわかるようになる。

時代の波に育てられて

中島　今度文庫本になった、姐さんの『私の梅原龍三郎』（文春文庫）、贈って頂いて、じっくり読んだけど、まぁ素晴らしい人たちがいましたねぇ、あの本読むと。
高峰　梅原先生の最後の頃、元気なくなっちゃってね。ベッドにひっくり返ったままで、どっか痛いらしいのよ。だから私が、「先生、どこが痛いんだよ。言ってちょうだい」って言ったら、「痛いと思えば、どこもかしこも痛い。痛くないと思えば、どっこも痛くない」って、先生が。すごい台詞だと思った。
中島　哲学だね。

高峰　うん。
中島　でも、姐さんだからこそ付き合うことができたんですよ。
高峰　人間だよ、最後は。そして、人間は信用だよ、結局。
　でも、セイちゃんは、今が旬だね。
中島　お蔭様で、売れっ子になりました（笑）。でも、姐さん、これがね、三十代や四十代の頃だったら、僕みたいなおっちょこちょいの人間は上っ調子になってダメになってたと思うんだ。それが「からくさ」創立してもう二十五年、古伊万里染め付けの商品化にも成功したし、文章書いたり、講演したり、一応の立場ができた後にこうなったからよかったと思う。
高峰　ほんと、そうだね。
中島　それと、時代ですよ。一九六〇年から七〇年代にかけて既成の骨董というものが世の中になくなって、古い万年筆がいいとか、明治のランプとか、そういう生活骨董のウェーブっていうものが起きてきたんですね。そういう時代の波に育てられて僕が生れたと思うんですよ。
高峰　だから旬なんだよ。でもね、セイちゃんは今が旬でございますけどもね。
中島　オッ、来たぞ（笑）。
高峰　何年かかった？　私だって、他の女優さんに「羨ましいわ。いい旦那持って、本書いたら売れて、幸せで威張ってられる。私もそんな風になりたいわ」って。だから言うの、「五十年かかったけど」って。

セイちゃんだって、何年かかった？

中島 そうなんだ。両親が死んだ時は小さくて覚えてないけど、それから親戚のうちへ養子にやられて、そこが横浜の空襲で全滅して、本家へ逃げ帰って、親父（伯父）の所へ養子で入って。やっぱり養子は辛いですからね。親父は僕が可愛くて仕方ないから目をかけてくれるわけよ。でもおっかさんは実子がいるし、いろいろ葛藤がね……。だから僕は親父の遺産は一切もらわないで裸一貫で商売始めたからね。うちの子供たちにも言うの。額に汗したものじゃなきゃ、財産じゃないって。

高峰 だから努力したんだよ。

中島 でも、僕ね、今だから言うけど、姐さんを紹介してくれたノムラ君。彼が独立して店やってたんだけど、最後ににっちもさっちもいかなくなって、ある大きな借金をするので、僕に保証人になってくれって言ってきたの。その時、僕断ったんだ。ノムラ君は姐さんを紹介してくれて、いろいろ目もかけてくれた。でも最後にどうしようもなくなって、一千万円以上の保証人になってくれと言われた時、断ったんだよ。

高峰　仕方がないよ、セイちゃん。
中島　なんで、判子押してやらないって。でも押せば必ず僕が払わなきゃならなくなるのわかってる。二十年前の一千万、僕だってなかったわけだよ。でもそのことが今でもグッと荷物になって背中にあるんだ。
高峰　仕方ないって。あれば、あんた、自分が食べなくても貸すんだから。でもその時貸してたら、共倒れだったろ？
中島　今日こんなこと初めて話すんだ。あいつが死んでもう十五年経つけど、姐さんから手紙やFAXもらう度に、「ノムラ君、俺、姐さんとお付き合いさせてもらってるよ」って、心の中で。ちょっとロマンチックすぎるけど……。
高峰　あのね、梅原先生は京都の悉皆屋《しっかいや》の息子だった、友禅の。小さい頃、先生が庭で蛇を見つけて刀で殺そうとしてたら、書生が来たの。それで書生に「蛇を殺せ」って命令したんだって。先生が止めを刺したのか、とにかく蛇を殺したのよ。蛇って家の守り神だって言うでしょ、親父さんがものすごく怒ってね。そしたら、その書生が「私がやったんです。坊ちゃんは知らないことです」って言ったの。そして次の日、その書生さんはいなくなった、先生の罪を被って。そのことをね、梅原先生、八十になっても何度も何度も言ってたよ、「あの人に気の毒なことをした」って、ずっと。

中島　あの大梅原がねぇ……。
高峰　だから、人間何か一つや二つはそういうこと背負ってるんだよ。
中島　そういう責め苦をね……。
高峰　何だか湿っぽい話になっちゃったね……。あ、責め苦じゃないけど、セイちゃん、私の物かっさらった一件をばらさなきゃ。
中島　えっ、何、何？
高峰　うちにあった李朝の花生け。
中島　あ！　ハハハハ。
高峰　もう呆れたよ。あれが置いてあった階段の踊り場で亀の子みたいにひっくり返って、手足バタつかせて、「姐さん、売ってくれー、売ってくれー、売ってくれないうちは帰れねぇ――」って。
中島　アハハハ。でも、あの壺よかったよねぇ、「奥の細道」の「月日は百代の過客にして……」って文句が書いてあってさ。欲しかったんだ、どうしても。だからつい、直訴に及んで……。
高峰　直訴なんてもんじゃないよ、病気だよ、あれじゃ。
中島　でももう十年も前の古い話だし……。
高峰　十年、経ってないんじゃない？

中島　いやぁ、もう終わり、終わり。これ以上はご勘弁を（笑）。

（構成・斎藤明美）

「オール讀物」一九九七（平成九）年十一月号

高峰秀子が乗り移る

今回再録する記事は、現在も月刊「文藝春秋」で続いている連載企画「小さな大物」である。扉に著名人の子供時代の写真を載せて、その下に記した言葉をヒントにそれが誰であるか読者に類推してもらい、次のページを開くと正解がわかるという構成になっている。

高峰さんが登場したのは、平成十年の八月号。私は「週刊文春」の記者だったので、当然このページの担当ではない。だがこの頃になると、社内では「高峰秀子に仕事を依頼する時は、『週刊文春』にいる斎藤に頼むと話が早い」ということになっていた、らしい。この時も、月刊「文藝春秋」の若い女性編集者が私の席に来て言った。「私が担当している『小さな大物』というページに高峰さんに出ていただきたいんですけど、お願いしてもらえないでしょうか?」。もちろん私は引き受けた。そして、差し出がましいことを承知で、言ってみた。「もしよかったら、私にここの文章を書かせてもらえませんか?」

女性編集者はやや困惑した顔で応えた、「このページは原稿料をお支払いできないんですけど……」。つまり、いつもは担当編集者が書いていて、ライターを使わないのだ。私のような契約記者は、文藝春秋から給料は貰っていても、立場は半分〝外の人間〟だった。従って、所属雑誌で署名記事を書くと、外のライターほどではないにしろ原稿料が貰えたし、所属以外の社内の雑誌で仕事をすれば、署名記事でなくても外のライターとして原稿料が発生する決まりだった。そのことを彼女は気遣ったのだ。

「もちろん、構いませんよ」

私は答えた。端から、原稿料など貰おうとは思っていない。

私はただ書きたかったのだ。〝高峰秀子に関する記事〟は、他の誰にも任せず、私自身で書きたかった。本文から写真のキャプションにいたるまで全部。

この平成十年の頃には、極端に言えば、私は高峰さんにインタビューしなくても、彼女がどう答えるか、内容もその語り口も、わかるようになっていた。もちろん全部ではない。私ごときに高峰秀子という傑出した人間の心情がすべてわかるはずはない。だがそこまでの深い心情を必要としない通常の記事なら、高峰秀子について何を書けば読者にその人間性が伝わるか、またそこに高峰さんの談話を載せる場合は、何を質問すれば効果的か、それに対して彼女が何を答えるか、殆ど把握していたのである。

自慢しているのではない。それほど、私が高峰秀子という人間に惚れ込み、探求し続けていたということなのだ。言い換えれば、そうしなくてはいられないほど、高峰秀子は、汲めども尽きぬ泉のように、いつ会っても、いつ取材しても、オリジナリティに溢れた価値観と、すこぶるつきのエピソードを与えてくれたのである。

それをそのまま曲げずに、エッセンスを凝縮して読者に伝えたい。その気持ちは今でも同じだが、この頃はまさに、そうすることに夢中だった。事実、他社の雑誌などで、高峰さんへのインタビューがまるで彼女らしくない、無人格な談話になって載せられていると、私は腹が立った。「これじゃあ、高峰秀子じゃない。あんなにパキパキして魅力的な口調を台無しにしているじゃないか」と。

高峰秀子に限らず、インタビューした相手の談話をできるだけその人らしい語り口で書くのがベストだと、私は思っている。内容もさることながら、語り口はその人柄を表す重要な要素だからだ。ましてや高峰さんは、誰にも真似できない、独特な言葉遣いと喋り方をする。

高峰秀子の談話と記事を書かせたら、誰にも負けないぞ。たぶん当時の私は、そんな風に気負っていたと思う。

そしてこの頃の私は、高峰秀子の談話をより高峰秀子らしく再現するだけでなく、誰も真似できないはずの彼女の口調まで、真似できるようになっていた。

「恐ろしい。斎藤君、高峰さんそっくりだよ」「やだぁ、すごく似てる」。私が高峰さんの話したことをリピートすると、職場の先輩や同僚が驚いてそう言ったものだ。

意識的に真似たのではない。

完全に、高峰秀子が乗り移っていたのである。

読者の皆さんも体験したことがあるのではないだろうか。あるいは身近でそういう人を見たことがあるのではないか。ある人物を尊敬するあまり、口調や、時には書く字が、その人そっくりになったことが。あるいはそんな風になってしまった人を。

実際、この頃の私は、高峰秀子が憑依しても不思議でない環境にいた。

住まいが松山家の近くになっていたのだ。

それは私の発案ではなかった。人生には、時として想像もできないことが起きる。私にも起こった。

あれは、私の母が死んで一カ月余り経った、平成八年の六月末。ある休日の午後、私は当時住んでいた世田谷のマンションの一室でテレビを観ながらゴロゴロしていた。

そこに一本の電話がかかったのだ。

あんな変な電話は生まれて初めてだったので、よく覚えている。

電話の主は、挨拶もなしで、いきなりこう言ったのだ。

「あんたんち、カネある？」

高峰さんだった。

高峰さんという人は少しもエラぶらない人なので、用があれば気軽に自分で電話をかけてくる。だからそれまでも何度か電話はもらった。それでもやはり高峰さんから電話がかかれば驚く。しかし、この時はその第一声にもっと驚いた、というより意味がわからず、ポカンとした。

「ハネ？　ですか？」

金という発想さえ浮かばず、私は聞き間違えたままを鸚鵡返しにした。

高峰さんは、じれったそうに言った、

「違う違う。金、お金よ。お金ある？」

お金？　私は休日でボーッとした頭を懸命に回転させた。なぜそんなことを聞くのだろう？　私にお金の無心でもしようというのか？　バカな。大女優の高峰秀子が貧乏記者の私なんかに金を借りようとするわけがないだろう。私は一瞬の間に自問自答した。

「田舎に父が住んでいる小さな家があるだけで、お金はありませんけど……」

私はおずおずと事実を答えた。

「アパート買わない？」

高峰さんはケロケロとした感じで言った。

何？　アパートぉ？　この人は何を言っているのだ。漫画なら、私の頭に吹き出しが出ているところだ、「〇×？・△□☆」と。

「アパートって……それ、アパートのオーナーにならないかってことですか？」

私は考えうる限りのことを言ってみた。

「違う違う。部屋よ。アパートの部屋を買わないかって聞いてるの」

高峰さんは、相変わらずじれったそうだ。

いくらじれたって、意味がわからないのだ、こっちは。

「アパートって、木造ですか？」

とにかく一つずつ解明しなければ。

「そうじゃないかな」

他人事のように、高峰さんは答えた。

「木造アパートの部屋は売らないでしょう、普通」

「ん？」

高峰さんは黙った。

「三分後に電話する」

いきなり電話を切ってしまったのだ。

なんだ、なんだ？　一人取り残された私はアングリと口を開けたまま、それまで交わした高峰さんとの会話を反芻していた。まったく訳がわからない……。

と、二分もしないうちにまたかかってきた。

「鉄筋だって」

だって、って、誰からの伝聞なんだ？　その疑問は置いといて、とりあえず私は聞いた、

「じゃ、マンションですね？」

「そうなの？」

って、私に聞くわけ？

もう私の頭の中では、ずっと同じ言葉がぐるぐる回っていた。「一体この人、何言ってんだ〜」

「じゃ、マンションでもいいや。マンション買わない？」

初めて高峰さんから意味が判別できる言葉を聞いた。だが、なぜ突然そんなことを言うのかは依然わからない。

私は独り言のように言った、

「マンションって、どこの……」

「うちのすぐ近く。歩いて四、五分かな。便利よぉ、会社に行くのに」

高峰さんは楽しそうだった。

「近くって、もしかして麻布ですか？」

恐ろしいことを発見したように、私は聞いた。

「そ」

高峰さんはせっかちな性格なので、「そう」とは言わない。「そ」と言う。

「そんなぁ……」

私は呆れた。

当時はたびたび松山邸で夕食のご相伴にあずかっていたので、周辺の様子は知っていた。大使館や財団、米国公使の私邸、高級マンション……およそ普通の民家などない所なのだ。

だから私は遠慮がちに当たり前のことを言った。

「麻布のマンションなんか、とても私には買えません」

「安いわよぉ。幾らか知らないけど」

どうです、この見事に矛盾した高峰秀子の言葉！

メチャクチャ言う人だなぁ。内心で思いながら、私はまた当たり前のことを言ってみた。

「あの、でも、広さとか間取りもわからないし……」

「一間じゃないかな」

またケロケロとしている。

どうもその物件について高峰さんは殆ど知識を持ち合わせていないようだった。なのに売ろうとしている。

「え？　二間あるのぉ？」

高峰さんは急に、電話の向こうにいる誰かと会話し始めた。一体、誰と話しているんだ？

「ベランダもあるって」

また伝聞だ。

「一度見てみたら？」

というわけで、このヘンテコリンな電話は終わった。

後日わかったことには、そのマンションには松山氏のお姉さんが住んでいたそうだ。松山家の家事を手伝うために、お姉さんが通いやすい場所をと、松山氏が購入したマンションだった。だがお姉さんは体調を崩して、息子さんの家で暮らすようになった。だから空いたマンションを売ることにしたのだ。

可笑しかったのは、所有者である松山氏に無断で高峰さんが売ろうとしていたことだ。しかも貧乏記者の私に。

後日、松山氏が笑いながら私に言ったものだ、

「全く高峰にはまいるよ。すぐ僕の物を売っちゃうんだ。前も、僕が十年ローンでやっと買った中川一政さんの『薔薇』が、ある日、家に帰ると、あるはずの壁にかかってないから、『どうしたの、あの絵は？』って聞いたら、『売っちゃった』って。ひど

いよねぇ（笑）。今度だって、あのマンションを君に売ろうとしてたなんて全然知らなかったよ」

結局、そのマンションの部屋は、松山氏が非常識なほど安い家賃で私に貸してくれることになった。

だが、高峰さんはただの気まぐれで私に電話をしてきたのではなかった。その本当の理由を、私は後から知ることになる。

私が世田谷のマンションに住んでいた頃、松山家で夕飯をご馳走になって帰る時、玄関で見送ってくれた高峰さんが、何度か私に聞いたことがある。

「世田谷までタクシー代、幾らかかるの？」

「三千円ちょっとです」

私が答えると、高峰さんは悲しそうな顔で言った、

「大変ねぇ……」

そして松山邸から歩いて数分のそのマンションに越した日、「引っ越し祝い」にと夕飯をご馳走してくれた。帰る時、やはり高峰さんが玄関で見送ってくれて、言ったのだ、

「よかったね。今日から歩いて帰れるよ」

柔らかな門灯に照らされた高峰さんの笑顔を見た時、私は初めて、あの電話の意味

がわかった。

あぁ、この人は、母親を亡くして寂しい思いをしている私を、自分の近くに住まわせてくれたのだ、と。

「寂しいでしょうから、うちの近くにおいで」、そんなことは言わない人だ。その代わり、「あんたんち、カネある？」、そんな電話で人を驚かせる人である。

高峰秀子とは、そういう人なのだ。

それ以後、私は、以前にも増して頻繁に松山家に出入りするようになり、以前にも増して知っていくのだ、高峰秀子という稀有な人間の、日々の過ごし方、暮らしぶり、そしてそこに満ち溢れる彼女の英知を。

「小さな大物」は、その頃の私が、高峰さんにインタビューすることなく原稿を仕上げた後、「これでいいよ」と承諾をもらった記事である。

【小さな大物】135

Guess who I am

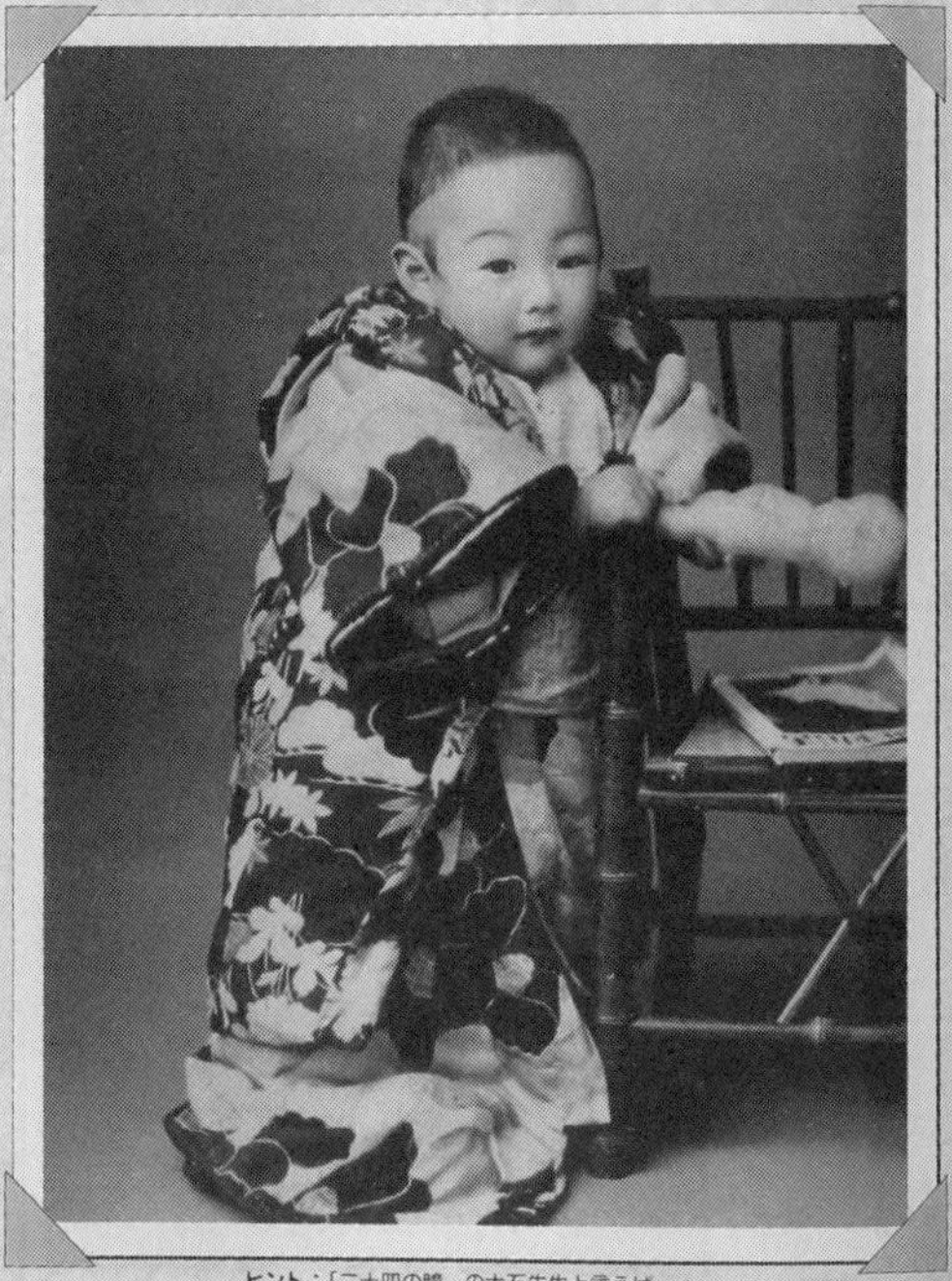

ヒント：「二十四の瞳」の大石先生と言えば……。

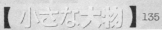

十歳。養女が無理ならせめて同居をと請われ養母と共に東海林太郎氏宅へ。「唯一“父”の匂いを感じた人」だった。

男の子にも扮して撮影所を東奔西走していた天才子役「秀坊」。6歳にして養父母を養う“大黒柱”だった。

昭和29年、女優・山根寿子さん（中央）の結婚式で。右より小桜葉子さん、高峰三枝子さん、越路吹雪さん、本人。

昭和21年頃、鎌倉のバーで今日出海氏と。当時から作家との交遊が広く、志賀直哉氏、谷崎潤一郎氏を始め数多くの文豪の知遇を得た。

「名もなく貧しく美しく」（昭和36年）で当時の大平正芳外相より外務大臣賞を受ける。左より小林桂樹氏、本人、夫・松山善三監督。

女優・エッセイスト
1924年３月27日生

高峰秀子

撮影　本社　石川啓次

「少女時代に思ったの。三十歳で女優をやめる。そして結婚して、後の三十年は夫に尽くそうって。考えたら、結構その通りになってるわね。だから今は〝お余り〟で生きてるようなものですよ（笑）」

五歳の時、松竹蒲田撮影所の見学に行った養父の背中から、映画「母」の子役に「摘まみ出されて」以来、高峰さんは半世紀にわたり大スターとして三百本を超える映画に出た。

「最後まで女優業は好きになれませんでした。でも女優だったからこそ立派な方々にお会いできたんですね」

五月に上梓した「にんげんのおへそ」（小社刊）で著書二十三冊、先頃は戯曲「忍ばずの女」を脱稿。そして毎日三時間は台所で夫君のために料理（美味！）の腕を振るう。見事な〝お余り〟だ。「最近のお写真を」とお願いすると、カメラの前で瞬時に〝女優・高峰秀子〟に豹変。だが撮影直後には再び〝松山秀子〟の顔に戻った。五十年かけて得た安寧の面差しに。

小さな大物

高峰秀子　女優・エッセイスト　1924年3月27日生

「少女時代に思ったの。三十歳で女優をやめる。そして結婚して、後の三十年は夫に尽くそうって。考えたら、結構その通りになってるわね。だから今は〝お余り〟で生きてるようなものですよ（笑）」

五歳の時、松竹蒲田撮影所の見学に行った養父の背中から、映画「母」の子役に「摘まみ出されて」以来、高峰さんは半世紀にわたり大スターとして三百本を超える映画に出た。

「最後まで女優業は好きになれませんでした。でも女優だったからこそ立派な方々にお会いできたんですね」

五月に上梓した「にんげんのおへそ」（文藝春秋刊）で著書二十四冊、先頃は戯曲「忍ばずの女」を脱稿。そして毎日三時間は台所で夫君のために料理（美味！）の腕を振るう。見事な〝お余り〟だ。

「最近のお写真を」とお願いすると、カメラの前で瞬時に〝女優・高峰秀子〟

に豹変。だが撮影直後には再び〝松山秀子〟の顔に戻った。五十年かけて得た安寧の面差しに。

月刊「文藝春秋」一九九八（平成十）年八月号

〝はらわた〟と虚心坦懐

自分でまとめておいて言うのもおかしいが、十一年ぶりにこの記事を読んでみたら、とても感動した。

もちろん高峰さんの語った内容が素晴らしいからだ。前にも書いたが、高峰秀子の談話をまとめて面白くないものになったとしたら、それは百パーセント、まとめた人間の無能による。それほど、高峰さんは実のあることしか語らない。ひとたびテーマを提示したら、一発必中、これ以上の話はないという宝物をくれる。

だから今回も、高峰秀子の思い出の作家たちを堪能した。

だがそれ以上に私が〝感動〟した理由は、この一つの記事の中に「高峰秀子」のすべてが表れていたからだ。

十三年前は記事をまとめることに一所懸命で、気づかなかった。

ここに登場する作家は、志賀直哉、谷崎潤一郎、太宰治、室生犀星、内田百閒、川口松太郎、そして作家ではないが編集者、文藝春秋のかつての取締役（のちに社長）池島信平。

私を感動させたもの。即ちそれが、これらの作家が高峰秀子と長く精神的な繋がりを持ち続けた理由である。

作家と女優が知り合うのは珍しいことではない。小説を映像化する際、主演女優が原作者に挨拶に行く、あるいはパーティなどで人から紹介される。高峰さんも座談会や人の紹介で逢っている。

だが彼女の場合は、加えて一つ、高峰秀子ならではの特異な出逢い方があった。自身の〝避難場所〟で作家達と知遇を得たことだ。それが当時銀座にあった文藝春秋のサロン「レインボー」、作家や漫画家達の溜まり場だった。

まずこの〝避難〟という行為に高峰秀子の非凡な価値観が象徴されている。

〈例えば銀座に行ってちょっと買い物、食事といってもすぐに人だかりがして追っ掛けられる。で、たぶん最初はその「レインボー」に誰かが連れていってくれたんだと思うんですが、それが誰なんだかどういうきっかけなのか全く思い出せないんです。行ってみると作家や「漫画集団」の方がたくさんいましたけど、誰も女優なんか珍しがらない、ほっといてくれる。だから私には非常に居心地のいい所で、よく一人で行ってはボンヤリしてたんです。〉

高峰秀子は、「人だかりがする」「追っ掛けられる」という普通の女優が恍惚のうちに迎え入れる現象を、疎む。ましてや彼女達が随喜の涙を流す「チヤホヤされること」など、唾棄すべきこととして、チヤホヤする人間を軽蔑さえする。

高峰秀子の理想は「深い穴の底でじっとしていること」。だから世間と縁を切った八十六歳の今が理想郷なのだと言う。

手だれの作家や漫画家達が紫煙を燻《くゆ》らせながら論じ談笑する中で、二十歳そこそこの高峰秀子は、独り何を思っていたのか……。

少なくとも、その空間で味わった孤独は、彼女にとって、未だかつてない至福の時だったに違いない。

以前、夫妻がエジプトに行った時、「ワァー、凄い」とピラミッドの周りを走らんばかりに感激する夫の松山氏をよそに、高峰さんは「車を降りようとしたらラクダの糞が臭かったから、ポンとドアを閉めて、中で煙草吸ってました」。そして「世の中広いんだから、こんなデカい墓もあるさ」と。この話を本人との対談で聞いた沢木耕太郎氏は、見事に核心を突いたものだ。「高峰さんの場合は幼い時から〝興味〟が向こうから勝手に押し寄せてきたからじゃないでしょうか」と。

だが驚くのは、本人にまだ会っていない時に、氏は高峰さんの『わたしの渡世日記』（文春文庫）の解説中にこんな一文を書いていることだ。

「高峰秀子という名前には、華麗さと堅牢さがないまぜになったような独特の趣がある。それは養母の芸名であり、現《うつ》し身《み》の人間としてはどこにも存在しない幻の人物でもあった。彼女は、このどこにもいないはずの『高峰秀子』に向かってゆっくりと成

熟していったように思われる」

　解説文を読んだ時、高峰さんは言った、

「高峰秀子はどこにもいない。存在しないって。やっぱり沢木さんは凄い」

　そしてその後も、少なくとも三度は高峰さんの口から私は聞かされた、「高峰秀子という人間は存在しないんだって沢木さんが書いた」、そう、いとも満足げに言うのを。

　私はその度に沢木耕太郎に嫉妬した。一度も会わぬ高峰秀子をここまで見抜く、その作家の眼に。

　一流の作家は心血を注いで人間を見る。恐らく命がけでそうするのだろうと、私は推察する。そんな彼らが、なぜ高峰秀子に興味を持つのか――。

　高峰秀子の非凡を最も如実に物語っているのが、これである。つまり、出逢いが出逢いで終わらず、たとえそれがスクリーンのこちらと向こう側という出逢い方であったとしても、高峰秀子という人間は、出逢った作家の心の奥にポツンと、しかし決して消えない火を点すのだ。

「レインボー」で知り合った作家の中には、私が尊敬する安岡章太郎氏もいた。

　以前、私が安岡氏に取材することになった時、「かあちゃん、明日、安岡章太郎先生にインタビューするの。緊張するなぁ」と言うと、高峰さんが、

「安岡さん、大好き。でも昔はきったない男でね、頭はボサボサ、洋服はヨレヨレ。

でも年を取るに従って、人品骨柄、見る見るすっぱらしくなって、立派な大作家になりました。って、言っといてね」

えッ、「きったない……」とか、そんなことを私が？　尊敬する大作家に？

高峰さんの伝言はさらに続いた。

「でも若い時あんなに汚かったのにどうしてあんな綺麗な奥さんと結婚できたのか、それもついでに聞いといてね」

ついでにって……。

その時、高峰さんから注意事項が一つ。

「でもそれを聞く時には、奥さんが私の知ってる最初の奥さんかどうか、確かめてから聞くのよ。長いこと会ってないから、もしかして二度目の奥さんになってたらいけないから」

キャー、そんな危険まで冒せと言うわけ、私に？　大事なインタビューの時に。

だが仕方ないから、伝えた。

「先生、これはあくまで高峰さんが言ったことですよ」と念を押しておいて、一字一句違えず高峰さんの言葉をそのまま。

途端に、大作家は相好を崩して、「うん、ほんとに僕、汚かったんだよね」

私は胸をなでおろした。

だから「ついで」のことも聞いた。

すると側で茶菓子を出してくださっていた夫人が澄ました顔で言ったのだ、「それは最初の奥さんのことでしょう」。

わぁ～、どうしよう。私は平謝りに謝って、取材を始めた。

ところが小一時間も経った時、夫人が悪戯っぽく言ったのだ、「私が最初の奥さんです」。

「え～ッ、それを早く言ってくださらないと。私、生きた心地がしませんでした」と言うと、夫人は決まり悪そうに「だってあんな美しい方に『綺麗な奥さん』って言われて、すぐに『それは私です』なんて言えないじゃありませんか」。

安岡夫人はそんな茶目っ気のある、事実、綺麗な奥さんだった。

高峰さんから貰った伝言のお陰で、私は先生だけでなく夫人からも貴重なお話を伺えた。おまけにお寿司や松茸の土瓶蒸しまでご馳走になって。

高峰さんと安岡氏はサロンで顔見知りになり二言三言交わすだけの間柄だった。だが私は、高峰さんの伝言を伝えた時、両者の間にある信頼感というものを感じた。「昔はきったない男でね、頭はボサボサ、洋服はヨレヨレ」。もしこの言葉を高峰秀子でない女優が言ったとしたら、安岡氏はあれほど嬉しそうに笑ってくれただろうか。

そこには、安岡章太郎という一流の作家と高峰秀子という大女優の間に芽生え育まれた、互いへの敬意、そして何より相手がどのような人物であるか呑み込んでいる、人間への深い理解力が横たわっているのである。

「昔はきったない……」。言葉自体を見れば明らかに失礼な描写だ。だが、高峰秀子は慇懃無礼の対極にいる人だ。その対極を表す四文字熟語を私は知らないが、彼女の一見乱暴な物言いの中には相手への限りない敬愛の念がある。高峰秀子とは、普通の人間がそれをすれば相手を怒らせかねない物言いをしながら、まっすぐに真意を伝えられる人なのだ。

それを安岡章太郎という大作家はちゃんとわかっている。また、そのわかっていることを高峰秀子も理解しているから、あの伝言は成り立った。

これは、私がその反対の体験をしたことがあるから、余計に実感できるのだ。

ある時、私はある女優に高峰さんからの伝言を伝えた。

「デビューした時、撮影所にいる私の所へ挨拶に来たんだけど、まだセーラー服姿で、色が真っ黒けでね。でもその礼儀正しい態度を見て、このコはいい女優になるなと思った」

私なら、大先輩のこの言葉を光栄だと思う。

だがその女優の顔には明らかに不快の色が浮かんだ。私は意地悪だから、相手が隠そうとしても、微妙な表情の変化を見逃さない。つまり「色が真っ黒け」がお気に召さなかったのだ。私はその人をいい女優だと思っていただけに、とても落胆した。結局、きれい事の褒め言葉だけが欲しい並の女優だったのかと。

高峰秀子の本質を見事に看破した言葉がこの記事の中にある。

室生犀星が映画『雁』で主人公のお玉を演じた高峰を評した言葉だ。

「あれは女優が演じているというのではなくて、高峰秀子という一人の〝人間〟がお玉という人物を演じている。私は映画が好きでよく観るが、女優の中で人間を感じさせるのは高峰秀子だけだ」

室生犀星は一度も高峰秀子に会っていない。

そしてこの批評に対して高峰さんが述べた言葉にこそ、彼女の価値観が凝縮されているのだ。

〈びっくりしました。そして非常に嬉しかったです。と言うのも、先にもお話ししたように私は女優という商売が好きになれなかった。でも辞めることもできない。なら、せめて、〝はらわたのある女優〟になりたいと思ったの。熱帯魚みたいに、水槽の中でヒラヒラとはらわたがあるのかないのかわからないような、ただ綺麗なだけの観賞魚にはなりたくなかった。そんな生意気なことを考えて演《や》ってましたんで、室生犀星さんが書いて下さったことがとても有り難くて光栄だったんです。〉

はらわたのある女優――。

高峰秀子とは、こんな表現ができる人である。

感性の煌めき。的を射抜くような語彙感覚。

記事の中で彼女が太宰治を評した言葉も同じだ。

〈野良犬が照れちゃったみたいな、ダランダランした人でしたよ。〉

「ダラダラ」ではない。「ダランダラン」だ。そして「野良犬」と「照れる」をドッキングさせる発想を誰が持つだろう。

一流の作家達をまいらせた、高峰秀子のこの感性と、そして価値観。

だから司馬遼太郎は言ったのだ、つくづくと高峰秀子の顔を見つめながら。

「どんな教育をすれば、高峰さんのような人間ができるんだろう」

高峰秀子も心から司馬遼太郎を敬愛した。

この機会に、改めて高峰さんに聞こう。

——司馬先生と初めて会ったのは？

「廬山《ろざん》が開放された時、中国に行って、その二十人ぐらいの訪中団の中に司馬先生もいらしたの。あれ、いつ頃だったかなぁ……」

その時、松山氏が納戸から一冊の手帳を探し出してきてくれた。

「秀さん、これに書いてあるよ。司馬先生と僕達が中国へ行ったのは、昭和五十三年だね。四月二日から十九日まで」

それは夫妻が海外に行く度に、高峰さんがメモを取っていた三十冊にも及ぶ手帳の一つだった。

「そう、昭和五十三年だったのね。司馬先生ご夫妻の他に、桑原武夫さん、小川環樹（湯川秀樹博士の弟）さん、法然院の橋本貫主も一緒だった」

――その時、何か司馬先生の思い出は？

「帰りは香港から発ったんだけど、空港で司馬先生が言ったの、『これで僕達の旅は終わりだけど、僕と松山さん・高峰さんとの旅はこれからが始まりだね』って。〝人たらし〟でしょう」

高峰さんは微笑んだ。

〝人たらし〟かぁ……いい言葉だ。

――司馬先生って、とても可笑しい方だったそうですね？

「そッ。みどり夫人から聞いたの。新幹線で東京に向かってる時、先生が席を立って行ったから、煙草でも買いに行ったんだろうと思ってたら、なかなか戻らない。探しに行くと、隣の車両で座ってお弁当食べてるんですって。『何してるの？』って聞いたら、『弁当があったから』。『ここ、私達の席じゃないわよ』って言ってたら、その席の人が戻ってきて『あ、それ、僕の弁当』。でももうお弁当は殆ど食べちゃってたって（笑）」

まだまだある。

「東京へ行く前の晩、みどりさんが自分の着ていく物をソファの上に並べて用意しておいたのね。でも翌朝、置いたはずの赤いセーターがない。探しても見つからないから、別の洋服を着て司馬先生と新幹線に。そしたら東京のホテルに着いて、部屋で司馬先生がコートを脱いだら、その赤いセーターを着てた」

も一つ。

「大阪のホテルに泊まった翌朝、司馬先生が『先に行ってる』ってレストランに朝ご飯を食べに行きました。少ししてみどりさんが行くと、先生が四人がけのテーブルでパン食べてた。側にはオムレツの食べかけとか飲みさしのコーヒーなんかがいっぱい。人が食べた後のテーブルで、カゴに入ったパン食べてたの。『こういう時はお勘定はどうなるのかしら?』って、みどりさんが（笑）」

私が大笑いしていると、高峰さんが、

「司馬先生って、そういう日常のことが構わない人だった。でもハワイの私達の家へ遊びに来た時にね、『今回は本も原稿用紙も持ってこなかった。のんびりするんだ』っておっしゃるから、松山が『先生を一人にしてあげよう』ってアラモアナ公園にデッキチェアを運んでいって、そこに座ってもらって、私達とみどりさんは買い物に行ったの。それで二時間後に戻ると、先生は鳥が大嫌いだから『鳥が怖かったよ』って。

でも『その代わり、小説のいい題名を思いついた』。それが『菜の花の沖』だったの」

高峰秀子を「25％女、25％男、あとの50％はミネラルウォーター」と評した大宅壮一。「君は僕の大切な友人です」と終生交流を続けた画壇の巨人・梅原龍三郎。円地文子、有吉佐和子……そして自著が出る度に高峰さんに送ってくれた井上ひさし、山田風太郎、中野孝次。そして送ってくれる森本哲郎、出久根達郎、沢木耕太郎……の各氏。

彼らが高峰秀子を愛した理由。

それが、この記事の中にある。

〈創刊八〇〇号記念インタビュー〉

高峰秀子「思い出の作家たち」

「私、もしかしたら、文藝春秋の社員になってたかもしれないんですよ」——小誌で「にんげん蚤の市」を好評連載中の高峰秀子さんから意外な発言が……。八百号にちなんで、高峰さんと名だたる文豪たちとの交遊秘話

「オール讀物」一九九八年十二月号より

志賀直哉、谷崎潤一郎、太宰治とのこと

——八百号を迎えたのを機に、改めて小誌を繙《ひもと》いてみましたら、遡ること半世紀、昭和二十三年の五月号で、高峰さんは志賀直哉、谷崎潤一郎というお二人の文豪をそれぞれ訪ねてリレー対談をなさっているんですね。そこで、まずはこの両大家とのお付き合いから伺いたいのですが……。

高峰　半世紀ですか……、私もコケが生えるはずですねぇ（笑）。志賀先生とは、この対談の二年後に小津安二郎監督に改めて紹介されて親しくさせて頂くようになったんです。私が小津さんの「宗方姉妹」（昭和二十五年・新東宝）を奈良の薬師寺で撮っていたら、そこへ志賀先生がヒョッコリお見えになったの。先生は小津監督と親しかったので、撮影をご覧にいらしたんですね。それ以来、その対談記事にも出てくる熱海のお宅や、のちの渋谷常磐松のお宅にも度々寄せて頂くようになり、お嬢さんの喜美子さんとも仲良しになって、喜美子さんが私のお古の洋服を喜んで着て下さったりということもありました。

ただ、それより以前、志賀先生が私の「馬」（昭和十六年・東宝東京）という映画を観てお手紙を下さったことがあるんですよ。とてもいい映画でしたと感想を書いて下さった後に「映画を観た夜、夢を見ました。ススキの原っぱを一頭の馬が、ただひたすら走っていく夢を朝まで見ました」という、素敵なお手紙でした。

志賀先生は凜とした古武士のようで、自然体な方でした。いつだったか、熱海のお宅に伺って、帰りに雨が降りだした時、先生が「家の下の坂で滑るといけないから、杖を持ってゆきなさい」とおっしゃって、私に杖を持たせて下さったことがあるんです。当時の私はまだ二十代前半ですからね、恥ずかしかったけれど、でも、そのお心遣いが嬉しくて。それで、「用が済んだら、谷やん（谷崎潤一郎）にやって下さい。あいつなら似合うから」って。お二人は仲が良かったんですね。ですから私は、時に言伝《ことづ》てを頼まれたり、志賀家と谷崎家を行ったり来たりしていた時期があるんです。メッセンジャーガールね。

谷崎先生とは、やはりその対談の二年後、「細雪」（昭和二十五年・新東宝）に出たのがご縁で親しくさせて頂くようになりました。私は末娘の妙子を演ったんですが、その時、谷崎先生が「映画の関西弁というと、すぐ大阪の漫才みたいになる。関西弁にもいろいろあって、『細雪』は芦屋言葉だから、せめて映画の中で一人くらいはきちっとした芦屋言葉を喋ってもらいたい。それをあなたが喋って下さい」とおっしゃって、妙子のモデルになった嶋川信子さんを私に付けて下さったんです。嶋川さんは私の家に泊まりこみで芦屋言葉を教えてくれて、そのうちに恵美子さんて先生のお嬢さんも泊まりに来るようになって、私は私で谷崎家に行くと泊まるようになるって具合で、なんだかもうメチャクチャになっちゃって（笑）、家族ぐるみのお付き合いをさせて頂きました。

谷崎先生はご存じの通り美食家だから、美味しい物を食べる時はとてもご機嫌がいいんですけども、一度だけ、ものすごく怒られたのを見たことがあるんです。私が結婚した後で、夫の松山と二人で先生の熱海のお宅に招《よ》ばれて天麩羅を御馳走になっていた時です。先生が、「さぁ、今日は天麩羅だ」っていうんで、もう山のようにどんどん天麩羅を揚げさせてお手伝いさんが台所から運んでくるのを、みんなでハフハフ言いながら食べてたら、松子夫人が「東京の、出版社の方たちが、ちょっとご挨拶に見えたんですけど」と言ったとたん、先生が箸をガラッと投げ捨てて、「せっかく熱い天麩羅を食べてるというのになんだ！　帰ってもらいなさい！」って怒ってね。松子夫人が「でもせっかくお見えになってるんですから、ちょっとでも……」と言ったら、先生は憤然と立ち上がって玄関に行ったかと思うと、「食事中に無闇やたらと来られては大変迷惑です。ごめん下さい！」って、それだけ。もう私たち怖くって、箸持ったまま松山と「どうする〜」なんて。天麩羅はどんどん冷めちゃうし（笑）。

谷崎先生は昭和四十年に亡くなられたんですが、お葬式のちょうどその日、私は先生とビフテキを食べに行く約束だったんです。その数日前にお電話があって、「書痙も治ったし、福田家で待ち合わせてどこかへ美味いビフテキを食べに行こう」とおっしゃって。それがビフテキ屋じゃなくて、青山斎場になってしまって……。

——やはり作家の方々とは、映画の原作とか、高峰さんのお仕事を通して知り合うことが多かったんですか？

高峰　そう多くはないんですが、太宰治さんの場合はそうでしたね。「四つの結婚」（昭和十九年・東宝）というオムニバス映画の原作が太宰さんの『佳日』なので、太宰さんが撮影所のセットに来て、出演者の入江たか子さんや山田五十鈴さんなんかと一緒に記念撮影をしてるんです。最近、その写真をある人が見つけてきて見せてくれたら、ちゃんと私もいるんですけど、覚えてないんですねぇ。太宰さんは真ん中で胡座《あぐら》かいて座ってるの、黒い着物で。

太宰さんを覚えてるのは「グッドバイ」（昭和二十四年・新東宝）の時です。新東宝の人が太宰さんに「高峰秀子で何か一本書いて下さい」とお願いしたんですね。それで映画会社としては実物を見せなきゃいけないというんで、新橋で待ち合わせて鎌倉の料亭に行ったんですが、太宰さんはぐでんぐでんに酔っ払って、「もっと飲ませろォ」なんて言いながら、それでもチラチラッと私の方を見てるんですよ。「こいつで書けるかな」と思って見てたんでしょうね。そして新聞連載で「グッド・バイ」が始まって、読んでみると、主人公は顔が小っちゃくて丸くって、手首と足首が細ぉい華奢な娘だなんて書いてあるから、酔っ払っていてもちゃんと見てたのね。それで今後どういう展開になっていくのかと思ってたら、ポンと入水して亡くなっちゃった。でも半分以上はできてましたから、脚本家の小国英雄さんが後に話をつけて、とにかく映画は完成したんです。

そのときの印象は、なんかねぇ、野良犬が照れちゃったみたいな、ダランダランした人でしたよ。背はちょっと高くて、あなたくらい。もう胸なんかペッチャンコで、「ボク、肺病ォー」って感じで。新橋へ下駄履いて来ましたよ。半ズボンに、上はヨレヨレのカーキ色のシャツ、無帽。宴会が終ってプロデューサーが「そろそろこの辺で……」って言ってもお開きにしてくれないの(笑)。だからみんなで料亭の玄関まで無理やり連れていくと、それでもまだ後ろ振り向いて女中さんに「もっと飲ませろ。ケチ!」なんて。ダサイオサムって感じで……。それが太宰さんを見た最後でした。無頼派というか、なんか無茶苦茶の。でもいいね、あれだけ正直だと。

池島信平、文士劇のことなど

——映画雑誌はもちろんなんでしょうが、出版界ということでは、高峰さんはやはり昔から小誌に限らず、いろいろな雑誌に登場されたり、執筆なさったりという機会は多かったのですか?
高峰　仕事としては、ありましたね。でも、それはあくまで仕事ですから、依頼されて私が雑文を寄せるということで。だからその関係でですかねぇ、菊池寛さんにも会ってますよ。何喋ったんだか覚えてないけど、戦後すぐくらいかな。たぶん文藝春秋社ででしょうね。

汚ぁーい人でした（笑）。みんな洋服着てるのに、一人だけ着物、それもデレーッと着て。兵児《へこ》帯《おび》なんか縦結びになっちゃってね。前なんかはだけてるの。少なくとも、今、文藝春秋のサロンにある胸像よりはちょっと落ちるな（笑）。

それから、昭和二十五年頃は、確か文春は銀座の並木通りにあって、そこにちょっとした軽いものも食べられる、喫茶店というかサロンというか、そんな場所があったんです。そこで、当時、取締役だったかしら、池島信平さんと知り合ったんですよ。

――「レインボー」という名前でしたね。

高峰　もう十代の頃からですけど、私はどうも自分のいる映画の撮影所という所は変な所だと思っていたんですね。どう変なのかわかんないんだけども、なんか好きになれない。映画を作ることは嫌いじゃないけど、撮影所の雰囲気っていうんですかね、馴染めなくて、モヤモヤしてたんです。かと言って、他に何もできないし、何していいかもわからない。なにしろ五歳の時から、気がついたら映画界にいたんですから。例えば銀座に行ってちょっと買い物、食事といってもすぐに人だかりがして追っ掛けられる。で、たぶん最初はその「レインボー」に誰かが連れていってくれたんだと思うんですが、それが誰なんだかどういうきっかけなのか全く思い出せないんです。行ってみると作家や「漫画集団」の方がたくさんいましたけど、誰も女優なんか珍しがらない、ほっといてくれる。だから私には非常に居心地のいい所で、よく一人で行ってはボンヤリしてたんです。

ある時、チキンライス食べながらポツンとしてたら、「おう、おう」なんて信平さんが見えて、「何考ぇ事してんだ?」って言うから、「うーん、私ね、どうもイヤなんだ、女優が。芝居っていうのは本当に私に向いてなくて、モヤモヤしてるんだけど、何していいかわかんないんだ」って言うと、信平さんが、「真剣にデコが女優をイヤなら、辞めちゃいな。辞めてうちへおいでよ」って。「そんなこと言ったって、私は小学校も出てないんだよ。こんな仕事ばっかりしてるから家でお茶もいれたことがない。だからお茶汲みも満足にできないよ」と言ったの。そしたら信平さんが、「文章は学歴で書くんじゃない。大学出てたって、手紙一つ書けない男もいる。僕はデコの書くものをちょこちょこ読んでるけど、いいもの書くよ。わかんないことは全部僕が教えるから、本当にイヤなら、辞めてうち来いよ」って。

ものすごく嬉しかった。そんなこと言ってくれた人いないもの。普通はみんな、「いいご身分じゃないの。女優でさぁ、お金貰って」って。周り、そういう人ばっかりでしょ。だから私なんかにそこまで言ってくれる信平さんの気持ちが嬉しくて、忘れられないの。もちろん、その言葉に甘えたくってもできませんでしたけどね。当時の私は養母を始め十何人もの生活をみてましたから。

だから、信平さんに死なれた時は、淋しいとか悲しいとかいうんじゃなくて、なんか身の周りがスカスカしちゃって。司馬遼太郎先生、大宅壮一さん、そして池島さんは私にとって〝救急車〟みたいな人でした。救急車というのは、そうそう呼ぶもんじゃない、もしかしたら一生縁がないかもしれない。でもそういう人が同時代に生きてるってだけで非常に心強い、そういう方たちでした。

――その「レインボー」で、やはり多くの文士の方々と知り合うことになるんですか？

高峰　そうですね。たとえば、今日出海さんもそのお一人ですが、今先生では面白い思い出があって。文藝春秋に昔、文士劇というのがあったでしょ？

――昭和九年に始まって、戦争の前後で一時中断して、昭和二十七年に再開してから五十三年まで続きました。

高峰　私、毎回観に行っています。楽屋にも伺いました。舟橋聖一さんなんか、楽屋に冷蔵庫や布団まで運びこんで、大きな鏡台ぶっ立てちゃってね（笑）。

一番上手なのは川口松太郎先生。「勘平」なんか役者より巧かった。だから、かえってつまらない。

おかしかったのは、今言った、今先生。仁木弾正になったのね。それで客席で観てたら花道のスッポンから煙と共にドロドロドロ……って出てくるわけですよ。巻物くわえて。立派なんだ、顔が大きくて四角いから（笑）。それでパタンッて柝《たく》が鳴って、くわえた巻物を「えーっ」って見得きって口からはずしたら、入れ歯がくっついていたの、巻物に（笑）。

それまで花道の下でギーッてくわえてスッポンが上がるの待ってたから、食い込んじゃったんでしょうね。それで、またその入れ歯がポトンと巻物からはずれて落っこっちゃったのよ、花道の上にね。稽古の時はピンスポが当たってないけど、本番の時はもうカーッと当たっちゃってるから、花道が光って真っ白けで見えないわけ、どこへ落っこったか。だから長袴のまんま這いずり回って、入れ歯探して（笑）。客席は何があったのかと、二階席の人なんか全員立ち上がって見てるんですよ。そして、やっと拾って口にはめたら、今度はお客が大笑いになって……。当時の文士劇、そんなものでしたよ。

室生犀星、内田百閒、川口松太郎とのこと

——お目にはかかってないけれども、内田百閒さんもお好きだと伺いましたが……。

高峰　そのことについては、先に室生犀星さんのことからお話ししなければいけないんですが、「雁」（昭和二十八年・大映）という映画を室生犀星さんが観て下さって、雑誌か何かに、「あれは女優が演じているというのではなくて、高峰秀子という一人の〝人間〟がお玉という人物を演じている。私は映画が好きでよく観るが、女優の中で人間を感じさせるのは高峰秀子だけだ」というような批評を書いて下さったんです。

びっくりしました。そして非常に嬉しかったです。と言うのも、先にもお話ししたように私は女優という商売が好きになれなかった。でも辞めることもできない。なら、せめて、〝はらわたのある女優〟になりたいと思ったの。熱帯魚みたいに、水槽の中でヒラヒラとはらわたがあるのかないのかわからないような、ただ綺麗なだけの観賞魚にはなりたくなかった。そんな生意気なことを考えて演ってましたんで、室生犀星さんが書いて下さったことがとても有り難くて光栄だったんです。

そう思いながらも御礼もせずにいたところ、昭和三十七年に「名もなく貧しく美しく」と「永遠の人」で芸術選奨を頂いて、受賞記事が新聞に載ったら、その同じ紙面に室生犀星さんの死亡記事が出てたんですよ。それ見て、ああ、やっぱり会いたい人、心に残る人には会っておいた方がいいとつくづく思ったんですね。

それで前々からファンだった内田百閒さんにファンレター、後にも先にもそんなことしたの一度だけですけど、書いたらお返事が来ました。「お会いしたいのは山々なれど、私の机の上には手紙が山積みです。それを整理してお返事を書いているうちに、春が来て夏になり、そしてまた冬が来る……、というわけで、残念ながら、いつお目にかかれるというお約束はできません。」そうか、お手をわずらわせてはいけないいなと思って。

――高峰さんのお仲人でもある川口松太郎さんとは、どのような経緯で？

高峰　新派の伊志井寛さんの楽屋に伺ってる時に川口先生が〝ダメ出し〟と言って、何幕何場のあそこんところはもっとこうした方がいいとかって、作者として注文にいらした、その時が最初です。たぶん戦後すぐの頃です。その伊志井さんとは「チャーチル会」で知り合ったんです。いろんな文化人が集まって絵を描く会ですね。

でも新派との関わりはものすごく古くて、私が六歳の時、花柳章太郎さんと新派の舞台に出てるんです。「松風村雨」という芝居。私は花柳さんの子供役。お稽古してる時は、花柳さんはオジサンなんだけど、舞台に出たら水もしたたるような美女で、丸髷結ったお母さんでしょ。私はまだ小さいから、どうしても花柳さんの懐に手突っ込んじゃうのね。花柳さんが「おい、よせよ、よせよ。くすぐってぇよ」って。それで次の日、土瓶の蓋、あれ、チョンと摘む所があるじゃない。「これでいいかぁ」ってその蓋を着物の胸に入れててね。それでも私、手ェ突っ込んで（笑）。

六つなのに、台本丸々、全員の台詞を覚えちゃったの。だからみんなが「今月は秀坊がいるから、プロンプター要らねぇぞ」って。私が腹話術みたいに、知らん顔してコショコショって、人の台詞喋って教えるらしいの。

ずっと後年には、川口先生に頼まれて、水谷八重子（初代）さん主演の「櫻山おせん」という舞台の衣裳を担当したんです。川口先生書き下ろしの桜にまつわる話だから、水谷さんの着物もグレーの地に桜がパラパラと散ったようなのを三、四反見つけて、楽屋にお持ちしたんです。「今回は私のような者が衣裳をやらせて頂きますけれども、選んできましたので見て頂けますか？」って言うと、水谷さんが「私、高峰さんを信用してますから、全部お任せします」

とおっしゃった。すごいと思いましたね。何を着ようと私は私という、役者としての揺るぎない自信ですね。やっぱり偉くなる人は違うと思いましたよ。
――こうして伺ってみると、人から人へ、それこそ撮影所以外の、それも錚々たる方々とつながっていってるんですね？

高峰　そうですねぇ。だから骨董と同じで、安い物からだんだん見ていくと時間がかかるけども、いきなり上野の博物館みたいな所へ行っちゃって、「何だ、これ」って、わからないなりに国宝級の物をたくさん見ていると、今度ペケな物を見た時に、「あ、これ、ダメ」ってすぐわかるわけですね。だから私の場合、そういう偉い方々に初めてお目にかかる時でも、事前に調べて「あー、大変な先生に会うんだ。こりゃ大変だ」なんて先入観がなくて、ただポーンと突っ立ってるって感じでしたから、後になって、「あ、この人偉いんだ」とわかるという風に逆に行っちゃったのね。いつも虚心坦懐、素手でヌーッと立っていればあちらがなんとかしてくれます。

虚心坦懐と言えば、あなたは確かゴルフなさるんでしょ？　私はゴルフのボールも見たことなかったんですけど、昔、「三百六十五夜」（昭和二十三年・新東宝）という映画で、私が扮する令嬢がゴルフをしてるところがラストカットだというんで、プロのゴルファーに教えてもらいながら撮ったんです。その人が「私の言うようにやって下さい。クラブはこう持って、楽にして、足はこのくらいに開いて……自然に、そう自然に。はい、やって下さい」って言って、私がその通りにクラブを振ったら、もう球がパーンって飛んで、見えなくなっちゃったの。スタッフも驚いて、撮影は一発ＯＫ。

だから私、「へぇ、ゴルフって簡単じゃないの」と思って、またクラブを振ったら、土かっぽじったり、球がまだそこにあったり、全然ダメ。つまり、その時点でもう欲が出てるのね。うまく打ってやろうと。でも初めての時はプロの言う通りに、無になってやったから見事に飛んだ。それで、「ああ、これが虚心坦懐ということか」って思ったんです。

だから、さっきの〝はらわた〟と虚心坦懐が私の人生の目標なんです。

――今日は貴重なお話、そして思わぬ小社とのご縁を伺えまして。もしかしたら今頃は、重役室にいる高峰さんから、「君、ちょっと来なさい」なんて呼ばれてたかもしれませんね。

高峰　七十五歳じゃ無理ですよね（笑）。

インタビュー・編集部／構成・斎藤明美

「オール讀物」一九九八（平成十）年十二月号

写真集「女優 高峰秀子」が教えてくれたもの

一

私は占いの類は信じないほうだ。だが、あの時だけは、驚いた。

平成十年、七月半ばのある日、私は昼食を済ませ、そろそろ編集部に行こうかと、それでもぐずぐずしながら、まだ読んでいなかった朝刊を開いた。その新聞には毎日、星占いが載っていた。信じはしないが、載っていればやはり気になる。私はみずがめ座の欄を見た。

「電話による吉報あり」

ふん、そんなものあるわけがない。私は一瞥すると、新聞を閉じた。

と、その時、携帯電話が鳴ったのだ。

編集部からだった。「平凡社のTさんという方がお電話くださいということです」

平凡社と仕事をしたことはない。何だろう。不審に思いながら、私は聞いた番号のT氏に電話した。

「ご存知だと思いますが、今、うちで高峰さんの写真集を作っています。そこに、女優でない素顔の高峰さんについて原稿を書いていただきたいんです」

「私に？　ですか？」

「ええ」

相手は答えた。

狐にでもつままれた気持ちだった。

同社が高峰さんの写真集を作っていることは高峰さんから聞いて知っていた。

「でも私なんかでいいんでしょうか……」

私はおずおずと聞いた。

高峰さんの知人の方々は、当たり前だが、私よりずっと高峰さんとの付き合いが長く、社会的な信用の高い人ばかりだ。私など、いわば新参者の〝どこの馬の骨〟である。

「斎藤さんに書いていただくよう、高峰さんからのご推薦です」

驚いた。そんなこと一言も聞いていない。

さらに相手は言った。

「それで、できるだけ早くお会いしたいんですが、たとえば今日は無理ですか？」

「はぁ、今日はこれから会社に行くだけで、他には別に……」

「では、午後三時半に御社に伺います」

だが会う約束はしたものの、私はまだ半信半疑だった。

私は高峰さんに電話した。

「そうですよ。私があなたに書いてもらうように言ったの。でも最初は、U社のAさんの名前を挙げたのよ。Aさんのほうが編集者としてあなたよりずっと付き合いが長いから、まず彼女の名前を挙げなきゃいけないと思って。でも先方がAさんに連絡したら、『私は編集はできても原稿は書けません。「週刊文春」にいる斎藤明美さんという人がいつも高峰さんのことを上手に書いてますから、その方がいいと思います』と言ったそうよ。私もそのほうがいいと思う」

「でも、かあちゃん、本当に私なんかでいいの?」

正直、私はビビっていた。高峰さんの談話は何度もまとめたことがあるが、高峰さんについて〝自分の考え〟を書いたことは一度もなかったからだ。

「もちろん私はいいですよ。とにかく平凡社の人と会ってみなさい」

そしてその後に、高峰さんはこんなことを言った。

「それからね。あんた、U社のAさんに挨拶に行きなさい。『名前を挙げてくださって、ありがとうございます』って。そして『書いていて、高峰さんについて何かわからないことがあったら教えてください』ぐらいのことは言うのよ。何と言っても、あの人のほうが私との付き合いは長いんだから。わかった?」

「うん」

まるでお使いに行く子供があらかじめ母親から注意を受けている体だった。

こういう場面はその後も度々あるのだが、とにかくこの時、私は小学生のように母親の言葉に頷きながら、「高峰秀子という人は何と行き届いた人か」と感服したものだ。

それにしても私に書けるだろうか。それも自分が最も尊敬する人について……。私は会社に向かう道々、考えていた。

だがその二時間後、平凡社の「別冊太陽」の編集長・T氏に「谷崎潤一郎など作家と高峰さんとの交遊について書いてほしい」と言われた時、自分でも思いがけず、きっぱりと言ったのだ。

「それは無理です。著名な作家の方達と交遊を持っていた頃の高峰さんを私は知りません。それに作家との交遊については、既に高峰さん自身が随筆の中で書いていらっしゃいます。私には他に書きたいことがあります」

そうか、私には「書きたいこと」があったのか。言ってしまって自分で驚いた。

T氏はややムッとした表情になり、腕組みをして、私に聞いた、

「何が書きたいの?」

「私が高峰さんと親しくさせていただくようになったのは母の死がきっかけです」

その言葉を皮切りに、私は一時間近く、高峰さん及び夫君の松山氏を自分がどのように見ているか、日常のエピソードを交えて語った。

T氏は腕組みを解き、次第に身体が前のめりになってきた。

「……というようなことを、私なりに書いてみたいんです」

ついさっきまで何を書けばいいのか皆目見当もつかなかったのに、気が付くと、まるで準備したように喋っていた。

そして喋りながら、私はあることに気づいた。それは、それまでの十年間、高峰さんが私の前で言ったこと、したこと、松山氏の言葉、行動、夫妻の会話、出来事……、あらゆることを逐一、余すことなく覚えていたことだった。

人は時々、「どうしてこんなことを覚えているのだろう」と思うような些細なことも覚えているが、多くの場合は、自分の心の琴線に触れた出来事を記憶しているものだ。つまりインパクトのあった事象や言葉。

私にとって、高峰秀子という人の言動は、どれもこれも目を見張るほど新鮮で、発見に満ち溢れ、まさにインパクトの塊だったのだ。だから観察するつもりもなく自然に観察し、その一挙一動を網膜に焼き付け、彼女の口から発せられた言葉を、ノートに記録したかのように一字一句覚えていたのだ。

T氏に向かって喋りながら、私はビデオテープを再生しているような心持ちになった。それほど、高峰秀子の言動が、その時々の彼女の表情、目の色に至るまで、映像を観るように鮮明に自分の中で蘇ったのである。

いや、それより何より、人前でこれほど熱心に高峰秀子について語ってしまう自分を、もう一人の自分が恥ずかしいと思う一方で、「これなら、書けるかもしれないよ」と私の耳元で囁いているように思えたのだ。

「うーん、面白いですねぇ」

それまでとは別人を見るような目で私を見ながら、T氏は言った。

「八月末日を締め切りに、三十枚で書いてください」

文藝春秋の玄関でT氏を見送る時、外は既に薄暗くなっていた。

黄昏の中で、私はぼんやりと思った。

「電話による吉報」って、このことだったのか……。

今は絶版となっているその写真集『女優 高峰秀子』には、特筆すべきことがある。

高峰さん自身がその制作に関わったことだ。

実はその九年前、平成二年にも高峰さんの写真集が出ている。同じく絶版の『不滅のスター　高峰秀子のすべて』(出版協同社)。何でもその会社の社長が高峰さんの大ファンで、是非作らせてほしいと言うので、高峰さんが了承の返事だけをしたものだ。

よく出来た写真集ではあるが、中身について高峰さん自身は一切関与していない。

だが今回は、「作る時に私が自分で目を通したい」と高峰さんが言った。

『高峰秀子のすべて』（出版協同社一九九〇年刊）
別冊太陽『女優 高峰秀子』（平凡社一九九九年刊）

とはいえ、「あの写真を使え」「この写真は嫌いだ」などという、普通の女優が自分の写真集制作について細々と厳命するようなことは一切なかった。

　高峰さんが言ったことは二つだけ。

まず「〝お祝儀原稿〟は要らない」。

　高峰さんは言った、

「いろんな人に、私について原稿を書いてくれってお願いしたら、断りたくても断りにくいし、書くにしたって、悪く書くわけがない。嘘でも褒めちぎりますよ。第一、そんなことで人様の手を煩わせるなんて、失礼です」

　前回も書いたように、高峰さんに好意を抱く作家や著名人はたくさんいる。普通の女優なら、「これだけ私はエラい人と知り合いなのよ」と言わんばかりに、政財界から芸能界、スポーツ界を挙げて、親しくもない人物にまで依頼して

〝お祝儀原稿〟や美辞麗句をかき集め、得意満面で自分の写真集に載せるだろう。

高峰秀子は違う。

「お祝儀原稿は要らない」。この言葉を聞いた時、私は改めて高峰秀子という人に強い尊敬の念を抱いた。

次に高峰さんが言ったこと。

「表紙の写真だけは、私に選ばせてください」

先の『高峰秀子のすべて』の表紙は、にっこりと微笑んだ高峰さんのブロマイドだった（前ページ右）。誰が見ても、美しい大女優のポートレートである。

だが今回の写真集で高峰さんが表紙に選んだのは、ご覧の一葉だった（同左）。

高峰秀子の代表作『浮雲』からのワンショット。不実な男と泥沼のような関係に陥り、離れるにも離れられず、苦しみもがき、最後に死んでしまう、何とも救われない主人公、幸田ゆき子の顔。絶望の淵で女が見せた、一瞬の暗い目指しを、高峰さんは自分の写真集の表紙に使ってほしいと言ったのである。

「これが一番私らしいから」と。

最初、写真集の制作スタッフは戸惑った、「え⁉ この暗い表情の写真を表紙に……」。だが幸い、その時のスタッフ、フリーの編集者もデザイナーも高峰秀子の昔からの大ファンだったから、すぐに納得した、「いかにも高峰さんらしい選択だ」と。

私は、高峰さんがその写真を表紙に選んだと知った時、思わず唸った。

やっぱり凄い人だ、この人は。

そこには、高峰秀子の〝女優〟としての矜持が表れていると、私は思った。

美しく微笑んだ写真は、選ぼうと思えば何百枚もある。アイドルとして日本中の人々から愛された十代のデコちゃんの可憐なブロマイド、数多の名作に出演した二十代の名女優としての溜息が出るようなポートレート……。

だが高峰さんは、それらを選ばなかった。

松山善三氏との結婚を控え、「これが最後の作品」と一人心の内で引退を決意して臨んだ成瀬巳喜男監督の『浮雲』。そのいたたまれぬほど不幸な主人公を演じた自分の表情から、一枚を選んだのだ。

「これが一番私らしいから」

その一言に込められた高峰さんの思いは、何だったのか――。

恐らくそれこそが前回書いた、彼女の言葉「はらわたのある女優になりたいと思って仕事をしてきた」と、深く関わりがあるのではないか。

その言葉と対極にあるのが「熱帯魚みたいに、水槽の中でヒラヒラとはらわたがあるのかないのかわからないような、ただ綺麗なだけの観賞魚にはなりたくなかった」。

カメラ目線で微笑んだブロマイドは彼女にとって「熱帯魚」であり、望まぬ仕事であってもやるからには精一杯やろうと五十年続けた女優業を最も象徴する一葉が、この写真、まさに「はらわたのある女優」の顔そのものだったのだ。

『浮雲』は高峰秀子に数え切れぬ演技賞をもたらし、作品は日本映画の金字塔として映画史に刻まれた。

だが高峰さんがこの作品のワンショットを表紙に選んだのは、そのような栄誉に満ちた作品だからではない。女優としての自分の思いを最もよく体現した役であり、作品だったからだ。

その思いとは、即ち、
女優は人間を演じるのが仕事。

「あれは、やる気で演りましたよ」

代表作『浮雲』について高峰さんは、そう、一言だけ言ったことがある。

力むことを好まず、懸命を外に見せぬ人が、「やる気で演りましたよ」と言い切った役。その言葉を聞いた時、私は肌が粟立ったのを覚えている。

そしてもう一つの理由は、やはり高峰さんがかつてふと漏らした一言と関係があるだろう。

「私は本来、暗い人間です」

『浮雲』のあの写真は、女優・高峰秀子の、そして人間・松山秀子の、その両者を象微する、「一番私らしい」写真だったのではないだろうか。

その七月の終わり、高峰さんが、写真集の打ち合わせから帰宅した時のことである。

「プロですねぇ、あの人は」

夕食の卓につくと、感服したように言った。

「ホテルに小さなビュアー（写真など見るため内部に明かりが点く台）まで持参して、その上に色見本を乗せるのよ。例えばオレンジ色といってもいろいろあるでしょ。表紙に使う文字の色を決める時、『これは如何ですか？』って一枚乗せて、私が『もうちょっと暗いオレンジのほうがいいわね』と言うと、『では、これでは？』って、別のオレンジ色の短冊を乗せるわけ。また私が何か言うと、『では、これでは？』『これでは？』って、次々に微妙に違うオレンジ色を見せるんですよ。余計なことは一切言わない。黙って、着実に仕事をする。しかもこちらにわかりやすいように見せてくれる。実にいいデザイナーです。プロですよ」

高峰さんは滅多なことでは人を褒めない。というより、余程のことがない限り、人に関心を示さない。だがこの時は、気持ちを込めて、そのデザイナーの仕事ぶりを褒めた。

私は聞きながら、高峰秀子という人が人の仕事の何を見ているか、勉強した。

そしてそのデザイナーとコンビとも言える編集者が、誌面に載せる作品のスチールをいかに的確に選んでいるか、作業の進行状況をその都度ていねいにファクシミリで連絡してくることも、高峰さんは高く評価した。

二人とも平凡社の社員ではない。その写真集のために集められたフリーのスタッフである。

私は自分が文藝春秋の契約社員だったからよくわかるが、世間の多くの人は、その会社の正社員でない人間を軽んじ、低く見る。だから高峰秀子という人が、その人の肩書きや置かれた立場ではなく、その人がどんな仕事をするかを重視する姿勢が、まぶしかった。

高峰秀子にとって大切なことは、その人が何をするか、どんな人間か。

人間を信頼するとはどういうことなのか、私は高峰さんから教えてもらった。

私がT編集長と会った時、彼は高峰さんの近影は載せないつもりだと言った。

「なぜですか？　過去の写真ばかりだと、まるで死んだ人の写真集みたいじゃないですか。以前御誌が出された『映画監督溝口健二』みたいに。人前に出せない面相になっているのならともかく、高峰さんは今でもきれいですよ。本人がイヤだと言ったら仕方ないですが、一度打診してみたらどうですか？」

T編集長は案外とすんなり私の提案を受け入れ、高峰さんに撮影の依頼をした。そして、高峰さんはそれを了承した。

撮影者は写真家の操上《くりがみ》和美氏。超一流である。

「撮影の当日はただでさえスタッフが大勢になるから、あんたは来ちゃダメ」と高峰さんに言われ、私は泣く泣く我慢した。だが、高峰さんが当日の様子を話してくれた。

操上氏は撮影現場になる松山邸の居間を事前に見せてほしいと、訪れたそうだ。

「居間に入ると、操上さんが黙って部屋を見回しながら、一言、言いましたよ。『当日は、お着物を着ていただけますか?』。それを聞いて、『ぬぬ、できるな』と思いましたね」

まるで剣豪同士の真剣勝負のようだと、私は思った。

事実、撮影当日は、操上氏と二人の助手、着付けの人、ヘアメイクの人、くだんの編集者など、十名近い人間が松山邸の居間にひしめいたという。

撮影の出来栄えは見ての通り。名人が名人を撮った、傑作である。

高峰さんは言った。

「さすがに一流の写真家です。一流のスタッフを連れてきました。みんな物静かで、撮影が終わった後も、黙ぁっててきぱきと後片付けをして、着付けの人は私の着物に丁寧に霧吹きをかけて、きれーいにアイロンをかけ、畳紙《たとうがみ》にしまって、それこそ塵一つ残さず引き上げていきましたよ。後始末まで含めて仕事ですからね。さすがだと思いました」

高峰秀子は、見ている。穏やかな表情をしながら、その人のすることを、指の先まで、何から何まで一つも逃すことなく、厳しい目で見ているのである。

もう一つ、私が驚いたこと。

撮影の数日前、私が松山邸を訪れると、絨毯が新しくなっていたのだ。ほんの足元しか写らない絨毯のために、高峰さんは、家中の絨毯をすべて張り替えたのである。玄関から階段、居間に至るまで、広大な広さの絨毯を。

この一冊の写真集を制作する過程で、私は高峰さんから多くのことを学んだ。

だが何より感謝したいのは、このことをきっかけに、遅まきながら、私が〝自分の仕事〟を見つけたことである。

「高峰秀子」と「松山秀子」
かあちゃんの卵焼き

斎藤明美

「時々庭に白い野良猫が来てね、草食べてるのよ。私が『シッ、シッ』って言っても、キョトンとした顔でこっちを見るだけで、またムシャムシャ草を食べてるの」

ある夜、松山氏と三人で食卓を囲んでいる時、高峰さんが言った。

私は、その白い野良猫は自分だと思った。

三年前、私は母を亡くした。「母の日」の二日後、あと六日で母は六十二歳になるはずだった。肉腫だった。医師には余命三ヵ月と宣告されたが、本人の決断と、父と私の祈るような願いを込めて、一切の西洋医学を拒否し、免疫療法といわゆる民間療法だけで、母は宣告から三年生きた。奇跡が起こったと思った時期もあった。しかし、最後は文字通り力尽き果て、母は死んだ。

最後の七ヵ月、私は東京と郷里の高知を三日おきに往復しながら仕事を続けた。高峰さんが三年に及ぶ私の執拗な懇願に負けて、私が勤める出版社の月刊誌の連載を承諾してくれたのは、そんな時だった。

初めて高峰さんに原稿をもらったのは、十年前、高校の教師を辞めてどうにか現在の職に就き、おぼろげながら自分の仕事の中身が見え始めた頃だった。半ページほどのその欄に、とても〝あの高峰秀子〟が原稿をくれるとは思えなかったが、ダメ元で電話をした。今なら「何、気取った声出してるの」と言われそうな余所ゆきの声で依頼内容を告げると、彼女はパキパキした口調でひと言、「ハハーン、残念でしたね。明日からアメリカに行くからダメです」。初めて聞いた高峰さんの肉声は確かこんな台詞だった。彼女のエッセイを読んで頭の中に描いていた人物像と同じ、怖いが面白そうな人、というのがその時の印象だった。そうか、やっぱりダメか……。だが、ダメな理由は「アメリカに行くから」だ。諦めの悪い私は、その後も一ヵ月おきに電話して、遂に半年後に高峰さんから原稿をせしめた。予想通り見事な内容だった。

初めて〝生《なま》〟と面と向かったのは、それから三年後の初秋。短いインタビュー取材の機会を得た時だ。銀座のある店の昼食メニューを高峰さんが誌面で推薦することになっていた。彼女は黒いスカートにモスグリーンのオーバーブラウスを着て、靴は黒のプレーンなパンプス。アクセサリーは胸につけた鈍く光る銀色の四角いブローチだけ。爪には透明のマニキュアが上品に光っていた。私は現れた高峰さんに向かって緊張気味に言った、「十年か二十年して一度おめにかかれればと思っていたのに、こんなに早くお会いできるなんて……」。間髪をいれずに彼女が言った、「十年か二十年？　死んでます、私」。イカスおばさんだと思った。

取材が一区切りつくと、高峰さんは線香のように細い煙草を取り出してスマートに吸い始めた。そして私も煙草を吸う人間だとわかると、スッと一本差し出してくれた。オッ、これは記念に持って帰ろう。そう思って喜んでいると、彼女が金色のライターでカチッと火をつけてくれた。私は思わず飛び上がりそうになりながら、「うわぁ、高峰秀子さんに煙草の火をつけてもらうなんて！　どうしてカメラ持ってこなかったんだろう……」と大騒ぎしていると、「うるさいわね。早くしなさいよ、熱いじゃないの」と彼女は笑った。そして取材が終わると、愛車のジャガーで私を途中まで送ってくれた。

快い緊張感はあったものの、私は何故かそれまでに会った〝偉い人々〟に対するような、威圧感を全く感じず、初対面にもかかわらず、取材にまるで関係のない高峰さんの結婚の経緯《いきさつ》や台所仕事のことを図々しくも聞いたものだった。だがこの時、何よりも心に残ったのは、高峰さんの視線。こちらを何者かじっと見抜こうとする、静かだが、その刺すような目の色だった。しかし、その視線が私はイヤではなかった。むしろ、楽になった。ああ、この人には全部見抜かれた。とても歯が立たない。私は、自分が彼女の前ではただの頭の足りない子供でしかないと思った。そして彼女の大きな器に呑み込まれる快感さえ覚えたのを、今も忘れない。

母の最期は岡山の病院だった。ドラマで見るのと同じように、医師は腕時計を見て言った、「ご臨終です。午後六時十二分です」。地球が止まったと思った。今考えても不思議なのだが、私はその後、まだ温かい母の亡骸が横たわる病室の前の公衆電話から高峰さんだけに電話をしている。今ほど近しい関係ではなかったのに、親友にも親戚にも電話せず、高峰さんだけに電話をした。彼女は私だとわかると明るい声で言った、「母の日のカーネーション、ありがとう。赤いのは嫌いだけど、あなたが贈ってくれた薄いピンクのカーネーションはとても好きよ」。なのに私は言ってしまった、「母が死にました」。一瞬電話の向こうの空気が途絶えた。「ちょっと待ってね」、高峰さんは二十秒ほど電話口から離れ、再び戻ると少しかすれた声で言った、「しっかりしなさいよ」。「赤いカーネーションが母の枕元でまだ元気なんです。でも、母は死にました」。それだけ言うと、私は涙が流れた。何故こんな残酷なことを彼女に伝えているのか、自分でもわからなかった。「お母さんはカーネーションを見たんでしょ？あなたがくれたカーネーション、見たんでしょ！」と、高峰さんは叫ぶように言った。そして「私はずっと家にいるから。何の役にも立たないけど、いつでも電話してきて。いいわね」。私は「すみませんでした」と言うのが精一杯だった。

それまで高峰さんは、私の上司に母の闘病のことを聞いてからというもの、私がお宅に資料を取りに行けば、「お腹が空いてるでしょ？」と、食事時でもないのにお茶漬けを作ってくれ、アパートに食べる物を送ってくれ、ハワイにいる夏と冬の間には、Tシャツや絵葉書を送ってくれていた。

「ハワイは一日中虹だらけ。その虹を見ながら、土佐と東京をいったりきたりしている明美さんをカワイソーっておもってます」

裏返すと、アラ・モアナの黄金色の水平線にまん丸い日輪が光っていた。

母を失った後、私は完全に人生を投げた。父とはうまくゆかず、兄弟もない、母だけが自分にとっての〝帰る場所〟であり、〝根っこ〟だったと気づいた。根こそぎ持っていかれたと思った。自ら捨てはしないが、いずれ仕事も失うだろう。だが、それでいい。できれば、道を歩いていて車に轢ねられないだろうか。疲れたし、本当にしんどいし、ここらで生きることを休んでも、母も責めはしないだろう。自己弁護しながら、私は、東京に戻った後、白日夢の中を漂っていたと思う。

私は高峰さんに命をもらったと思っている。誘われるようにズルズルと深い穴に陥っていく私を、彼女はものすごい力で引っ張り上げてくれた。水涸れしてヒビ割れた白い土に、彼女が送り出してくれる透明な清流が滲み渡り、見る間に土は生き返って小さな緑さえ生まれ始めた。私は彼女が与えてくれる〝情け〟を夢中で貪り、再び生き始めた。言葉にこそ出さなかったが、高峰さんは来る日も来る日も、私に「生きるのよ。しっかり生きなさい」、そう言ってくれているようだった。

今思えば、それは、高峰さんが物心ついた時から自分自身に言い聞かせていた言葉ではなかったろうか。

五歳の時、撮影所を見学に行った養父の背中からいきなり映画「母」の子役につまみ出されて以来、小学校さえまともに通えず、友達もできず、子供らしい遊びをしたこともない。ひたすらカメラの前で大人たちの注文のままに、笑い泣く毎日の中で、彼女の養母は遂に一度も、「疲れたろう」とも「お前をこんなに働かせてすまないね」とも言ってはくれなかった。それればかりか、彼女に近づく者をことごとく排除し、行動をすべて監視し、まさに金銭製造機の如くに働かせ続けた。その養母の異常なまでの呪縛に窒息しそうになる自分を懸命にかきたてながら〝商品〟としての己を常に完全な形で保ち続けて、高峰さんは少女から大人になっていったのだ。たとえ彼女を養女に欲しがるほど可愛がってくれる他人がいたとしても、彼女はそれに甘えるほど、浅はかでも生ぬるい人間でもない。幼い時から自分の足で立つことしか知らない、してこなかった人である。

肉親の情がどんなものか、母の懐がどれほど暖かいものか、彼女は知らない。最も近くにあるべき〝母〟が自分の心からは最も遠い所にいる人だとわかって以来、高峰さんは自分の外に〝期待〟を持つことを自らに禁じたと思う。そして〝甘える〟という因子が風化して消滅せざるを得ない半生を歩み始めたのではないか。

「しっかり生きなさい」、そう自分で自分を励ますことだけが、いつも他人の前で〝完成品〟でいなければならなかった彼女が、自ら体得した、体得せざるを得なかった、生き方であり、生命維持装置を稼働させる原動力だったのではないだろうか。その言葉を、本当は〝母〟にこそ語りかけて欲しいとどれほど彼女が願ったか。その叶わぬ願いの強さは、そのまま凄まじい力となって、高峰さんのその後の見事なまでの女優人生を完成させていったと思う。

たぶん高峰さんは、母親を失い、お腹を空かせて雨に打たれながら「ミー、ミー」と鳴いている野良の子猫に道端で行き合い、かわいそうにと庭に入れて餌を与えてしまったのだ。子猫は喜んで餌を食い、その後も腹が空いてはまた庭にもぐり込んで「ミー、ミー」と、餌をくれるやさしいおばさんを求めた。

気がつくと、私は母鳥のお腹の下で丸くなって眠っている雛の安堵感に包まれていた。高峰さんの傍にいることは〝母〟の胸に抱かれていることだった。

そして高峰さんは、私の「かあちゃん」になった。

こんなことがあった。夕食の後、松山氏が書斎に上がり、私は高峰さんとお喋りをしていた。その時、彼女が思い出したように言ったことがある。

「バンコクに、昔からかあちゃんの大ファンだってよく手紙をくれるおじさんがいてね。その人がかあちゃんのことを占い師にみてもらったんだって、かあちゃんの写真を一枚見せて。そしたらその占い師が、もちろんその人はかあちゃんの歳も職業も知らないんだけど、写真を見て言ったたって、『この人は、自分の好きじゃない仕事を何十年もやってきた人です。そして本来は情に溺れる人なのに、必死で情に溺れまいとして闘ってきた人だ』って」

　高峰さんの目がうるんで見えたのは、後にも先にもその時だけだ。

　高峰さんは「私は冷たい人間よ」と言う。確かにそうかもしれないと思うこともある。「温かい人間」の定義が、いつ呼びかけてもいつ求めてもやさしく受け入れてくれる人、だとすれば、確かに高峰さんは「冷たい」。「ミー、ミー」と餌を求めて庭先で鳴くと、急にピシャッと戸を閉められる時がある。いくら待っても戸は開かない。甘える者の見苦しさを彼女は許さない。厳然と拒否する。だが、それは、相手を拒絶することで、自分の中にある〝情〟の井戸に蓋をしているのではないだろうか。これ以上は誰も近寄せない、入ってこさせない。そうすることで、彼女は自分自身を保ってきたのではないか。そうしないと〝高峰秀子〟を維持できなかったのだと思う。

　高峰さんは本物の完全主義者である。「いい加減」や「そこそこ」を絶対許さない。他人に対してではなく、自分に許さないのだ。二番以下である自分など考えられないし、その経験もない。だが彼女の恐ろしいところは、それをチラとも表に出さず、あくまで自分に強いるところだ。完全に自分の中だけで苦闘して、自分自身を叩き、ギュウギュウ絞り上げるのだ。当然、その姿勢は「仕事」に対して最も如実に表れる。どんな仕事であれ「仕事」と名がつけば、高峰さんは己に対して鬼になる。それを五歳から五十年続けた。五十年間、頂点に立ち続けた。それがいかに過酷な作業であったか、殊に自らの意志でなく始まってしまった職業において常にトップであり続けることが、いかに過酷なことか、私などには計りも知れない。唯一、それを垣間見たのは、ある日台所の流しの前で、ふと高峰さんが洩らした呟きを耳にした時だ。

「かあちゃん、疲れちゃった」

私は凍りついた。初めて高峰さんの溜め息を聞いた。できる限り断ってはいたが、原稿や取材の依頼がたて続いていた時のことである。「この歳でまだ仕事しなきゃいけないんだよ」と言った彼女の、小さな背中に「老い」を見た心細さもあった。だから、わざと勢いよく、「かあちゃんらしくないじゃないか。この歳でまだこれだけ必要とされてるなんてすごいことだよ」と。だが、それよりも、高峰さんの言葉の向こうに一瞬閃光のように見えた、私がリアルタイムでは知らない高峰さんの人生の過酷がこの上もなく恐ろしかった。そして黙って菜っ葉を洗っている彼女を、改めて「高峰秀子だ」と思った。

松山氏は二度脱皮して「とうちゃん」になっている。最初は「松山先生」、次が「かあちゃんの旦那さん」。

真一文字に口を結び、冗談が冗談にも聞こえないような氏が、初めはひどく苦手だった。だが、外で食事をする度に、高峰さんは「松山も一緒よ」と言う。ああ、またか。なんでいつも一緒なんだよ。私は天を呪ったものだ。それを察したように、高峰さんは、私と二人になると決まって言った、「松山は面白い人でしょ」。そうかなぁ……。でも仕方ないから「ええ、まぁ」などと答えていた。高峰さんは事ある毎に、「松山はいい人よ。本当に仏様みたいにいい人。あんな人、世の中どこを探したっていないわよ」と、まるで私に呪文でもかけるように言い続けた。ある日など、冷蔵庫から麦茶を出している私を追ってくるように、「松山はいい人よ。ほんとに……」と言うから、私は思わず「もう何度も聞いたよ」と言って、高峰さんを傷つけてしまったかもしれないと後から反省したほどだ。

松山氏に懐き、「とうちゃん」と呼ぶようになったのは、ひどく叱られた時からだ。母が死んだ年の夏、初めてハワイのお宅を訪ねた時。原因は私が四六時中高峰さんにまとわりついた、その厚かましさだった。長く懇々と叱られたが、唯一覚えている叱責の言葉は、「君には日本人の美徳である、謙譲というものがないのか！」

私がシクシク泣き始めて、やまらないのを見て、松山氏は席を立った。

「この歳で女を、いや女の子を泣かせちゃったじゃないか。僕はもう寝ます」

言い置いて寝室に入って行った。それまでは、「こんなによく泣けるなんて、この子、役者になればよかった」などとケロケロとしていた高峰さんが、静かに言った。

「とうちゃんはあんたが憎くて叱ったんじゃないよ。いい子だと思うから叱ったのよ」

かけがえのない人間関係を壊してしまった。もう二度とかあちゃんにも会えない。「母を失った」思いだけが頭を渦巻いて、ますます涙が流れた。高峰さんが傍に来て、私の頭を抱いて頰にキスしてくれた。母のような柔らかい胸に顔が埋まった。

「今夜はもうホテルに帰らないで、ここに泊まるか？　その代わり、リビングにシーツだけ敷いて寝るのよ。マットレスは寝室の奥にあるけど、とうちゃんを起こすと悪いからね」

その時、寝たはずの松山氏がズルズルと何かひきずって寝室から出てきた。大きなマットレスだった。そしてリビングの真ん中にそれを敷くと、黙ってシーツをかけ始めた。

「ホラ、とうちゃんが出してくれたよ。親切だね。嫌ってたらこんなことしてくれないよ。さ、自分でやりなさい」

朝、高峰さんに鼻をつままれて目を覚ますと、松山氏が寝室から出てきて言った、

「ゆうべは、きついこと言って泣かして悪かったな」

それからハワイに行く度に、松山氏は日課のビーチでの散歩に私を伴ってくれて、私の〝母病〟を矯正してくれようとしたと思う。

「君はせっかく出た芽を自分で摘んでばかりいるね。花を咲かせたくないのか？僕は高峰と四十年一緒に暮らしてるけど、彼女が君にやさしくするほど、人にやさしくするのを見たことがないよ。ホントだよ。彼女はいなくなりはしないよ。待ってなさい。ただ待ってればいいんだ」

そして、カナダの女流詩人の「待っている」を暗唱してくれた。ぼんやりと松山氏の横顔を見ながら、私は高峰さんの言葉を思い出した。「松山はいい人よ」。

海で泳いだ帰り道にこんな会話をしたことがある。

「映画でよくあるみたいに、船が沈んでも、救助船が来るまで、とうちゃんなら立ち泳ぎをしながら待っていられるね」

「うん。でもそんな時はきっと秀さんも一緒だから、彼女を助け上げた後、僕は力尽きて沈むと思うけどね」

きっとそうだろう。松山氏は高峰さんを守るためには躊躇《ためら》わずに命を捨てる人だ。高峰さんはこの人に出会って初めて〝安寧〟を得たのだ。親しい友人や血縁者を持たぬ、というより拒否する彼女にとって、彼は唯一無二の「信じられる人間」なのだ。「この人は大丈夫」、彼女の目は即座にそれを見抜いたのだ。正直や善良などというものを大事にしていては生き抜いていけない世界で、彼女は、走りながら餌を食べないと強い獣に食われてしまうシカかなんぞのように、疾駆をやめないできたと思う。だからこそ、彼の中に〝休める場所〟を見得たのではないか。それまで周りの誰にも感じたことのない〝匂い〟、「清廉さ」を松山氏の中に見て取ったのだと思う。そして、自分を守るのは自分しかいなかった高峰さんは、三十年目の人生で初めて固い扉を開いて、自分以外の〝味方〟を招じ入れたのだ。

やはり流しの前で彼女が言ったことがある。

「かあちゃんのお袋が、あんたのお母さんみたいにやさしい人だったら、今のかあちゃんはなかったと思うよ。鬼のような母親だったから、かあちゃんは頑張ってこれたんだ。小さい時から働いて働いて……。だからきっと神様がかわいそうだと思って、とうちゃんみたいな人と会わせてくれたんだね」

外では決して見せぬ、平凡な女性の笑顔だった。台所にいる高峰さんは幸福感に満ちている。特に、火や刃物を使わない流しの前にいる時、彼女には唯一〝隙〟がある。水仕事をしながら、高峰さんは安心して「松山秀子」になり、そしてただの「秀子」になる。

高峰さんはエプロンというものをしない。家にいる時はいつもガウン姿だ。理由を聞いてみたことがある。

「だって、とうちゃんに何か用で呼ばれた時に、エプロンで手なんか拭きながら『ハイ、ハイ』なんて行くのイヤだろ。それに、寝る時はこれをサッと脱げば、ホラね」

中にネグリジェを着ていた。もちろん夏は別で、ワンピースのような部屋着を着ている。スリッパを使わない家だから、小さな足にソックスで歩き回る姿が子供のようだ。

そのガウンに水一滴つけずに台所仕事をする。夕方は決まって四時から。そして二時間かけて世にも美味しい料理を仕上げて、六時から夕食だ。高峰さんは水割り、松山氏は初めにギネスの黒ビール、その後にハイネケンと決まっている。時に祝い事があれば、重文クラスの徳利と猪口で日本酒を傾けることもある。そして美味い料理をつまみながら、老夫婦は静かなひとときを過ごす。ただし、飢えた野良猫が紛れ込まない限りにおいて。

テーブルに並ぶ料理は最低でも七品。まず食材が一流だ。三陸から届くとれたての秋刀魚、キンキ、福井の岩のり、志摩の生牡蠣、瀬戸内の穴子、京都の豆腐に生湯葉、コノワタ、新潟の米、八丈島のジャガイモ、奈良の柿の葉寿司、スリランカのカレー粉にポナペの胡椒（だから高峰さんのカレーは天下一品！）、そしてパリから空輸されてくるソーセージやチョコレート、ミラノのアンチョビペースト、ドライトマト、カナダの数の子……。二人のファンや知人が送ってくれる心尽くしの品々である。

かつて高峰さんが「松山は絶対外で食事してこないのよ。たとえ十時になっても十一時になっても、『腹へったぁ』って倒れそうになりながら帰ってくるの。それから作るから大変なの」と言うのを聞いて、私は松山氏に「食べてきて下さい。かあちゃんが大変だから」と偉そうに言ったことがあるが、高峰さんの手料理を食べる恩恵に浴するようになると、「とうちゃんの気持ちは無理もない。私だってそうする」などと寝返ってしまった。

そして松山氏は、どうしても外で会食をしなければならない時でも、サラダだけは死んでも口にしない。「汚い」と言って。高峰さんが一枚一枚丁寧に洗った生野菜しか食べないのだ。贅沢なとうちゃんだ。

高峰さんの料理は何が美味いと言って、やはり秘訣は出汁だろう。教えてもらったが、もったいないからここでは伏せる。まぁ、たとえ方法を知ったからといって誰もが高峰さんと同じ味を出せるとは思えないが……。高峰さんの料理はレストランのそれではなく、あくまで家庭料理だ。おひたし、煮物、あえ物、酢の物、混ぜご飯、鍋物、中華……。中でも私は卵焼きが好きだ。何だ、そんな物か、と思う人は食べていないからわからないのだ。当たり前だが。高峰さんの卵焼きを食べたら、市販の物など二度と口にしようと思わないばかりか、高級料亭のそれにも不満を感じるはずだ。いきなり冷蔵庫から卵を出してペシッなんて割ったりしない。しばらく常温に置いて……後は秘密。

「ホラ、できたよ」という声にカウンターに取りに行くと、皿の上で卵焼きがブルブルしている。その皿だってただの皿ではない。私なぞにはわからないが、その筋の人が見れば涎を垂らすような器だ。卵にふりかけた千切りの葱の香りが湯気と共に鼻にまとわりつく。二口大ほどに切れ目を入れたその一切れを箸でグサッと刺して「ハフ、ハフ」とほおばると（ここでいつも二人は呆れる）、よくもまぁ失神しないものだと思うくらい、美味い！　外側はしっかり形を保っているが、そこが破れると、ブルブルの中身がとろけて口中にほの甘さが充満する。野良猫だから、「ウーウー」と唸りながら身体を震わせて食べる。やっと人心地ついて箸を置くと、松山氏が言う。「秀さん、今のうちだ。こいつが休んでいる間に食べよう。でないと、僕らは食いっぱぐれる」。

文化庁が主催する平成八年度の創作奨励賞の発表当日、高峰さんが言った。

「とうちゃんは二度落ちてるの。だから今日は朝から気にしてるみたいで、お昼を食べてた時も、『今日、結果がわかるんだ』って言ったけど、かあちゃんは『あ、そう』って言っただけ。だって、『今度こそ入賞するといいわね』なんて言ったら、とうちゃん、ますます気にしちゃうだろ」

夕方、高峰さんから電話が来た。

「あのね、とうちゃんが特別賞って、一番いい賞を受賞したの。さっき文化庁から電話があったのよ。とうちゃんは舞台稽古に出かけててまだ帰ってないから、『おめでとう』ってＦＡＸを入れといてあげて」

声が弾んでいる。

「よかったねぇ。でも、そんなプロアマ問わずなんてのに、何が悲しゅうて、いまさら功なり名を遂げたとうちゃんが応募するんだろう。ただでさえ仕事忙しいのに。しかも二度も落ちてまで。物好きだね」

「そういうとうちゃんの、青年のような志がかあちゃんは好きなんだ。どうだ、素敵だろう。私の選んだ人を見て下さい！」

おどけたように、だが本心をこめて言う。私は心の中で「ごちそうさま」と呟いた。よし、何か祝いをしなきゃ。花なんか陳腐だし……。私は、二人がよく行く銀座木挽町の鰻屋を思い出して、大至急とびっきりの鰻重を二人前用意してくれと電話で注文し、編集部の給湯室にあるポットを引っ掴むと、タクシーで鰻屋に直行し、肝吸いを入れたポットと鰻重を持って麻布永坂の松山家へとって返した。

「とうちゃんが帰ったら、二人で仲良く食べてね」

「あんたも待っていてあげて」

「いいよ。二人前しかないんだから」

「もちろん、あんたには食べさせないよ。あんたは私が作ったものを食べるのよ」

高峰さんは笑った。

その日は杉村春子さんが亡くなった日だった。しばらく杉村さんの思い出話などを聞きながら松山氏を待っていると、高峰さんが弾かれたように「あっ」と言って、鰻の折を開けた。「やっぱり。予感がしたの。ホラ、ご飯の傍に漬物が入ってる。どけといてあげなきゃ」。松山氏は漬物が大嫌いだ。私も知ってはいたが鰻重の中にまでは気が回らなかった。高峰さんは、漬物とその周りのご飯を丁寧に取り除くと、箸で均《なら》した。こんな時の彼女は、どんな名作映画の中の〝高峰秀子〟より美しい。

十時頃、松山氏が珍しく「嬉しいぞぉ！」と声を上げながら玄関を入ってくるのが聞こえた。すると、普段はしゃぐことなどない高峰さんも珍しく言った。

「電気を消して、両側から二人でとうちゃんに抱きついてやろう。私はこっちの台所から飛びつくから、あんたはそこの書庫からね」

階段を上がってくる松山氏を待ち受けて、私たちは「おめでとう！」と、両側から抱きついた。何のことはない。私は、かあちゃんの方を向いたとうちゃんの広い背中に鼻を埋めただけだった。何のこっちゃ……。

「アケミが鰻重持ってきてくれたのよ」

「そうか。ありがとう」

そして高峰さんは心から嬉しそうに、「うー、よかったねぇ」と、また改めて松山氏に抱きついた。「小ウサギ、熊にしがみつく」の図だ。松山氏はきまり悪そうに微笑んでいる。共白髪になった老夫婦のラブシーンを目の当たりにして、私は思わず涙腺がゆるんだ。「とにかく汗を流してくる」、シャワー室に消えた松山氏を見送って、私は食卓の前で一人目頭を押さえた。すると、カウンターの向こうの台所から高峰さんが言った。

「眠いの？」

あのねぇ……。

「麗しい夫婦愛に感激して泣いてるんだよ！」

「あ、ソ。それは失礼」

〝高峰式・お涙頂戴場面すり抜け法〟である。

ずっと後になってわかったが、この時、選にもれたら、松山氏は筆を折るつもりだった。「もう世の中に通用しないということだ」と。氏にとっての〝車検応募〟だったのだ。


人はよく高峰さんのことを「怖い」と言う。それは違う。本当は「すごく怖い」。別に噛みつくわけではない。脅すわけでも威張るわけでもない。〝目利き〟だからだ。あらゆるものを見抜く。見抜かれた方は丸裸になる。瞬時に本物と贋物を選別する。贋物は決して生活圏内に入れない。はっきり拒絶の態度をとる。無駄に気をもたせたりはしない。片っ端から捨てる。それはすべてに表れる。最も顕著なのは、毎日の生活を送る家の中である。

その様《さま》は見事としか言いようがない。スリッパ一つ、花一輪ない玄関。階段を上がって初めて踊り場に花がある。それはたいてい野の花の類で、そんな楚々とした草花が地味な壺に活けられている。その地味な壺はウン百万だったりするので、私は怖いから絶対触らない。そしてリビングの手前にある台所は、恐らく初めて見た人は「使ってない」と思うだろう。真っ白で何もない。かろうじて使用痕跡を示すものは、流しの傍にある小さなスポンジと京都でしか手に入らない小さい束子《たわし》だけ。だがこの台所で高峰さんは一日も休まずに料理を作っている。ハワイで過ごす時は台所が移動するだけの話だ。

ガスレンジなど、百人が百人、「買い立ての新品」と鑑定するはずだ。病気じゃないかと思うほど高峰さんが毎日磨きたおすから。冷蔵庫も真っ白。つまり、台所はすべて白い。汚れが目立つからいいのだという。普通の人とは逆の発想である。ちょっとでも汚れを見つけたら最後、ただじゃおかない。一度、私が英国で買ってきた少女の絵が描かれた小さなマグネットをこっそり冷蔵庫の扉の隅にくっつけておいたら、数日後にはもうなかった。「ああ、アレ。何だか知らないけど、汚いから捨てたよ」。何であるかさえ見ていない。とにかく〝異物〟は捨てるのだ。あんまり何でも捨てるので、気の毒なとうちゃんは、その日の夕刊さえあやうく読み損なうほどだ。

居間、寝室、クローゼット、バスルームは以下同文。もちろん絨毯には塵一つ、綿ぼこり一かけら、光沢のある物には指紋の跡一つない。かろうじて松山氏の書斎だけに最小限の〝雑然〟がある。聖域として死守しているらしい。と言っても氏も癇症だから、似たもの夫婦ではある。さもなければ、とっくに血を見ていたろう。

化粧もしない。普段はいわゆる「すっぴん」。だが、頬など青磁のようにヒンヤリ輝いているので、私は高峰さんの頬を一撫でしておいて松山氏に言う、「かあちゃんのほっぺたはスベスベだから、とうちゃんはキスしなさい」。松山氏は「何バカなこと言ってるんだ」と怒ったように言うが、赤くなっていたりする。ったく、やってらんねぇよ、である。

高峰さんは「茶室」だ。あらゆるものを削ぎ落とした世界が彼女である。完璧に磨き上げられた空間には咳《しわぶき》一つ聞こえない。それを生涯続ける人である。

私は〝女優の〟高峰秀子が好きではない。

演技云々ではない。スクリーンの中の〝女優としての〟高峰秀子は超一流だ。私如きが言うまでもなく、日本映画史上に永遠に輝く宝である。〝腕〟と〝人気〟が一致した、日本では稀な例だと思う。

嫌いなのは、〝女優病〟を背負った時の彼女である。人気商売を生きる者にとって、この病はなくてはならないものであり、頂点に近くあればあるほど、症状は重い。彼女の場合など、瀕死の重症と言っていい。だが、女優を生業《なりわい》とする時には絶大な効力を発揮するこの病は、そうでない時には一転して効力を失うばかりか、〝毒〟を出す。「私は人に好かれてるのよ」という匂いを放つ毒。

最近は滅多に引き受けないが、たまに公開トークショーなどに引っ張り出されて出かける朝、彼女の顔はすでにして完全に変わっている。〝営業用〟になっているのだ。それは、ほんの少し施した化粧のせいでも、ガウンを余所ゆきに着替えたからでも、また、水仕事に慣れた細い指にダイヤをはめたからでもない。件《くだん》の〝病〟を背負うからだ。だが、この時は背負わ〝ねばならない〟。人々がそれを求めているからだ。だから彼女もある意味で病膏肓《やまいこうこう》として彼らの前に出る。そうすることが自分の使命だと知っているし、またその使命を十分に果たしてきた。本来の自分が唾棄すべき、最も遠くにありたいと思うその病に全身を侵されねば、前に進むことができない人生だったから。

だから、そんな彼女を目の当たりにする時、私は感服する。そして同時に非常な寂しさを覚える。間違っても「かあちゃん」などとは呼べない、触れることさえ憚られる高価な宝石を見る。彼女はもう別人なのだ、と納得する。台所で菜っ葉を刻んでいた人ではない。私などがこの世に影も形もない遠い昔からそうであったように、彼女は最高級の〝商品〟になるのだ。だから私は覚悟する。覚悟して高峰さんのＳ・Ｐになる。だがさすがに、トークショーが終わってファンが暴走する牛の群れのように押し寄せた時は、驚愕した。いくら逃げても、「やめて下さい」とお願いしても、彼らはやめない。「絶対サインしてもらうの」「一生に一度でいいから会いたかったの」「握手してもらうために九州から来たんです」……口々に叫びながら尋常でない目をして高峰さんをとらえようとする。小柄な彼女を庇う私の洋服を彼らは容赦なく引っ張り、背中や肩を小突く。怖い！　そして、こんな異常な思いを五十年もしてきた高峰さんの神経の無事を疑う。そして、私の大きな身体の内側にいる高峰さんの顔を見た。そこには〝無〟があった。自慢とも満足とも不快とも悲壮とも違う、初めて私が彼女の上に見た、〝無〟としか表現できない、奇妙な静寂があった。

騒動が終わって家に帰り、食卓を囲んだ時、私はあえて乱暴に言った、「かあちゃんは七十過ぎたバアさんなのに、すごい人気だね」。それを聞いた松山氏が「あ、こいつ、今、何気なく失礼なこと言った」と笑ったが、私にはそれ以外言えなかった。なぜなら、目の前にいる高峰秀子はもはや〝女優〟ではなくなっていたし、あえて今さら女優としての彼女の威力を再確認するのが、私は怖かったのだ。

怖いには理由がある。

高峰さんの〝持病〟は極めて質《たち》が悪い。酷な言い方をすれば、「私はイヤだけど、相手が私を好きなの」とでも表現するしかない猛毒さえ生む時がある。この〝自負〟は日常生活には強烈過ぎて、〝カリスマ〟とはまた別の異臭を放つ。そしてその毒を日常において噴霧された者はほんの一瞬だが、息絶える。しかし、それは彼女が女優としての五十年を見事に生き抜いた証《あかし》であり、女優でなくなった二十年足らずではとても消し去ることのできない、身体深く刻まれた〝勲章〟ではないのか。多くの女優が、スクリーンから消えたと同時に毒を失い(スクリーンが〝銀幕〟であった時期の者のみを、私は〝女優〟だと思っている)、無残な栄光の残骸をひきずって老いることを思えば、高峰さんの毒の〝賞味期限〟はギネスものの長さだ。

高峰秀子の怖さ。真偽を見抜く眼力、潔さ、気丈さ、克己心……、それらはどれも並みではないから確かに怖い。だが、本当の意味で最も怖いのは、彼女が生涯、女優であり続けるだろう、そのことだ。女優である自分を忌み嫌いながら、松山秀子でいられる時の安寧を何よりも求めながら、それでも女優であり続けるであろう彼女の逃れ難い宿命を、彼女自身が知っている、その哀しさが、私は何より怖い。

高峰さんは、本来の自分とは最もかけ離れた資質を必要とされる職業を生きた人だと思う。そして、その相反する両方の資質を、どちらも完璧に磨き上げ完成させた人だ。だから、高峰さんは、冷酷で慈愛に満ち、猜疑心が強く同時に信じたい願望に溢れ、そして人を遠ざけながら心より人を愛する。だが、その相矛盾する要素は、時として彼女を引き裂くように互いに反発するため、彼女自身は戸惑うのではないか。この上もなく愛情を注いだ後、いきなり相手をドンッと突き放す。そして、そうしてしまった自分にもっとうろたえ苛立ち、果ては穴に潜ったように逼塞《ひっそく》する。

高峰さんを知る人は言う、「高峰さんは、男だったら天下を取っていただろう」「大学や大学院まで進むようなちゃんとした教育を受けていたら、ノーベル賞だってとるような人物になっていたに違いない」。異議はない。必ずそうなったはずだ。だが私は、そうならなくてよかったと思っている。そんな彼女はただの〝偉い人〟だ。きっといずれかの類型にあてはまる。面白くも何ともない。

高峰秀子はどの類《るい》にも、どの種にもあてはまらない、突然変異だから、魅力があるのだ。だから〝高峰秀子〟なのだ。後にも先にも高峰秀子は天上天下、ただ一人の存在であると思う。様々な矛盾を包含し、それでいて限りなく完璧に近い人だ。完璧と無茶苦茶の紙一重を危うく行く、その〝歪《いびつ》さ〟、それこそが高峰秀子なのだ。

人が持っていないあらゆる才能を持っているくせに、誰もが持っているものを持ち合わせていない。だから早い話が、俗に「人間関係の潤滑油」などと言われる世辞や時候の挨拶の類《たぐい》は一切ない。パーティは大嫌い。形骸を憎み、本質のみを大切にする。素っ気ない。大きな声では言えないが、松山氏と合わせて百を超えるトロフィーを粗大ゴミに出してしまった人だ。もっと大きな声では言えないが、某褒章など、「松山のお父さんが『綺麗だね』って言うから、あげちゃった」人である。高峰さんには、盆も冬至も、大安も仏滅も関係ない。大女優なら、必ず一人や二人は知り合いにいる、中にはパトロンにして喜ぶ政財界の人間になど鼻もひっかけない。己の腕一本で生きる作家、画家、舞踊家……自分と同業でない芸術家、そして職人などの一匹狼を好く。ただし、一流だけ。知り合う機会がないだけで、もし一流のお百姓さんがいたら彼女は心から敬愛し、大切な知己とするはずだ。

大ピラミッドを見ても、ナイアガラ瀑布を目の当たりにしても、眉一つ動かさず、「へーえ」で終わる人だ。なのに、スーパーで買ってきたミツバの根が新しい芽を出すと、感激するらしい。葉と茎を食べた後、切り取っておいた根を紐で束ねて、水を張った小鉢に浸しておく。そしてその粗末な（としか言いようがない姿なのだ）ミツバが再び少しずつ芽を出し葉を伸ばすのを日々愛でる。

そして頃合いよく伸びたところで、また食う。野生動物みたいな人だ。

日本の経済動向などという大仰なことは一切知らない。株価など意味もわからないと思う。だが、その日の大根の値段、生きのいい鯵の見分け方、使い勝手のいい便所ブラシ……、そんな、人間にとって本来最も大事であるはずの足元の知識は、その辺の主婦など及びもつかぬほど詳しい。三日に一度は買い物に行き、愛する夫にいつも新鮮な物を供する。余計に買って食べ物を腐らせるなどという愚かなことは絶対しない。だから冷蔵庫の中はいつもスッキリしている。バター、マヨネーズ、ケチャップ、胡麻……という保存しなければならない物は自分の気に入った透明な容器に移し替えて保存する。スーパーに並んでいる時の色も形もバラバラの容器をそのまま冷蔵庫に入れるなど、高峰さんの美意識が許さないのだ。従って冷蔵庫の中も、外と同じに白い。その冷蔵庫をハワイに行く度にいつも完全に空にしていく。新品に戻すのだ。

そして、家計簿をつけている。ただし、「今月は赤字だから、来月はひきしめよう」などというためにつけているのではない。ただつけているだけだ。でも無駄遣いはしないので、きっと赤字ではないと思う。そして、大女優なので一人で電車に乗れない。乗るのがイヤなのではない、乗り方がわからないのだ。一度でいいから、彼女を新宿か渋谷の雑踏に放して、置き去りにしてみたい。

決してタクシーを使ってはならない。「あ、高峰秀子さんじゃありませんか。お送りしましょう」などと誘う金持ちのナンパじじいの外車にも乗ってはならない。必ず自力で、電車とバスだけで麻布永坂の自宅まで帰ってこいと命じたら、恐らくその日のうちには帰り着かないと思う。「そんなことくらいできますよ！」と、ちょっと顎をしゃくって煙草を吹かす彼女の顔が目に浮かぶが、オッズ百倍で賭けてもいい。

松山氏は明言する、「秀さんは変人だ」。それが魅力だ。毒は多量に摂取すれば生命にかかわるが、少量ならこの上もない媚薬となる。高峰さんを毒薬たらしめなかったのは、他ならぬ松山氏だ。その希有な〝善意〟で、彼女の毒を中和したのだと思う。彼女も直観でそれを悟ったからこそ、彼を求めたに違いない。「そこそこ」でない「一流の」善意や純粋さを松山氏の中に見て取り、ある意味で〝すれた〟自分、すれざるを得なかった自分をきっとまっとうな世界に連れて行ってくれると確信したことだろう。だから彼女は、唯一松山氏だけに常にやさしい。松山氏だけに本来の資質を存分に見せて平気である。

だから、高峰さんは男でなくてよかったのだ。歪な弱さを持つ〝女〟だからこそ、願ってやまなかった〝普通の〟幸せを得られたのではないか。その弱ささえもなかったら、彼女はサイボーグだ。いくら、故・大宅壮一氏が「女が二十五パーセント、男が二十五パーセント、あとの五十パーセントはミネラルウォーター」と高峰さんのことを評したとしても、生物学的に高峰さんが女であることは厳然たる事実だから、そこにかろうじて彼女の弱さが成立したのだ。高峰さんが男だったら、誰に守ってもらう必要もない、面白味のかけらもない強い男になっていただろう。そしてそうするために、今度は自分でなく他人をも許せないほど取りつく島のない偉人になっていたと思う。「一番幸せだと思う時はどんな時？」という私の問いに、即座に「松山がどっかから帰ってきた時」と答える高峰さんが、私は愛しい。いまだに独身の高峰秀子など、想像するだに胸ふたぐ思いがする。自分の中の矛盾や弱さに戸惑った時、彼女が自分自身から身を隠せるのは、松山氏の背中の後ろ、そこだけではないだろうか。

世界で一番小さい鳥、ハチドリは、あまりに速く羽を動かすので、一見静止しているように見える。高峰秀子の静謐は、猛スピードで回転する万華鏡の面《おもて》かもしれない。

高峰さんが言ったことがある。

「人は羽織と同じで、裏と表があります。裏は決して他人に見せるものじゃありません。脱がなければ見えません。私は羽織の裏に贅を尽くし、大切にしたいと思ってます」

高峰さんの〝裏〟を本当に知っている人間は松山善三氏ただ一人だ。だが、もう一匹、餌をもらった野良猫が、「美味しいか？」と微笑みかけられて振り仰ぐ時、高峰さんの笑顔の奥に見るもの、それも極めて上質の裏地だと、私は確信する。


昔、田舎で母子の猫を飼っていたことがある。すでに母猫より一周りは大きくなったその子猫が、母猫の乳を吸おうとした。すると母猫は途端に龍の目となり、耳を後ろに反らしたかと思うと、前足でパンッと子猫の面《つら》を叩いた。子猫は大きな図体を縮めて、それきり二度と母猫の乳を求めなくなった。そして子別れを迎えた。

高峰さんは後悔しているだろう、「あの時餌をやったばっかりに……」。それでも、雨の日が続くと、ふと庭先に目をやり、呟く。「アイツ、どうしただろう。車にでも轢かれたんじゃないかしら……」。そして、そっと軒下に餌を置く。

出来の悪い野良の子猫は、叩かれても蹴飛ばされても、いつまでも年老いた母猫の乳房をまさぐり続けると思う。


（さいとう・あけみ／「週刊文春」記者）

別冊太陽『女優 高峰秀子』（平凡社 一九九九年）

二

この「かあちゃんの卵焼き」で、私は初めて〝自分の文章〟を書いた。

もちろんそれまでも週刊誌の記者として文章は書いていたが、それらはあくまでインタビュー記事であり、常にあらかじめ誰かが喋った内容が存在した。そして各ページの定型があり、記事に盛り込むべき決まり事もあった。だが「別冊太陽」から依頼されたこの仕事には、何の制約もなかった。それは私にとって初めての〝航海〟であり、まるで「海図は与えない。自分で好きな所へ漕ぎ出せ」と言われているようなものだった。

ところが自分でも意外なことに、私は戸惑わなかった。ただ行きたい方向へ、思うように漕ぎ出して船を進めた。

結果の良し悪しは別として、私が迷うことなくそうできたのは、とりもなおさず、目指す灯台があったからだ。「高峰秀子」という煌々と輝く光が。

人が人を触発するというのは、凄いことだと思う。「あの映画で私の進路は決まった」「この本で私の人生は変わった」という言葉をよく耳にするが、それらは、人間が創り上げた〝作品〟だ。最高のものを目指して、撮り直し書き直し、全身全霊を傾けて創り出す、いわば理想である。だが生身の人間には撮り直しも書き直しもきかない。人生は一度きりだ。その人生でできることは一つだけ。よくよく心して生きる。それだけなのである。

以前、私が心のバランスを失っていた時、高峰さんが手紙をくれたことがある。その中にこんな一文があった。

「今日という日は二度と戻ってきません。一度きりです。そう思って、毎日私は生きてきました」

高峰秀子という人は、そういう人である。

その五十年の女優人生で、ただの一度もＮＧを出さなかったように、日々を十全に生きる人。

触発してくれる人に、人は生涯で何人出逢えるだろう。

もっとも、私がそんなことを考え始めたのは最近のことで、この「別冊太陽」の原稿を書く段階では思いも及ばず、ただ、夢中で書いた。編集部の夏休みに自宅にこもり、山のように作ったおにぎりを片端から頬張りながら、四日間で。

私には四日しかなかった。書き上げた原稿を夏休み中に、夫妻が滞在しているハワイの家へ持って行こうと思っていたからだ。何より、書かれる本人である高峰さんと松山氏に読んでもらって、「こんなことを書いたけれど、構いませんか？」と承諾を得なければならない。承諾を得られない物を公にするわけにはいかない。直す時間も予定に入れておかなければならない。時によればすべてご破算になるかもしれない。

平成十年八月半ば、私はハワイへ飛んだ。それまでも夫妻に会うために何度か訪れたホノルルの町だったが、今回だけは緊張していた。トランクの中には大事な原稿が入っていたからだ。

「まぁ、来たの⁉」

前触れもなく訪問した私に、高峰さんは玄関で目を丸くした。

「おぉ、来たか、来たか」

松山氏は明るい笑顔で迎えてくれた。

「原稿を持ってきました。読んでください」

私は玄関先でペコリとお辞儀した。

「いつになく殊勝だな」

松山氏が笑った。

「今、冷たい麦茶を入れてあげるから」

高峰さんが居間へ招き入れてくれた。

私は夫妻が同時に読めるように二部用意した原稿のコピーを置いて、ホテルに帰っ

た。

夜の十時を少し過ぎた時だった。忘れもしない、私はバスルームのトイレに座っていた。

その時、側の電話が鳴ったのだ。

松山夫妻の他にハワイに知り合いはいない。しかしこんな時間まで起きているはずはないのだが……。

「読んだよ」

やはり松山氏だった。

私は受話器を持ったまま、トイレから立ち上がるのも忘れていた。

「今まで多くの映画評論家が高峰のことを書いたけれど、これほどのものは誰も書かなかった。出色だよ」

私は耳を疑った。

「高峰は食卓で、僕は書斎で、それぞれ同時に読んだ。しばらくすると、高峰が僕の部屋の前を通りかかって、ひと言、言ったよ。『あいつ、書きゃあがるな』って」

涙が出た。

夫妻は、私が生意気に二人のことを分析し勝手な思いを書き綴った雑文を受け入れてくれた。そして私が届けた後すぐに読み始めてくれたのだ、こんな深夜まで。

翌朝、再び私は松山家へ行った。

「タイトルは決めてるの？」

高峰さんが聞いた。

「ううん。いろいろ考えたんだけど……」

自分でも今一つ納得のいかないタイトルを二、三挙げてみた。

その時、高峰さんが言ったのだ。

「『かあちゃんの卵焼き』っていうのはどう？」

高峰さんはあだ名を付けるのも上手いが、本のタイトルやキャッチコピーも抜群に上手い。

満場一致で、と言っても三人だが、すぐにそのタイトルに決まった。

「でも枚数がオーバーしてるの。三十枚って言われたのに五十枚もあって……」

ずっと気にかかっていた事を告げると、今度は松山氏が即答した。

「秀さん、編集長に手紙を書いてやりなさい。このまま載せてやってくれって」

「そうね。これを切ったらバランバランになっちゃう」

帰国後、拙稿を読んだ「別冊太陽」の編集長が言った、「高峰さんからお手紙をいただきましたが、これならお手紙をいただかなくてもＯＫです。大変面白い。このまま載せましょう」。

高峰さんに守られ、松山氏に援護射撃してもらい、私の〝初めての文章〟は無事、誌面に掲載された。

この文章を書いたことによって、私は大きな宝物を授かった。

実はその半年ほど前から、私は松山氏に戯曲の指導をしてもらっていた。戯曲を読んだことはあっても、自分で書くことなど考えもしなかった。だが、松山氏が書き上げた脚本を読ませてもらう度に勝手な感想を書いてファクシミリで送っているうち、ある日、氏から一枚のファクシミリが届いたのだ。

「君の文章には色があります。香があります。何より才能の煌めきがあります。一幕劇を書いてごらん。そして書き上げたら僕に持ってきなさい」

自分の将来にこれと言った目標も持たず、かと言って毎日に不満もなく、私はただ与えられた仕事だけを記者として続けていた。だから正直、戸惑った。

一幕劇？　何だ、それ？　どうやって書くんだ？

だが物を知らないというのは恐ろしいことである。

私は書いた。女優とお手伝いさんの二人だけの物語を五十枚。それも一晩で。

そして恥を忍んで正直に言えば、書き上げた時、私は自分を天才だと思った。誰にも教わっていないのに、一晩で書けるなんて凄い、と。

バカである。だが、この時は天才だと思っている。だから、興奮冷めやらぬまま、徹夜明けで松山氏に電話した。

「出来ました。私の目の前で講評してください」

本当にバカである。

「ほぉ。自信があるんだな。じゃ、うちの郵便受けに入れておきなさい。読んでおくから、会社の帰りに寄るといい」

松山氏は、穏やかに言った。

夕方、私は意気揚々と松山家に行った。

まず、楽しく夕食のご相伴にあずかった。だが楽しいのはここまでだったことを、私はまだ知らない。

「羊羹と中国茶を用意しておいたから、それでも食べながら、とうちゃんの話を聞きなさい」

高峰さんは台所で後片付けを始めた。

私はニコニコ顔で応接セットに座った。

向かいの松山氏は、私が書いた戯曲の束を手にしている。その束にはたくさん付箋が付いていた。

氏はパラパラと原稿をめくりながら、こともなげに言ったのだ。

「題名からして良くない」

えッ!?　いきなり何だよ。「女優と女中」、結構いいと思うけどなぁ……。ま、いいや、題名なんかどうってことない。

私はまだ強気だ。だって自分を天才だと思っているのだから。

「これは何だ？」

「え？　舞台のセットですけど……」

私は、上手《かみて》と下手《しもて》の役者の出入りがわかりやすいようにと、家具の配置まで書き入れ、舞台の俯瞰図を描いた紙を添えておいたのだ。

「こんな物を脚本家が描いたら、美術監督は二度と君と仕事をしてくれないよ」

そうなの？　だってわかりやすくていいじゃん。

本当に私は思いあがった人間だ。だが、もちろん、この時はそう思っていない。

「それから、この二人の登場人物。名前と年齢しか表紙に書いてないけど、女優のほうは何県で生まれたんだ？」

何県？　そんなの知るわけないでしょ。何言ってるの、とうちゃんは。

「終戦の時はどこで何をしていた？」

はぁ？

松山氏はニコリともせず、いつもと違って、ちょっと怖かった。だから私は、何でもいいから県名を言おうと思った。

「今、考えてるだろ?」

図星を差された。

「今考えてるようじゃ、ダメなんだ。ちょっと待ってなさい」

言うと、氏は書斎に上がっていった。

私は不安になってきた。ふと見ると、台所のほうは暗くなっている。高峰さんは寝室に行ってしまったようだ。

松山氏が戻ってきた。手に一冊の大学ノートを持っている。

「これは人に見せる物じゃないんだけど、君の参考に……」

目の前に開かれたそのノートを見て、私は絶句した。

そこには、どのドラマのためのものか、三人の登場人物のプロフィールが年表になって、縦書きに整然と記されていた。生年月日、生まれた場所、家族構成に始まり、何年に小学校に入り中学を卒業し、世の中で大きな出来事が起きた時、三人はどこで何をしていたか、いつ結婚したか、働き始めたか……。もちろん開戦と終戦の時、三人がどこで何をしていたかも一目瞭然だった。

私は黙ってそのノートを見つめていた。

「もちろんここに書いていている内容は脚本には出てこないよ。自分のための覚書だ。つまりね、登場人物の人生が自分の頭の中で完全に出来上がっていなきゃいけないんだ。こういう人生を送ってきたから、こんな台詞を吐くというようにね」

私は何も言えなかった。

「それとね、ト書きが多すぎる。表情や細かい仕草までト書きで説明しなきゃいけないようじゃ、ダメだ。その時どんな表情をしてどんな仕草をするか、それは演出家が考えることだよ。ちゃんとした台詞を書いていれば、自然と演出家の頭にそういうことが浮かぶものだ」

静かに語る松山氏を、私はただ呆けたように見つめていた。

「それから一番肝心なこと。台詞が良くない。台詞っていうのは〝引っくり返す〟ものなんだ。会話している互いの気持ちを引っくり返し、引っくり返し、そうやって闘っていく。鸚鵡返しの台詞なんか最低なんだ」

他にも懇切丁寧に講評を、いや、ダメ出しをしてくれた。

私は聞いているうちに、これは今でもハッキリ映像として覚えているのだが、突然、目の前で喋っている松山氏の姿が、ギューンと音でも立てるように、遠ざかっていったのだ。信じられないような話だが、事実だ。「映画でこういうカメラワークを観たことがあるなぁ……」、その時ボンヤリとそう思ったのも覚えている。

そして原稿に目を落としながら松山氏が、右手でそのふさふさした白髪を掻き揚げた時、思った。

「あぁ、この人は松山善三さんなんだ」

当たり前のことだ。だが、日頃「とうちゃん、とうちゃん」と言って甘えていた私には、頭でもぶん殴られたような、衝撃だった。

ダメ出しは続いた。

気が付くと、部屋の向こうから高峰さんが私に口パクで合図を送っている。その唇は言っていた、「私はもう寝るよ」。

「ただ一つだけ、褒めてやることがある」

松山氏が初めて微笑んだ。

だが既に私は石のようになっていた。

「それはね、『終わり』と書けたことだ」

「……？」

私が怪訝な顔をしていると、氏が笑顔で言った。

「終わりまで書けたことだよ」

「だって、それは当たり前のことでしょ。終わりまで書かなきゃ、講評もしてもらえないし……」

私はつぶやくように言った。

「いや、これは大事なことだよ。普通は終わりまで書けないんだ。つまり収拾がつかなくなるんだ。君は初めて書いたにもかかわらず、ちゃんと自分で始末をつけた。エンディングまで書けたんだ。それは褒めてあげよう」

そんなこと褒められても……。物知らずの私は、それを嬉しいと感じなかった。

「それから」

と言って、氏はニンマリ笑った。

「君は僕に、自分の目の前で講評してくれと言ったね」

ゲッ。今そんなこと言わなくても……。私は穴にでも入りたかった。

「そういう、人を人とも思わない根性は物書きとして大いにいいことだ」

松山氏は愉快そうに笑っている。

「君は今までの僕の話を聞いて、すぐにでも書き直したいと思っているだろう」

また図星を差された。

「でも三年は読み直すな。このまましまっておきなさい。これは、君がこれから山のように書く脚本の第一作目だ。すぐに次の物を書き出すんだ。そして三年経ったら、行李の底からこの原稿を取り出して、読み直してごらん」

松山氏は、自身がプロとして長い歳月をかけて学び蓄積した貴重な財産を、ど素人の私に、惜しげもなく分け与えてくれたのだ。

だがこの時の私には、まだそれがわかっていない。

私はただ、脱力していた。

「さ、かあちゃんが用意してくれた羊羹を食べて、お茶を飲みなさい」

湯呑みの蓋を開けると、中国茶はもう冷え切っていた。私は砂でも嚙むように羊羹を食べ、お茶を流し込んだ。どちらも味がしなかった。

「次を書き出せよ」

柔らかな門灯の下で、見送ってくれた氏の笑顔はもっと柔らかだった。

既に十時を回っていた。氏は私のために三時間近くも話をしてくれたのだ。

私は深々と頭を下げると、坂道を下りていった。

来るときは軽々と背負っていたリュックが、その帰り道には、煉瓦でも詰めているのではないかと思うほど、重かった。そして歩いて五分の自宅までの道のりが、歩いても歩いても、遠かった。

今思えば、それは、松山善三というプロの物書きへの、私が初めて肌で感じた遠さだったのかもしれない。

翌朝、高峰さんに電話して、昨夜遅くまでお邪魔したことを詫びると、高峰さんは開口一番言った、

「可哀相にねぇ」

そして次に、

「とうちゃんが言ってたよぉ、『一言でも褒めてやれる台詞があればあのコの励みになると思って探したけど、一つもなかった』って」

えーッ……。

「そ、そんなこと言ってたの？」

「あら、とうちゃんから聞いてない？」

高峰さんはケロケロと言った。

「聞いてないよ、そんなこと」

頭がグラグラしてきた。

そして私が昨夜松山氏に言われた内容を告げると、高峰さんが呆れたように言った、

「そんなことも考えてなかったのッ？　私だって役を演る時は、脚本に『看護婦』としか書いてなくても、お給料は幾らぐらいで、どんな部屋に住んでて、部屋の中にはどんな色のカーテンをかけていて、食べ物は何が好きで……そんなことくらい考えてから演りますよ。当たり前のことですッ」

「はい」

高峰さんが厳粛な声で言った、

「とうちゃんはね、普段、絶対に人の脚本を読んで講評したりしません。いろんな人

が読んでくださいって送ってくるけど、全部封筒を開かないで、そのまま送り返してます。開くと、読んで返事を書かなきゃいけなくなるからね。あんたのだけ読んでくれたんですよ」

「はい。有難いと思っています」

と、高峰さんが強い調子で言ったのだ。

「どんどん書いてきなさいッ。とうちゃんが『もう書いてくるな』って音を上げるまで書いてきなさい」

私は自分がどれほど果報者で罰当たりな人間か、ようやくわかりかけていた。

四作目で、氏はやっと言ってくれた、

「六十五点付けてやろう。合格だ」

「別冊太陽」の原稿を書いたのは、そうやって、どうにか合格点を貰った、その直後だった。

だが「かあちゃんの卵焼き」を読んだ松山氏が、帰国後、私に言ったのだ。

「もう戯曲は持ってくるな」

「え!? 私は見捨てられたんですか?」

思わずそう言うと、

「いや。君は描写力が素晴らしい。その筆力は小説に向いている。もう戯曲は書くな。

すぐに小説を書いて持ってきなさい」

それが、北陸中日新聞の賞を頂いた、私の初めての、そして今のところ最後の小説である。

毎日をただ漫然と暮らしていた私は、四十歳を過ぎて、やっと自分の仕事を見つけた。いや、授けてもらった。〝書く〟という仕事を。

チャンスを与えてくれたのは日本映画史に残る大女優・高峰秀子であり、教え導いてくれたのは、千本に近い作品を書いた、脚本家・松山善三である。

だが、いまだに私は、自分がどれほど恵まれているか、その本当の意味をわかっていないのかもしれない。

知ることと認識と

こうして高峰さんと共にさせてもらった仕事の一つ一つを振り返っていると、仕事をした当時には感じなかったことを、感じることがある。

今回再録した記事は、十二年前に出された写真集、『別冊太陽「女優 高峰秀子」』に掲載されたもので、その中で私は、高峰さんと「書く」こととの関わりについて聞いている。高峰さんは「随筆を書く」どころか「読み書き」さえできない人になっていてもおかしくはない境遇にいた人だと知っていたので、その人がいかにして名文家になったのか、その経緯を一度まとめておきたいと思ったのだ。

つまり私はこのインタビューをする前に高峰さんが答えてくれた内容の殆どを知っていた。だからインタビューをした時、特に驚いたりはしなかった。それでも、高峰さんから教育の機会を奪った彼女の養母に改めて腹が立ち、独学で読み書きを学んだ高峰さんの努力に、今更ながら尊敬の念を覚えたものだ。

だが、十二年ぶりにこの記事を読んで感じたことは、そういう思いとは少し違う。もっと胸に刺さるような痛ましい思いだった。

なぜ今になって、私はそんな風に感じたのだろうと、自分でも不思議だった。

この記事を書いた頃の私は、高峰さんに始終取材をしていたので、彼女が答えた事実の数々が私の中でもはや〝高峰秀子における常識〟のようになっていたからだろうか。

たとえば、今の「大人」と呼ばれる日本人の殆どは、かつて日本がアメリカと戦争をして負けたことは知っている。だが、だからと言って、アメリカに遊びに行った日本人が、「ああ、この国とかつて自分の国は戦争したのだなぁ」と、深い感慨のうちにブロードウェイの真ん中で立ち尽くすことがあるだろうか。ホノルルでブランド品を買い漁っている時に、「あそこの湾に日本が奇襲攻撃をかけたことが開戦の発端だったんだ」と、思わず買い物の手を止める人が何人いるだろう。

別にアメリカに行く度にいちいち戦争のことを思い出せと言うのではない。

ただ、〝ふと立ち止まって考えてみると凄いことなんだな〟、ということが言いたいのだ。もし現在が平和であるとすれば、それは何の犠牲も払わずに得た平和ではないということの認識。その上で感じる平和は、以前とは少し違って見えてくるのではないか、というような……。

知ってはいても、認識はしていないということがいくらでもあるものだ。

私は高峰さんの生い立ちや過去の出来事について知っていることで、高峰秀子という人を完全に認識したような気になっていたのではないか。

そんなことを考えているうちに、私はあることを思いついて、試してみた。

まず、この記事の中から三つの事実を挙げてみる。
①高峰秀子は小学校に通算して一カ月も通っていない。
②高峰秀子が初めて書店というものに足を踏み入れたのは十一歳の時だった。
③高峰秀子は三十歳で結婚した時、辞書の引き方を知らなかった。
次に、①から③の文章の頭にある「高峰秀子は」という主語を削除してみる。
①小学校に通算して一カ月も通っていない。
②初めて書店というものに足を踏み入れたのは十一歳の時だった。
③三十歳で結婚した時、辞書の引き方を知らなかった。
そして私は自分に質問してみた。

この三つの事実から私はどのような人物を思い描くか？

少なくとも〝高峰秀子のような〟人物を導き出すことは、まずない、と思った。

そして少しわかりかけてきた。

「高峰秀子は」という主語があるのとないのとで、私が三つの事実から受けるインパクトがこれほど違うということは、「高峰秀子」が体験や事実の主体になることで、その体験や事実すべてにエクスキューズが付くのだ。特別視されると同時に、その特別な中での〝常識〟になってしまう。

つまり、高峰秀子ならそんな不幸な幼少期もあり得る。高峰秀子なら人と違う体験をしていてもおかしくはない。高峰秀子なら……。そして高峰秀子だから、そんな悲惨な環境をものともせず、小さい時から自分で読み書きを覚えて名文家にまでなったのだ。高峰秀子だからできた。高峰秀子だから……。

私は、高峰秀子という人を知りすぎたあまり、近くにいすぎるあまり、そして尊敬するあまり、いつのまにか、高峰秀子がスーパーマンででもあるかのように思い込んでしまっていたのではないか。だから三つの事実が示す本当の辛さを認識していなかったのではないか。

高峰秀子が生身の、普通の人間であるという当たり前の認識が私にあれば、この記事を書いた時から、今のような強い衝撃を受けていたはずである。

ここまで考えたところで、私は用があって松山家に行った。

高峰さんはいつものようにガウン姿で、大きな枕を背もたれにして、ベッドの上で脚を投げ出して本を読んでいた。今の季節はまだ寒くないから布団にはもぐらない。側のオットマンには本が山積みだ。新しい本を読み尽くすと、書庫に行って、できるだけ以前に読んだ本を選び、再びそれを読んでいる。朝昼晩の食事の支度と後片付けをする時以外は、殆どベッドで本を読んでいる。

「かあちゃんは本が好きだね」、これまでも何度か言った言葉を、この時も私は高峰さんに向かって言った。

「うん」

高峰さんは本から目を離さず、応えた。

その表情には何の変化もなく、常と同じ平安な面持ちをしていた。

私は寝室を出て、松山氏がいる居間に向かった。

その時、急に思ったのだ。

あぁ、そうかもしれない。だから今回、私は十二年ぶりにこの記事を読んで衝撃を受けたのだ。これが大きな原因の一つかもしれない。

決して忘れていたわけではないのだが、今の高峰さんがあまりにも以前と変わらないので、いや、やはり忘れていたということになるのか……。


実は、二〇〇九年の三月半ばに、高峰さんは、骨折した。

普段の高峰さんなら用心深いから、躓《つまず》くことさえない。しかしこの時は貧血を起こして倒れた。貧血はそれまでも何度かあったが、状況が幸いして大事には至らなかった。少し横になっていれば治った。だがこの時は夕食時で、高峰さんは台所のカウンターの前に立って、松山氏のためにお酒の燗をつけていた。そして突然、貧血を起こして、倒れたそうだ。

「そうだ」というのは、その場に私はいなかった。

その夜八時近く、松山氏から電話がかかってきたのだ、

「かあちゃんが台所で動かない」

「動かない？」

私は驚いて事情を聞いた。

聞いたが、よくわからない。

大急ぎで松山家に行った。歩いても五分ほどだが、歩いてなどいられない。タクシーを飛ばした。

玄関を開けて、階段を駆け上がり、台所に入った。

高峰さんが仰向けに寝ていた。まるでカエルの死骸かなんぞのように。

正直、この世の終わりかと思った。

だが高峰さんはそんな私の気持ちなど知らず、ごく普段の調子で言ったのだ、ただし仰向けのまま。

「大丈夫だよ。あっちへ行って、とうちゃんと話してなさい」

「話してって……一体どうしたの？　動けないの？　どこか痛いの？」

私はできるだけ平静を装って聞いた。

「大丈夫だってば。あっちに行って、煙草でも吸ってなさい」

私が何を言っても、高峰さんは「あっちへ行ってなさい」の一点張りなのだ。

こういう時は何を言ってもダメなのを知っているので、私はひとまずダイニングに行った。

そして松山氏から倒れた時の状況を聞いた。

それからもう一度台所に戻った、松山氏と一緒に。

「ここはどう？　痛い？」

私は高峰さんの身体のあちこちを、できるだけそっと触った。

「痛い、痛い！」

日頃は「痛い」どころか「痒い」も何も、身体の変調など口にしたこともない高峰さんが、叫ぶように言ったのだ。

大変だ。きっとどこかが折れている。私は思った。

「あっちへ行ってて、二人とも」

また高峰さんが言った。

「私達があっちへ行って何かが解決するの？　とにかく救急車を呼ぶから」

私が言うと、高峰さんが断固として言った、

「救急車なんか呼ばないで。ここでしばらく横になってれば治るから」

私は呆れた。

「何言ってるの！　それほど痛いってことはどこか骨にヒビが入ってるよ。寝てて治るわけないでしょう」

「折れた」と言うと本人がショックを受けると思って、「ヒビ」にした。

頑固だとは知っていたが、この時ほど高峰秀子が頑固であることを思い知らされたことはない。

頑として救急車を拒否するのだ。

松山氏は、放心したように妻を見ている。ひどく心配しているのがわかる。

「明美さんの言う通りだよ。救急車を呼ぼう」

だが聞かないのだ、妻は。

相変わらず「あっちへ行って二人で話していなさい」。一体、この状況でとうちゃんと何を話せというのか。

「明美さん」

氏が私を食卓のほうへ呼んだ。

「ほんとにうちのかあちゃんの頑固には呆れるよ。困り果てる」

氏も様々なことを妻に言ったが、埒《らち》が明かないから私に電話してきたのだ。

「もう少ししたら私が救急車を呼ぶから」

私は氏に言った。

そして再びカエルの死骸のようになっている高峰さんの側に行った。松山氏がソファのクッションを持ってきて高峰さんの頭の下に挟み込んだ。私は寝室から大きなモヘヤを持ってきて、身体に着せた。

と、高峰さんが言った。

「食卓へ連れてってくれない?」

私はびっくりした。ちょっと動かそうとしただけで叫ぶほど痛がるものを、どうやって食卓まで連れていけと言うのだ。

「食卓の椅子に掛けてみたら、どういう状況か自分でわかると思うから」

妙に冷静に高峰さんは言った。

んー、理屈にかなったようなかなわないような……。

だがどうしても連れていけと言う。

考えた末、私は寝室にある座椅子を持ってきた。その背もたれを全部倒して、マット状態にしておいて、高峰さんの身体の横につけた。

「じゃ、今からこの上に移動させるよ」

そう言っておいて、私は松山氏と一緒に慎重に高峰さんの身体をマットの上にずらして乗せた。もちろん高峰さんは「痛い、痛い」を連発した。

今思えば、この時、高峰さんの左脚はブラブラな状態だったのだ。考えただけで恐ろしい。しかしこの時の私達は知らない。そして松山家において、高峰秀子の意向は絶対である。

氏と私は、高峰さんの身体を座椅子ごとズリズリと、食卓の横までひきずっていった。

「僕はこの身体を抱えて椅子に座らせることはできないよ、重くて」

その時、高峰さんはキャラメルの食べすぎで、今よりちょっと太っていた。

火事場のバカ力としか思えないが、私は高峰さんの両脇に腕を入れておいて、渾身の力で椅子に座らせたのだ。

「ふー」

高峰さんは大きく息を吐いた。

と、今度は、こともあろうに、この状況で煙草に火を付けて、パーッといかにも美味しそうに吸った。そして言ったものだ、

「やっぱりダメみたい、脚が」

そして次に高峰さんが言ったことは、

「ベッドに寝かせてくれない？」

もう私は呆れたのを通り越して、笑ってしまった。そして笑いながら言った、

「かあちゃん！　ここまで運んでくるのだって大変だったのに、寝室のベッドまで運

べるわけがないでしょッ。第一、ベッドで横になってどうするの？」

「寝て、朝になったら治ってるかもしれない」

こりゃ、ダメだ。この人と話していても解決しない。

「かあちゃん、どうしてそんな原始人みたいなこと言うの！　これほど痛くて自分で動くこともできないのに、朝まで寝て治るわけがないでしょう。ベッドなんかに連れていきませんよッ」

私は思わず、叱りつけた。

高峰さんは悪戯が見つかった子供のような顔をして、何とか自分で椅子から立ち上がろうとしたが、もちろんできなかった。

「ホラ、無理でしょう？　ここで私達がいくらあそこが悪いのかもしれない、ここがどうかしたんじゃないかなんて朝まで言ってみたって、何の解決にもならないよ。医者じゃないんだから。さ、救急車を呼ぶよ」

「いや、救急車はやめて！」

あくまで高峰さんは抵抗した。

「秀さん、明美さんの言うことを聞きなさい！」

松山氏はもう疲れ果てていた。氏だって八十四歳の老人だ。

私は電話の受話器を取った。

「やめて！　絶対に救急車には乗らない」

それは悲痛な叫びだった。

私は受話器を置いた。そして静かに高峰さんに言った、

「かあちゃん。かあちゃんの判断は常に正しい。これまでずっとそうだった。でも今度だけはかあちゃんは間違ってる。ただ病院が怖いだけでしょ？　心配しなくても大丈夫だから。それとも一生この椅子に座ってるつもり？　トイレにだって行けないよ」

高峰さんは黙っている。

私は高峰さんが可哀想になった。八十五歳のこの時まで、病院というものに行ったのは、たぶん二回だけだ。それほど自分の健康を自分で管理してきた。五十年の映画生活は無遅刻無欠勤だ。人の手を煩わせたり迷惑をかけたことなど、ただの一度もない。それが、予期せぬ貧血のためにこのような状態に陥り、こんな夜更けに、しかも救急車などという穏便でない乗り物に乗せられて病院に行くなんて。彼女には到底、受け入れ難いことだろう。

だが可哀想だが、救急車に乗せていくしかない。動けないのだから。

もう高峰さんが何を言っても、私は救急車を呼ぶ決意をした。

受話器を取って一一九を押した。

「善三さん、お願いだから救急車を呼ばないで」

高峰さんが泣くように訴えた。

私は自分がひどく酷いことをしているような気持ちに陥りながら、それを振り払うように、電話の相手に患者の状態と松山家の住所を告げた。

時計を見ると、十一時を過ぎていた。

私がこの家に駆けつけてから、既に三時間以上が経っていた。それだけの時間、高峰さんは抵抗したのだ、救急車を呼ばせまいと。

だが近くまで来ているが家の場所がわからないと救急隊員から電話が入った時、もう覚悟したのか、高峰さんは打って変わってケロリと私に言った、

「門に電気がついてて、表札が出てるって言って」

そしてサイレンが聞こえてくると、

「あの軽いコートを持っていく。キルティングの」

そして某病院の救急窓口に着いた。

レントゲン検査の結果、左大腿骨の付け根より少し下の部分が完全に折れていた。

だがその夜、極めて優秀な整形外科医が当直していてくれたことは、やはり高峰秀子が持つ強運だったと、私には思えてならない。

医師はレントゲン写真を見せながら言った、

「不幸中の幸いというか、折り所が良かったです。これなら三十分の手術で簡単に繋

がります。チタン合金を入れます」

その言葉通り、翌々日の手術は三十分で見事に成功した。

二カ月半に及ぶ高峰秀子の入院生活はいつかの機会に譲るとして、結論を言えば、高峰さんはリハビリを終えて五月末に無事退院した。現在は杖も必要なくなり、以前通りに歩き、三度の食事の支度も後片付けも、やはり以前の通りきちんと自分でしている。

今考えると、あれは夢ではなかったかと思うほど、高峰秀子の日常は正常を取り戻した。

有難いことである。

ただし、高峰さんが左脚を骨折した同じ夜、私が骨折した右足はまだ時々痛む。

そう、私も骨折してしまったのである。高峰さんを個室に入院させ、ひとまず帰宅しようと松山氏と病院の車寄せに待機しているタクシーに乗ろうとして広場を横切った時。「とうちゃん、ここに段差があるから足元に気をつけてね」と言った途端、言った私の右足が「グチ」と不気味な音を立てたのだ。全治三カ月。俗に言う「下駄骨折」だそうだ。

私のかつての上司S氏に私が骨折した顚末を話したら、「そこが斎藤君の斎藤君たる所以《ゆえん》だよ、ハッハハッハ」。何が所以なのかちっともわからないが、とにかく私は間抜けにも、これから毎日高峰さんの病室に通って家では松山氏の食事を作らなければならないという、その夜に、高峰さんが骨折した同じ夜に、極めて不自由な身体になってしまったのである。やはりこれが私たる所以か……。

翌日、両松葉杖で高峰さんの病室に行くと、「あら？　昨夜は松葉杖、ついてらっしゃいましたっけ？」と、看護婦さんが怪訝な、というより、何か珍しいものでも見るような顔で聞いた。

「あんた、どうしたの？」と目を丸くしている高峰さんに、私は思わず言った、「あんまりかあちゃんのことが好きだから、私は反対側の足を骨折しちゃったんだよ」

「何言ってるの」

高峰さんの笑顔は、いつものそれに戻っていた。いとも静かで美しい笑顔に。

この一件で、私はようやく高峰秀子が生身の当たり前の人間であることに気づいたのかもしれない。

そして高峰秀子を、「高峰秀子」としてだけではなく、八十五歳の労《いたわ》るべき老母として、認識したのかもしれない。だからこの記事の内容を、それまで感じなかったほど痛ましく感じたのかもしれないと、今になって思っている。

高峰秀子だから小学校にさえ通えなくても独学で字を覚えて人を感動させせるほどの

随筆が書けるようになった、のではない。小学校にさえ通えなくても独学で字を覚えて人を感動させるほどの随筆が書けるようになった、それが高峰秀子という人なのだ。

台所でサラダ菜を洗っている高峰さんの小さな後ろ姿に、私は申し訳ないような、何か詫びたいような気持ちがした。

インタビュー

高峰秀子における「書く」ということ

昭和二十八年の『巴里ひとりある記』に始まり、近著『にんげんのおへそ』まで、高峰さんの著作は二十四冊に及ぶ。

「本当に本人が書いたのですか?」と、出版社に問い合わせた人もいると聞く。これらの人々の心の内には、「女優の高峰秀子が、これほどの名文を、これだけの量、本当に自分で書いたのか?」という思いがあるのだろう。

では、いかにして高峰さんが二十四作の著者となったか。まずは、高峰さんと活字との関わりから掘り起こす。

五歳で映画界に入れられたから、脚本というものが、私の初めて触れた活字ですよね。その頃は誰かが読んで口移しに教えてくれたんだろうと思いますよ、助監督さんとか。そしてすぐに「ベビースター」なんてものになったから、忙しくて小学校なんか延べ一ヵ月も行ってません。だから、字、読めませんでした。私の養母は自分の名前を書くのがやっとという人だったから、私が人並みに読み書きができるようになったのは、小学校の担任だった指田《さしだ》先生のお陰なんです。

私が地方ロケに発つ度に必ず駅まで来てくれて、汽車の窓から「ハイッ」って本を渡してくれました。『コドモノクニ』とか、子供用の本を数冊。絵本もあって、象の絵の所にキリンって書くはずはないから、「あぁ、この字はゾウと読むのか」って、そういう覚え方をしたんじゃないかしら。

最初に書いた字は、たぶんサイン。「タカヒネヘデコ」なんて（笑）、片仮名で。そして、当時松竹が出してた『蒲田』という月刊の映画雑誌に、やはり片仮名で「撮影日記」みたいなものを書いたのが、初めての〝文章〟と呼べるものだったと思います。「キョウハ、クリシマスミコセンセイトオシバイヲシマシタ」みたいなの。「書け、書け」って言われたんでしょうね。それが六つくらいの時。

挿絵も描いてました。ロイド（ハロルド・）のおじさんや、何故かお化けの絵が多かった。「うらめしい〜」って女のお化けばっかり。だから陰気な子だったんじゃないの。

十二歳で東宝に移ってからは、『東宝映画』というグラフ雑誌に、これも「撮影日記」のようなもの。この頃にはちゃんと漢字混じりの平仮名で書いてました。それから映画館でくれる薄いプログラム。それにも書けということで宣伝部が下書きを書いてくれるんだけど、通り一遍のことしか書いてこないからつまんなくて。自分で書き直してたら、そのうち下書きもしてくれなくなっちゃった。「生意気なガキだ」と思ったでしょうね。

高峰さんは読書家だ。最低でも月に十冊は読破する。「著者謹呈」もあるが、多くは書店に足を運んで自ら選んでいる。

次は高峰さんの「読む」を辿る。

書店というものに初めて足を踏み入れたのは十一の時です。大森の六畳一間のアパートに養母と二人で住んでたんだけど、少女俳優と言っても、今と違って出演料も安いし、食っていかれないわけですよ。それで母親が、同じアパートにいた早稲田の学生二人の賄いをしてたんです。その一人で「川島の兄ちゃん」という人と、私は毎朝駅まで一緒に行ってたんですね。それまで書店なんてものは私みたいなバカが入るとこじゃないと思ってたんだけど、川島の兄ちゃんが「秀ちゃんも入りなさい」って言うから入ったのが最初ですよ。その人が自分に必要な本を買っている間、私はボンヤリ棚を眺めて、「ははぁ、これ、買えるんだな」と思ってね。だからその兄ちゃんが連れてってくれなければ、私は永久に書店という所に入らなかったかもしれない。

考えてみれば、その時々に、そういう親切な大人にめぐり逢ったということね。指田先生にしても川島の兄ちゃんにしても。

買ったのはもっぱら短編です。岩波文庫の星一つ、二十銭の一番安い。何故短編かと言うと、撮影の仕事というのは、誰かが遅刻したり天気の具合で中断して、ポッと一、二時間空いたりするわけ。だからそういう切れ切れの時間に読むには短いものしかないのね。長編は途切れると前の方忘れちゃう。特に翻訳物なんてな、ロシアの〇〇スキー、××スカヤとか、人の名前さえ覚えられない（笑）。

乱読もいいところだけど、生意気な物を読んでましたよ。夏目漱石の『硝子戸の中』、芥川龍之介『地獄変』『手巾』、志賀直哉の『小僧の神様』『清兵衛と瓢簞』……。中でも少女期に一番ショックを受けたのは、北条民雄という人がハンセン病のことを書いた『いのちの初夜』。そして被差別部落をとりあげた島崎藤村の『破戒』。両方とも十三歳くらいの時に読んだと思います。

——忙しくて学校にも行けなかったデコちゃんとしては、何を基準に作家を選んでいたんでしょう？

書店でパラパラッてやってみて、「面白そうだな」と思うんだろうね、子供心に。それよりないですね。それと、やっぱりどこからか、「漱石」とか「志賀直哉は品格がある」なんてのが耳に入ってきたんじゃない？　でも、私の周りは文学などとは無縁でしたねぇ。私たち俳優が朝一番に行くとこは結髪《けっぱつ》部なんですけど、たいてい女優がくっだらないこと喋ってるの。誰と誰がくっついた、誰々に意地悪された……。うーんざりでした。

ただ、一人だけ。メイク係の小林重雄《しげお》さん。私たち「重ちゃん」って呼んでた。小太りの体にいつもハンチング被って腰のポケットに台本挟んで。私は本当に重ちゃんにはお世話になったの。木下恵介先生の『笛吹川』で十八から八十五歳までを演じた時、それを観たある人が「高峰さん、出てませんでしたよ」って。役の老婆が私だと気づかないほど、重ちゃんの腕が巧みだったということですね。彼は日本一のメイクアップマンだった。

私は人付き合いが悪いから、冠婚葬祭には一切顔を出さないんだけど、重ちゃんのお葬式には行ってるんですよ。お棺に手を置いてワーワー泣いた。何故そんなに泣いたかって言うと、重ちゃんが唯一私の顔に触れた男、何か懐かしいような人だった。仕事に熱中すると、ベロッと嘗めた指先で私の鼻の頭をこすったり、自分の唾をつけた面相筆で眉毛を描いてくれたり……。だから鼻と鼻がくっつきそうな距離にいつも重ちゃんのダルマみたいな顔がある。そうすると、やっぱり一言二言喋るじゃない。

で、本の話になるんだけど、私がある時、「重ちゃんの大事な本って何だ」って聞いたら、「『風姿花伝』、これが一番ええ本や」って言うんで、早速買いました。私が十八くらいの時。以来、うちの本箱にはいつも『風姿花伝』と『徒然草』だけはあるの。

読むのは撮影所の宣伝部。家では読めないんですよ。単行本なんか読んでると、養母がススッと来て電気を消しちゃうわけ。「字が読めない私への当てつけか」って。だから撮影の空き時間に宣伝部に入り浸《びた》って本を読んでましたね。新聞とか活字がたくさんあって、私にとっては宝の山でしたよ。あとは撮影所やロケ先の宿屋の自分の部屋、移動する乗物の中。それが私の読書の場所でした。

——そういう時には、脚本を読んだり、役のことを考えたりはしないんですか？

それはもう済んじゃってます、自分の中で。〝カバー・トゥ・カバー〟って言うんだけども、台本は初めから終わりまで全部暗記してるから、どこから撮られても台詞は出ます。

――そこに他の本を読んだりすると、頭が混ざってしまうってことはないんですか？

それは別のものだから。例えば『二十四の瞳』の大石先生なら大石先生というものは、もういるんだから、向こうに。だからカメラの前に立てば自然に出てくる。そうじゃない自分に返った時、また大石先生読む必要はないから、純粋な楽しみとして本を読んでた。もちろん毛糸も編んだし、絽刺しもしたし……、でも、やっぱり本が一番でしたね。

――今でも時間さえあれば、まるで〝食う〟ように本を読んでらっしゃいますよね？

だから善三さんも、自分が仕事ででかけて私が一人で家にいるのを寂しいだろうって心配して、前は「レストラン行こう」とかって言ってたけど、この頃は諦めちゃって「秀さんは本さえあればいいんだね」って言ってる。その点、安心みたいね。自分がいなくても、私が寂しそうにポツンと庭眺めてたりしないで本読んでるから。

以前、高峰さんにホテルの喫茶室で取材に応えて頂いた時のこと。時刻は午後だった。ひとしきり話が終わると、高峰さんはつくづくと満席の周囲を見回して言ったものだ。「見てご覧なさい。みんな、女の人。何喋ってるのか……、暇なんだねぇ」。そして声を潜めて、「家へ帰って本でも読め」と悪戯っぽくこちらに「ヒヒヒッ」と笑った。

やっぱりコンプレックスだと思うの。たまに学校へ行けば、授業の内容はチンプンカンプン。私と同じ歳の人がみんな知ってることを私は知らない。だから「知らないじゃ済まないぞ。そんなら自分で勉強しなきゃ」っていう気持ちですね。教科書は一人で読んでもわかんないけど普通の本なら読めるから。そういうのが今でもあって、私は暇さえあれば本を読むんだと思うんです。だから「向学心」なんて立派なものじゃない。中には難しくて内容がわからないものもあるけど、いいの。

「家へ帰って本でも読め」。それは決して侮蔑の言葉ではなく、その言葉の中には、そうしたくてもできない歳月を過ごした高峰さんの、むしろ羨望や哀しみが込められていたのではないだろうか。

——好きな作家は？

志賀直哉、内田百閒、司馬遼太郎、井上ひさし、沢木耕太郎。女なら幸田文、白洲正子。こうしてみると、全部潔癖な人ですね。

——ただ一冊だけ本を選ぶとしたら？

厚い辞書。広辞苑だな。

昭和二十年代の半ば、高峰さんは当時銀座にあった文藝春秋のサロンに足しげく通っている。そこは文士や漫画家などの溜まり場だったという。

それがね、いまだにどういうきっかけで行くようになったのか、どうしても思い出せないの。人気女優なんてものだったから資生堂でコロッケ食べたくても人だかりがしちゃう。だからきっと誰かが連れていってくれたんでしょうね。そこなら誰もジロジロ見たり「サインしてくれ」なんて言わない。女優なんか珍しがらない所だという居心地の良さですね。

例えばそこで今日出海さんに逢えば、今さんが白洲次郎さんを紹介してくれる。すると今度は「うちの嫁さんだよ」って白洲正子さんを。そんな風に、撮影所じゃない別の世界の人たちとつながっていったわけです。

ある時そこでチキンライス食べてたら、池島信平さん、当時は文藝春秋の取締役だったかな、池島さんが来てお喋りしたの。私が「信平ちゃん、私、やっぱり……どうしても女優ってヤなんだよ」って言ったら、「デコちゃんが真剣に女優がイヤだったら、辞めちゃいなさい。辞めてうちへおいでよ」って言うの。「だって私はねぇ、小学校も行ってないし……」と言ったら、「文章というのは、大学出たから書けるってもんじゃない。僕が手取り足取り教えるから、本当に真剣に女優辞めたいなら、うちへおいでよ」って親切に言ってくれた。もちろん行きたくても行けやしない。こっちは私の出演料で養母を始め十数人の生活みてるんだから。でも信平ちゃんがそう言ってくれたことが本当に嬉しかった。

「私は映画を作ること自体は嫌いではないが映画界の持つ〝ふんいき〟にはいつまでたってもなじめなく好感がもてなかった。二十歳頃、自分の居る場所を意識して以来というもの、いつも女優でないもう一人の私が体のどこかにひそんでいて、私にいろいろな言葉をささやいた。甘ったれるナ、自分を見失うな、つまらん妥協をするな、そしてこんな世界を飛び出せ、と。（略）私はそんなもう一人の自分の方が好きだった。（略）私は少しずつでも個人の私に女優の私をしたがえてゆけるようになりたいと希い、努力するようになった」

これは、昭和三十三年に刊行された『私のインタヴュー』（中央公論社）の〝はじめに〟の一節である。高峰さんはこの中で原爆乙女、芸者さん、ＯＬなど様々な女性と対峙している。その後二十冊もの著作物を出そうとは、自身、想像だにしなかった、そのまだ三冊目に当たる著書だ。だがこの序文に記した彼女の心境はその後の執筆活動と無関係とは思えないのだが……。

ふーん、そんな生意気なこと書いてた？　確かに、「女優のこの人は私じゃない。私は別にいる。商売上やってる」という思いが、もう十代の頃からハッキリとありましたね。自分はずっと人の書いた台詞を喋ってきたけど、本当はてめえの台詞があるんだよっていうのが小さい時から溜まってたんだね。

それでも女優をやってる限りは女優で勝負しなきゃいけないから、映画を観て頂きましょうと思って物を書かなかったんです、「書け、書け」って言われても。「ハイ、これまでよ」って女優を辞めた途端に、じゃんじゃん自分の台詞を書くようになっちゃったわけ。

だからその意味では、「書く」という行為は「個人の私」かもしれない。でもね、私にとっては「女優」も「書くこと」も両方苦しいです。性に合う合わないで言えば、両方ともダメですね。今度生まれてくるかどうか知らないけども、もし商売やるんなら、人のために陰の仕事、芝居で言えば黒子、踊りなら後見、そういう、目立たない仕事をしたい。人前に晒されたり、評価されるのはイヤです。

高峰さんの右手の人差し指は中指の方に曲がっている。そして中指の第一関節には立派なペンだこができている。結婚以来四十年余り、ご主人の脚本の口述筆記をしているからだ。この事実は高峰さんの「書く」ことにどのような影響を及ぼしているのか。

ヤクザな女優と結婚したもんだから、当時ペェペェの助監督だった松山さんは、気が違ったように仕事に没頭したの。もともと脚本家志望の人だから、もう毎日寝る間も惜しんで机にへばりついて書いていた。そしたら二年目に腎臓結核になって、お医者さんに「座業はいけない」って言われたんですよ。だけど当人は「書かなきゃ。勉強しなきゃ」と思ってるから、じゃあ私がやりますって、かなくぎ流で、向こうがすごい早口で喋るのをどんどん書いて、わかんない字があると抜かしといてさ、後から辞書引いて。だから、「読む」勉強になったし、初のテレビ脚本「忍ばずの女」を書けたのも、そのお陰だと思う。でもそれを舞台用にする時は、やっぱり松山さんに一から教えてもらいました。舞台はカットで場面転換できないし、時間配分とか花道や回り舞台の使い方なんて私にはわからないから。

辞書の引き方も教わった。辞書なんて物は私のようなバカが触っちゃいけないと思ってたから、わかんない字があるとその辺の新聞をひっくり返して字を探してたの。そしたら善三さんが「何やってるの?」って聞くから、「字を探してる」「辞書ないの?」「持ってない」って言ったら、腰が抜けるほど驚いたらしくて。いくら何でも三十の女が辞書一つ持ってないなんて信じられないって、自分が中学から使ってたボロボロの辞書をくれたの。

今ではピタリと求める字を開き当てるほど辞書の引き方も早くなった高峰さんが、では実際、どのように執筆しているのか。

——発想は?

私の場合、素人の〝生活綴り方〟ね。だから「何でもご自由に書いて下さい」って言われると一番辛い。ただ、考え方として、例えばここに飯茶碗があるとする。ご飯を入れるから「飯茶碗」と言う。でも、ご飯入れなくてもいいじゃないか。ご飯どけちゃって、お酢の物を入れたっていいじゃないか。灰皿にしても、もしかしたら野菊なんかちょっと挿したっていいかもしれない。茶碗を茶碗と思わないで、もっと自由にものを考えれば面白いんじゃないか、っていうようなことをいつも考えてるもんだから、例えば人間を料理に譬えたり、有名な大先生方を陶磁器に見立てたり、発想を固定しないの。

――構成は？

大根買いに行ったりなんかしながらさ、何かここら辺（後頭部を指して）へひっつくのよぉ、発想した〝種〟が。それがもう憂鬱なんだねぇ。だから女優の方が楽かしら、考えてみると。でもそのうち、書き出しと終わりが決まって真ん中がダレないように頭の中で固まれば、一気にいきますよ。

――書くのはいつ？

午前中は買い物とか雑用……。夕方四時になるとモソモソっと台所に行ってご飯の支度にかかるから、やっぱりまとまった時間が取れるのは午後ですね。夕飯の後はダメ。松山とお酒飲むから、酔っ払っちゃって（笑）。

――どんな机で？

えーと、八年前、家を小さくした時に松山からもらったお下がりの座り机（幅一二〇、奥行き七五センチ）。三十年ほど前に二人で台北へ行った時、誂《あつら》えたの。

中央全面に緑色の大理石が埋め込んである。松山さんはお歳を召して座り机はしんどくなったと言って、新しい椅子と机を買いました。
それまで？　机なんかないよ。私は食堂のテーブルで書いてた。

——筆記用具は？

ケチだから、いきなり原稿用紙使ったりしない。下書きは大学ノートとＨＢのシャープペンシル（０・９ミリ芯）。それで、ノートを上下に開いて、下のページに書く。上は後から吹き出しつけて書き足すために空けとくの。どのくらい書けば四百字になるか、もう大体わかってるから。
そして清書をイタシマス。その時使うのは満寿屋の四百字詰め原稿用紙。名前入り？　ううん、そんな大層な物。私、作家じゃないからね。ペンはいろいろ研究の結果、ゼブラ細字。宣伝するわけじゃないけど、原稿用紙と相性がいいし、書きやすいよ。百円ですな。十本入りのをまとめて買っとくの。

高峰さんの文章の特徴の一つに、その独特の〝リズム〟がある。「高峰節」と呼ぶ人もいる。読む者の目に耳に心に、シャキシャキとはまり込んでくる。

快い。意図した場合を除いて、「である」調である。

映像の時、私は女。だから女優です。でも実際の作業をする時に、「あらァ〜」(品《しな》を作って)なんて、とてもやっちゃいられない。例えば、小道具さんの所へ下駄取りに行くね。「恐れ入りますけれど、成瀬組の高峰ですけど、シーン○○の赤い鼻緒の下駄一つ下さい」、そんなこと言っちゃいられない。「成瀬組。高峰。シーン○○。下駄!」、その方が小道具さんも仕事が早い。そんな風に「てにをは」や枝葉のない言葉でやらないと、女だ男だなんて言ってたんじゃ間に合わないの、あの社会は。そういう、男みたいな口ききと言うか、それが身についちゃったのね。

でも、女らしい役の時はそのように演《や》るよ。脚本家の書いた台詞無視して「あぁ、それがどうしたよ」じゃあ、映画にならない(笑)。

ユーモアも高峰さんの文章の魅力だ。

だが、高峰さんの「書く」ものは〝泣かせる〟。胸の奥から涙が染み出る。悲しいから出る涙ではない。感応、感慨、感嘆……様々な意味で〝参った〟、心の雫《しずく》と言うべきかもしれない。対象物に注ぐ彼女の目線が相手の心の薄くて細かな襞《ひだ》を、相手がそれと気付かぬほどの柔らかさで押し開き活字に載せてゆく様に、読者は〝陥落〟させられる。「甘露」の至福を味わうのだ。

――高峰さんは「家族連れで観られるような映画にしか出まいと思って女優をしてきた」とおっしゃったことがありますが、「書く」ことについてのモットーはありますか？

私は自分のこと、悪口の天才だと思ってます。もう人をこき下ろさせたら誰もかなわないくらい。でも物を書く場合、人が読んで不愉快になるような文章は書かない。悪口は書いても、寸鉄人を突っ付くくらいで、刺すまでいくのはやめましょうと思ってますね。それと、嘘は書かない、作り事は。嘘書いたらとても恥ずかしくていられない。まあ、背伸びはしないってことかな。背伸びして得することは一つもないです。

――失礼を省みずに言えば、高峰さんは、実際の物言いよりお書きになった文章の方が「優しい」ように思いますが、それは、口にするのは面はゆいけど、文章なら表現できるということでしょうか？

うーん……。そんなに深く考えながら物を書いちゃぁおりませんですよぉ。

前述の、松山氏が中学時代から使っていた辞書をくれたエピソードについて、高峰さんのエッセイの中では、

「私は宝物をもらったような気持ちがした」

と表現されている。

だがご本人にそれをぶつけると、

「それはお世辞だね。向こうはサッサと新しいの買っちゃってさ。私にはボロボロの」

となる。

なので、極めて僭越ながら、高峰さんの先のお答えを勝手に翻訳させて頂く。

私はね、悪口はスラスラ言えても、褒め言葉を言おうとするとシドロモドロになっちゃうんだ。書くのなら、つっかえても、言い間違えても、じっと考えたり消して書き直せるでしょ。それに書く時は誰も見てないしさ。本になって

読まれる時は、傍に私はいないじゃない。だから気が楽なんだ。第一、「あなたの宝物をもらえて嬉しいわ」なんて、恥ずかしくって、言えるかよぉ。

【高峰秀子著書一覧】

①『巴里ひとりある記』映画世界社　昭和28年　※創藝社　昭和30年　※河出新書　昭和31年
②『まいまいつぶろ』映画世界社　昭和30年　※河出新書　昭和31年
③『私のインタヴュー』中央公論社　昭和33年
④『瓶の中』文化出版局　昭和47年
⑤『わたしの渡世日記』上・下　朝日新聞社　昭和51年　※朝日文庫　昭和55年　※文春文庫　平成10年
⑥『いっぴきの虫』潮出版社　昭和53年　※角川文庫　昭和58年
⑦『旅は道づれガンダーラ』〔松山善三共著〕潮出版社　昭和54年　※中公文庫　平成4年
⑧『つづりかた巴里』潮出版社　昭和54年　※角川文庫　昭和58年
⑨『いいもの見つけた』潮出版社　昭和54年　※集英社文庫　昭和61年

⑩『旅は道づれツタンカーメン』〔松山善三共著〕潮出版社　昭和55年　※中公文庫　平成6年
⑪『秀子のピッコロモンド』アオイ・ギャラリー　昭和56年
⑫『典子は、今』〔松山善三共著〕潮出版社　昭和56年
⑬『台所のオーケストラ』潮出版社　昭和57年
⑭『旅は道づれアロハ・オエ』〔松山善三共著〕潮出版社　昭和57年　※中公文庫　平成5年　改題『旅は道づれアロハ・ハワイ』
⑮『コットンが好き』潮出版社　昭和58年
⑯『人情話　松太郎』潮出版社　昭和60年　※ちくま文庫　平成2年
⑰『あの道・この道』〔瀬木慎一共著〕美術公論社　昭和60年
⑱『旅は道づれ雪月花』〔松山善三共著〕文化出版局　昭和61年
⑲『雨彦・秀子のさわやか人生案内』〔青木雨彦共著〕三笠書房　昭和62年
⑳『私の梅原龍三郎』潮出版社　昭和62年　※文春文庫　平成9年
㉑『おいしい人間』潮出版社　平成4年
㉒『忍ばずの女』潮出版社　平成6年　◎同年TBSドラマ化、平成11年6月明治座上演
㉓『にんげん蚤の市』文藝春秋　平成9年

㉔『にんげんのおへそ』文藝春秋　平成10年

㉕『にんげんの住所録』文藝春秋　平成11年

（インタビュー・構成　斎藤明美）

別冊太陽『女優 高峰秀子』（平凡社　一九九九年）

矛盾する二つの思い

一九九九（平成十一）年初め、写真集、別冊太陽『女優 高峰秀子』（平凡社）は完成した。

思えば、まもなく二十世紀が終わりを迎えようとする時、世紀を代表する日本映画女優の集大成本が刊行されたことになる。

明治期、海外から輸入された活動写真に端を発して、日本映画はおよそ百年をかけて、無声映画からトーキー、カラー、シネマスコープへと発展を遂げたが、それら四つの発達段階をすべて、しかも主役として体験しているのが、女優高峰秀子なのだ。

写真集が作られた当時はそんなことなど考えもしなかったが、今こうして俯瞰してみると、この写真集がいかに大きな意味を持っていたかがわかる。

出来栄えについて、高峰さんはいとも満足そうだった。

〝自分らしい〟写真集になったからである。

つまり、文章に喩えれば空疎な美辞麗句に満ちた、「私って綺麗でしょ」的な写真集ではなく、「はらわたのある女優になりたい」と思って仕事を続けてきた高峰秀子の信条に添うものになったのだ。

自分が尊敬する人が満足している様子を見て、私も嬉しかった。

だから少しでも宣伝になればと、自分が籍を置く「週刊文春」の「この人のスケジュール表」で取り上げた。

これはあくまで私個人の意見だが、現在も続いているこの欄は、若い編集者の良い訓練の場になる。著名人の最近のトピックスを、本人の談話と説明の地の文を織り交ぜながら五百字前後でまとめる作業は、インタビューの仕方や談話のまとめ方、コンパクトな説明文のつけ方を端的に学ばせてくれるからだ。事実、私もずいぶん勉強させてもらった。

だがこの取材で困るのは、取材対象が喋りすぎる場合だ。

本来、取材対象者がたくさんの情報を与えてくれるのは感謝すべきことなのだが、この欄の字数は約五百字だ。「二十分ほどお時間を頂ければ結構です」とお願いして、二時間も三時間も喋り続けられると、若い編集者は「もうこの小さな欄にはもったいないほどたくさんの貴重なお話を伺うことができましたので……」などと言って取材を切り上げる術《すべ》も知らず、相手に主導権を握られっ放しで、延々と話を聞かされることになる。そして会社に戻ってウンウン言いながらテープ起こしをして、膨大な情報の中から何を取捨選択していいかわからなくなり、徹夜仕事になってしまう。実際、そんな気の毒な編集者を私は在籍中に見たことがある。現在は知らないが。

もっとも、私も最近、短い記事のインタビューを受けて、やたら喋りまくり、取材者に大変迷惑をかけたので、エラそうなことは言えない。つまりインタビューされ慣れていない人ほど長く喋る傾向があるのだ。

今回再録した「この人のスケジュール表」は、高峰さんが電話で八分喋り、私が三十分で書いた。

自慢しているのではない。この時点で私はこの欄を十年以上書いていたのだから、早く書けないほうがどうかしている。

自慢するとすれば、それは、高峰さんが八分しか喋らなかったことである。

高峰さんにとって取材者の私が旧知の存在だったという事実を差し引いたとしても、これから発売される自分自身の写真集について、たとえそれが短い欄に載せられるものだとしても、八分で真意を伝えられる女優は、絶対にいない。

もちろん高峰さんはこの写真集のことをどうでもいいなどと思っていたわけではなく、自ら制作に関わりたいと言ったくらいだから、当然大事に思っていた。そして、できればたくさんの人に買って欲しいと思っていた。

それは彼女が常に出版社を気遣うからだ。以前、自身の文庫本が初版で三万部刷られることになった時、高峰さんは心配そうに言った、

「そんなに刷ってしまって、出版社に迷惑をかけないかしら……」

私は呆れて言った、

「何言ってるの。出版社は慈善事業じゃないんだから、売れそうもないものを三万部も刷るわけがないでしょう。採算が取れると思うから刷るんだよ」

「そうかしら……」

それでもなお高峰さんは心配していた。

以後、その文庫本は版を重ね、今や十万部を超えている。

人によらず組織によらず、自分のために他者に迷惑をかけるということを、高峰さんは一番嫌う。

だから写真集の発売後、平凡社から売れ行きが良いという連絡を受けて、とても嬉しそうだった。

で、話を戻すが、つまり「この人のスケジュール表」の取材に対して、高峰さんは〝いつものように〟対応しただけなのだ。

この時、私は、確信した。

高峰秀子は、自分が受ける取材記事の字数とそこに入る内容の相応関係を知っている、ということを。

同じ「週刊文春」の「『家』の履歴書」という長い記事で、高峰さんが、こちらがお願いした二時間でピタリと話を収めた時も驚いたが、こうして初めて彼女に短い記事の取材をしてみて、私は彼女が、クレバーさと同時に、取材する側とされる側の双方に有益な〝合理性〟を持ち合わせていることにも気づいたのだ。

それは、もともと取材を受けるのが好きでない高峰さんの「必要最少の時間で済ませたい」という姿勢にも起因するが、それよりも、彼女の「時間を大切にする」気持ちに深く関係していると思われる。

だから高峰さんは短い言葉で核心を伝える。

今回の記事の中なら、特に最後の台詞。

「一枚一枚に撮影時の緊張感が鮮烈に蘇ってきます。五歳の時からそれほどに緊張して仕事をしていたんだなと、我ながら可哀相な気がします」

この数行の言葉に、高峰秀子の女優としての長い歴史、仕事への取り組み方、そして彼女が幼い時から置かれていた境遇までが読み取れる。これほどの言葉は、私が質問して引き出せるものではない。こちらの質問に関係なく、あらかじめ高峰さんが用意した貴重な言葉に他ならない。


このように、ひとたびインタビューを受ければ、取材する側を大いに助けてくれる高峰さんだが、それが、〝原稿を書いてもらう〟となると、話は別だ。

七十歳を過ぎたあたりから、それはほぼ「不可能」と思えるほど難しかった。

それが今回再録した「私のご贔屓」になると、時は二〇〇一年、高峰さんは七十七歳になろうとしていたのだから、当時の私はもはや高峰さんから原稿を貰おうなどという〝無謀な考え〟は持っていなかった。

ところが、幸か不幸か、その時の私の上司がキツい人だった。

普段はどうでもいいような冗談を言って一人で笑っているが、こと仕事となると一分の隙もないから、キツかった。私が「まぁ、このくらいでいいか」とちょっと原稿に手薄な部分を作ろうものなら、「この部分は変えたほうがいいんじゃない？」と鋭く突いてくるような。私が二十年の間に仕えた（というほど殊勝ではなかったが）十数人のデスクの中でも、部下達を引き締めることができる、数少ない人だったのだ。「週刊文春」初の女性デスクで、しかも美人だった。他人の美醜に極めて厳しい私が言うのだから間違いない。そして歳がそう違わないので、互いに「オバサン」「バアサン」と毒のある言葉を投げ合って、周囲の若い編集者達を大いに怯えさせたほど、私達は気心が知れていた。

だが気心が知れている分、彼女は私が高峰さんと親しいことも知っていた。

だから容赦なく厳命した、

「明美が担当するページなんだから、第一回は、高峰さんよね」

デスクに就任するなり彼女が発案した企画「私のご贔屓」は、毎回、様々な著名人に、どんなテーマでくくってもいいから自分がひいきにしている物や人を三つ挙げて原稿を書いてもらうという内容だった。

第一回は高峰さん？　冗談じゃない。私は思った。

「無理だよ。もう高峰さんは原稿を書かないんだから」

私が抗弁しても、彼女はケロケロとして言ったものだ、

「明美なら原稿もらえるわよ」

そしてさっさと自分の席に戻ってしまった。

ったく、軽く言ってくれるよ。今の高峰秀子から原稿をもらうなんて奇跡に近いのに……。

それにこの頃には、もはや高峰さんは私にとって執筆者ではなく、「母」になっていた。その老いた母の日常も知っていたし、寄稿をお願いするのは忍びなかったのだ。

だが、私はそれ以上デスクに反論しなかった。

なぜなら、私の中にも常に「高峰秀子の原稿が欲しい」という気持ちがあったからだ。つまり、デスクの一言によって、〝寝た子を起こされた〟のである。

今思うと、この辺りから、私の二律背反が始まったようだ。

女優業も執筆業もやめて、ようやく念願の静かな生活を手に入れた〝老母〟をそっとしておいてやりたい。だがその一方で、高峰秀子に随筆を書いて欲しいと思う編集

者としての自分。

しかし二〇〇一年当時には、時としてまだ後者が前者を上回ることもあった。

だからデスクに「第一回は高峰さん」と言われた時、徹底抗戦しなかったのである。

それに、「私には頼めない」と断るのも公私混同のようでイヤだったし。

困った。どうやって高峰さんから原稿をもらおう……。

そんな折、写真部の部長が「週刊文春」のバックナンバーを手に、私の席に来た。

「明美ちゃん（若くない私をこう呼んでくれる奇特な人もいた）、これ見て。資料室でたまたま見つけたんだ。僕がまだ新人だった頃に撮ったグラビアだよ」

それは昭和三十年代初め、高峰さんが松山善三氏と結婚してまもない頃、夫妻で収まったツーショットだった。

「高峰さん、綺麗だよねぇ……。僕、撮影する時、ものすごく緊張したのを覚えてるよ」

部長は楽しそうに当時を懐かしんだ。

それを聞きながら、私の頭にある考えが浮かんだ。

グラビアの中の松山夫妻は当然のように若く、二人ともこれ以上ないというほど幸せそうな顔をしていた。高峰さんは夫と一緒に写った写真が好きだ。それに、この写真は高峰さんが「善三・秀子」というラベルを付けて大切にしているプライベートアルバムにも収められていない。

私はまず、部長からそのバックナンバーを借りて、夫妻のグラビア写真をカラーコピーした。そしてそれを大型の封筒に入れて、表に大きく「①」と書いた。

次に高峰さん宛に手紙を書いた。

「この三月、私が初めてかあちゃんに原稿を頂いた『立腹抱腹』欄が終わりを迎えました。私が十二年担当した欄です。私ももう若くありません。自分の週刊文春における使命もそろそろ先が見えてきました。

でも、新しい欄を一つ担当することになりました。

かあちゃんがもう原稿を書くのはしんどいからイヤだと思っていることは重々承知しています。重々承知していながら、お願いします。私が新しく担当する欄に、何とか花を添えていただけないでしょうか。本当に図々しいお願いです。

でも何卒、伏して、伏してお願い申し上げます。

斎藤明美　拝」

高峰秀子様
我ながら、実に卑怯な手紙である。あえて「かあちゃん」などと書いて、高峰さんに甘え、泣き落としにかかったのだから。

この手紙は、別の大型封筒に入れて、表に「②」と書いた。

そして①と②の大型封筒をさらに別の大型封筒に一緒に入れて、その表には、「最初に①を開けてください」と書いた。

新婚時代の写真を見せておいて、高峰さんがいい気分になったところで、②の依頼状を読んでもらおうという、極めて姑息な魂胆である。

その夜、私は会社の帰りに、この①と②が入った封筒を、黙って松山家の郵便受けに入れた。そしてわざと電話もせずにおいた。

正直、勝算はなかった。

その三日後、私は松山家で夕食のご相伴にあずかることになっていた。

いつもと違って気が重い。お宅に伺って、なお封筒のことを知らん振りしているわけにもいかない。「イヤぁね、こんなことして」と言われるだろうか……。様々に考えながら、松山家に行った。

食卓にはいつものように三人分の箸と小皿が、各々の席に整然と置かれていた。中央には鍋の用意がしてある。

普段の私なら、「今日は鶏鍋かな？」などと言ってはしゃぐところだが、この日は「封筒」のことが気になって、それどころではなかった。

「おや？　今日は大人しいね」

松山氏が、珍しく食卓の前で神妙にしている私を見て、言った。

「今日はフグ雑炊だよ」

高峰さんがいつもと変わらぬ笑顔で台所から出てきた。

そして三人が食卓に揃った時、高峰さんがニッコリ微笑んで言ったのだ、

「ご祝儀だよ」

その手には、原稿があった。

「短かすぎたら、没にして」

とんでもない！

「三銃士」と題されたその原稿には、高峰さんが心から敬愛する三人の男性のことが、独特のユーモアと簡潔な表現で、清々しく描かれていた。

いい随筆である。

私は食卓で読みながら、原稿の文字がぼやけていくのがわかった。

そしてその夜は、高峰さんの気持ちが有難いやら、フグ雑炊が美味いやら……、ただ無性に嬉しかったのを覚えている。

「まぁ！　さすが明美ねッ」

翌日、デスクが欣喜雀躍したのは言うまでもない。

記事は、開始第一回目にもかかわらず、読者アンケートで一ページものにしては異例の得票数を集め、高峰さんが連載を始めたと勘違いした読者も含めて多数の反響の

手紙が寄せられ、これもまたデスクを喜ばせた。

だがこれ以後、私は、老母をそっとしておいてやりたい思いと、何とか高峰秀子の原稿が欲しいという、相矛盾した思いの相克に悩まされ続けることになるのである。

この人のスケジュール表

ひと味違う集大成本
高峰秀子

女優歴五十年、引退後は名随筆家としても知られる高峰秀子さん（74）の集大成、別冊太陽『女優　高峰秀子』（平凡社）が刊行された。生存者として初の別冊である。

「九年前、『不滅のスター高峰秀子のすべて』（出版協同社）という面はゆいタイトルの本が出ましたが、それはあちらが一方的に企画していろいろな方に原稿を頼んで出来たものなので、私としては褒められ過ぎの本になってしまいました。だから今回お話があった時は、『こんなに人気があったんだよぉ』みたいな本にだけはしないで下さいとお願いして、私自身も編集の段階から参加させて頂きました」

名匠・成瀬巳喜男監督が晩年、「白だけのバックで秀ちゃんを主役にした映画を撮りたい」と。また先頃死去した木下恵介監督からは死の二年前、「今の

この人のスケジュール表

ひと味違う集大成本
高峰秀子

女優歴五十年、引退後は名随筆家としても知られる高峰秀子さん（74）の集大成、別冊太陽『女優　高峰秀子』（平凡社）が刊行された。生存者として初の別冊である。

「九年前、『不滅のスター高峰秀子のすべて』（出版協同社）という面はゆいタイトルの本が出ましたが、それはあちらが一方的に企画していろいろな方に原稿を頼んで出来たものなので、私としては褒められ過ぎの本になってしまいました。だから今回お話があった時は、〝こんなに人気があったんだよ〟みたいな本にだけはしないで下さいとお願いして、私自身も編集の段階から参加させて頂きました」

名匠・成瀬巳喜男監督が晩年、〝白黒だけのバックで秀ちゃんを主役にした映画を撮りたい〟と。また先頃死去した木下恵介監督からは死の二年前、「今の僕があるのは秀ちゃんのお陰です」と突然電話をもらい、恐縮したという。

「姿形より内面を第一義に仕事をしてきたつもりなので、お二人の言葉は宝物です。同様に今回の本も、〝松山秀子〟という一人の人間の生の姿を知って頂ける内容になっているのでとても嬉しいです」

仲人でもある木下監督の死去に際して、夫君・松山善三監督とご夫妻なりのお弔いをしたという高峰さん。収録された数多《あまた》のスチールに、五十年の女優人生を振り返った。

「一枚一枚に撮影時の緊張感が鮮烈に蘇ってきます。五歳の時からそれほどに緊張して仕事をしていたんだなと、我ながら可哀相な気がします」

僕があるのは秀ちゃんのお陰です」と突然電話をもらい、恐縮したという。

「姿形より内面を第一義に仕事をしてきたつもりなので、お二人の言葉は宝物です。同様に今回の本も、〝松山秀子〟という一人の人間の生の姿を知って頂ける内容になっているのでとても嬉しいです」

仲人でもある木下監督の死去に際して、夫君・松山善三監督とご夫妻なりのお弔いをしたという高峰さん。収録された数多《あまた》のスチールに、五十年の女優人生を振り返った。

「一枚一枚に撮影時の緊張感が鮮烈に蘇ってきます。五歳の時からそれほどに緊張して仕事をしていたんだなと、我ながら可哀相な気がします」

「週刊文春」一九九九（平成十一）年二月十一日号

「私のご贔屓」　三銃士　ベスト3

高峰秀子　女優

松竹梅

・安野光雅

「京都へ美味しいもの食べに行きませんか？」

「いいねぇ、行こう行こう。京都ならちょうどいいや、ボク一足さきに行って

ひと仕事して待ってる。三時までには描きあげちゃうから」

約束の日、三時にホテルの部屋へゆくと、安野画伯がションボリと窓の外を

眺めていた。

「どうしたんです？　お仕事終りました？」

「それがねぇ、描けなかったの」

「え？　何故です？」

「京都に着いてから気がついたんだけど、スケッチブックや絵の具、忘れてき

ちゃったのよ。だからずーっとここに座ってた」

私は絶句した。どこの世界に画材を持たずに絵を描きにゆく画家がいるだろうか？　安野画伯のお母さんだったらたぶん、こう言っただろう。

「しょうのない子ねぇ、お前は」

でも、私は、なぜかそんな安野先生が好きなのだ。

「天衣無縫」という言葉は安野画伯のためにある、と、私はおもっている。

・沢木耕太郎

私は沢木耕太郎作品の愛読者の一人である。

以前の、ノンフィクション『深夜特急』の三部作なんかあんまり夢中になりすぎて顔がムクんじゃったほどだった。が、彼はケチで、出しおしみをするせいか、ヒョイヒョイと気軽に文章を書かない。

私は出版社の、三人の編集者にきいてみた。

「ねぇ、沢木さんてどんな人？」

〝一言で言って爽か。そして美男子です〟

〝文章そのまま、会って気分のいい人ですよ〟

〝男好き、って言いかたはヘンだけど……やっぱり、男好きのする好男子ですなあ〟

その後、一度だけ沢木さんに会ったことがあるが、第一印象はやはり「爽かな人」だった。私がテレビ局のCMのスポンサーなら、早速〝スカッと爽か耕太郎〟と登場してもらいたい、とおもった。

その沢木さんが、重すぎる腰をあげて長編小説を書いた。ついに小説家に変身か、待ってました！

・松山善三

私は、青年松山善三と結婚したとき、彼に向かってこう言いました。

「私はいま、人気スターとやらで映画会社がたくさんの出演料をくれていますが、くれる金はありがたくいただいて、二人でドンドン使っちゃいましょう。でも、女優商売なんてしょせんは浮草稼業。やがて私が単なるお婆さんになったときは、あなたが働いて私を養ってください」

「ハイ。分りました」

以来、私たち夫婦は金銭に関わる話を一度もしたことがない。

そして、それから四十七年。半病人のマダラ呆けになったオバアの私を、これも老いたる猪に変貌した松山オジイは、脚本書きの収入で約束通り、私を養ってくれている。

小さな台所でお米をとぎながら、オバアはひとり呟いている。

「ボカァ、倖せだなぁ」

ナーンチャッテ。


「週刊文春」二〇〇一（平成十三）年一月十八日号

高峰さんが授けてくれたもの

私の初めての本、『高峰秀子の捨てられない荷物』。

高峰さんとの仕事の中でも、この本作りほど、私に多くのことを教えてくれた仕事はない。

人生にさしたる目標も持たず、ただホカホカと毎日を送っていた私は、自分が本を出すことになるとは夢にも思っていなかった。

きっかけはこの時から二年前、別冊太陽『女優 高峰秀子』に、人に推されて「かあちゃんの卵焼き」という高峰さんについての文章を書かせてもらったことだった。

その文章を当時私が勤めていた文藝春秋の出版部長T氏が読んで、言ったのだ。「これだけ書けるのなら、高峰さんについて一冊、本が書けるだろう」。

「そんな……」、臆病な私はすぐに尻込みした。

するとT氏は、いつになく改まった顔をして、言ったのだ。

「本人が死んだ後に、『私はこれだけあの人を知ってたんですよ』みたいな本がよく出るけど、そんなものは評伝じゃないよ。書かれる本人が読んで、きちんと認めたものが本当の評伝だと、僕は思う。斎藤さんは高峰さんのことを書くべきだよ。ご本人がちゃんと認めてくれるようなものをね」

私が尊敬する数少ない上司の一人だった氏のその言葉は、胸に刺さった。

何度も逡巡して、数カ月後、私はようやく心を決めて、高峰さんにファクシミリを送った。

「高峰さんは『わたしの渡世日記』という優れた自伝を既に書いていらっしゃいます。しかしその内容は高峰さんが五十五歳の時で終わっています。私はそれ以後のあなたのことが書きたいのです。なぜなら、五十五歳以降の、女優を引退してからの歳月こそ、高峰秀子の真骨頂だと思うからです。何ものにも縛られず、ようやく本当の〝自分の人生〟を送ることができるようになった、そのあなたの姿を、どうか私に書かせてください」

そして翌日、緊張しながら電話をした。

高峰さんは一言、言った、

「これは仕事ですね？」

その低い声音は、今でも忘れない。

それは、まぎれもない大女優・高峰秀子の、威厳に満ちた、そして高峰秀子が〝仕事〟というものにどれほど厳しい姿勢で臨んできたか、怖いほどわかる、ピシリとした一言だった。

「はいッ、そうです」

私は受話器を持ったまま、思わず「気をつけ」をした。

思えば、よく承知してくれたものだ。後から知ったが、高峰さんの評伝を書きたいという名だたる作家の申し出を、彼女はすべて断っていた。

だがこの時も、私は文章を書くことを自分の一生の仕事にしようと思っていたわけではない。既に四十歳を過ぎていたが、与えられた仕事を週刊誌の記者として続けていただけだ。だが与えられた仕事は結構忙しかった。だから忙しさにかまけて、恥ずかしい話だが、綿密な青図も引かずに、いきなり高峰さんにインタビューした。

夏、場所はハワイの松山邸だった。

インタビューを始めて少しすると、私は質問が続かなくなった。

と、高峰さんはおもむろに立ったかと思うと、針箱を持ってきてチクチクとボタン付けを始めたのだ。

私は顔から火が出るような思いで言った、

「すみません。今日はここまでで結構です。続きはかあちゃんが日本に帰ってからお願いします」

明らかに準備不足だった。

高峰さんは何も言わなかったが、黙って針を運ぶその姿が言っていた、

「そんなことで本が書けるんですか？」

私は東京に戻ると、何度か読んだことのある高峰さんの自伝『わたしの渡世日記』をもう一度入念に読み直して、自分が作った高峰さんの年表を睨み、湧き上がった疑問や聞きたいと思う項目をノートにまとめた。

そして九月初め、帰国した高峰さんにホテルオークラの一室で話を聞いた。

東京の松山邸ではインタビューしなかった。どれほど親しく私を自宅に招いて夕飯をご馳走してくれても、普段の付き合いと仕事は別だ。自宅では取材は受けない。それが高峰秀子という人の姿勢だということは、未熟な私にもわかっていた。

だが夕食の時、本の話題を一切出さない私を見て、「何か聞いてもいいのよ」と、高峰さんが気遣ってくれたことを、今も有難く覚えている。

ホテルオークラを取材場所に決めた時、高峰さんは聞いてくれた、

「部屋代はあなたが払うの？　会社が払うの？」

「私が払います。書き上げても、出来が悪ければボツになるかもしれないので」

すると高峰さんは、オークラの中でも一番安価に利用できる控え室の存在を教えてくれた。二回目からは夫妻が会員になっている会館の会議室を紹介してくれた。そして夫君の松山氏は、その確執の証拠とも言える、高峰さんと親族が過去にやり取りした重要な書面や手紙、高峰さんの養母の火葬許可証にいたるまで、保存していた一切

の資料を私に託してくれた。

「締め切りは十二月二十四日。来春刊行する高峰さんの随筆の露払いとして、君の本を出します。二百枚を目処に、少し書いたら、まず読ませてください」

出版部長のT氏自らが私の本を担当してくれることになった。

十月初め、私は最初の三十枚を読んでもらった。

今でもそうだが、目の前で原稿を読まれるというのは、刑の宣告を待つ咎人《とがにん》にでもなったようで、怖い。

「うん、なかなか面白いよ」

最後のページを読み終えると、氏が笑顔で言った。

「二百五十枚まで書いていい」

数日後、二章目を読んでもらうと、

「三百枚まで書いていいよ」

三章目を持参した時は、

「もう読まなくてもいい。ギリギリ四百枚まで書いていい。でも枚数のことなんか忘れて、思う存分書いてみなさい」

嬉しかった。

高峰さんには延べ十三時間インタビューした。加えて、数え切れないほど電話をし

て、補足取材をした。

だがT氏から言われた言葉が私の心に重くのしかかっていた。

「巻末に、是非、高峰さんの言葉をいただきなさい。それがあるのとないのとでは、本の信用が違う」

随筆の依頼も断り続けている高峰さんに、私ごときのために原稿をお願いすることはとても……。だが「本の信用」。T氏の言うことはあまりにもっともなことだった。

恐る恐る高峰さんにお願いすると、案の定。

「書きませんね」

高峰さんは言った。

だが、あと一章書けば完成するという十二月半ば、ハワイに滞在していた高峰さんに原稿を持参して読んでもらうと、

「ひょっとすると、バケるかもしれないよ、この本」

高峰さんが微笑んだ。

この時とばかり、私はお願いした、

「前にもお願いした巻末に載せるかあちゃんの文章。短くてもかまいませんから、書いてもらえませんか？」

祈るような気持ちだった。

「ここまでが良くても、最後まで読んでみないとわかりませんね。腰砕けってことがありますからね」

高峰さんはニカッと笑った。

腰砕けか……。膝を打っている場合ではなかったが、私は思わず納得してしまった。ところが私が帰国した翌日、ハワイの高峰さんから封書が届いたのだ。中には見慣れた肉筆原稿が入っていた。タイトルは「ひと言」。

何ということか。私がお願いした後すぐに書き始めてくれたのだ。そして私がハワイにいた数日間、黙って書き続けて投函してくれていた。でなければ、今、着くはずがない。「腰砕け」にならないよう、私の緊張が緩まぬように、何も言わなかったのだ。私がハワイを発つ時も、いつものように「じゃ、また東京でね」、それだけ言って送り出してくれた。

私はマンションの自室のベランダに出ると、ハワイの方角を仰いで、手を合わせた。「よかった、よかった。書いてくださったんだね、高峰さんが。これで本の値打ちが上がる」

本の中身より巻末の高峰さんの文章がすべてを決めると言わんばかりに、T氏は喜んだ。

そして十月半ばには、「そろそろ本の装丁を考えたいから、高峰さんにご相談してみて」。この時も、著者である私など飛び越えて、T氏は高峰さんの感性に頼んだ。

だが考えてみれば、当然のことだ。初めて本を出す私に、装丁の構想など、ない。

「Tさんにね、文藝春秋の外の人に装丁をお願いしてもいいか聞いてみて。かあちゃんはあの人がいいと思うの」

「あの人」とは、二年前、別冊太陽『女優　高峰秀子』を作ったデザイナーで、高峰さんがその仕事ぶりを高く評価した人物だ。

「あの人が装丁の仕事もする人かどうか知らないけど、いい仕事をする人は、今度も必ずいい仕事をしてくれるはずです」

　これが、高峰秀子の眼力である。

そしてその眼力は常に的中する。

頭が下がったのは、その装丁の打ち合わせをした日だった。

T部長と装丁家、高峰さんと私の四人は、ホテルオークラのラウンジで会うことになった。

その朝、私は松山家の車に同乗させてもらった。

後部座席に乗り込むと、隣に座っている高峰さんが大きな紙袋を持っていた。

「かあちゃん、何を持ってるの?」

紙袋には分厚い本が何冊も入っていた。

「錆朱《さびしゅ》とか濃紺とか、言葉で言ってもわかりにくいから、似た色が出てる本を何冊か持っていくの」

あッ、と思った。

穴でもあったら入りたかった。

色のイメージは高峰さんから私も聞いていたが、私は自分の本であるにもかかわらず、打ち合わせに身体だけ運べばいいと思っていた。だが高峰さんは、色のイメージを正確に伝えるため〝色見本〟まで用意してくれたのだ。自宅の書棚から探し出した何冊もの本を、重いだろうに、紙袋に入れて。

「錆朱は多く使わないほうがいいと思います。いかにも女性の本という感じになって、書店で男の人が手にとりにくくなりますから。花布《はなぎれ》やしおり紐は銀鼠《ぎんねず》でどうかしら？」

高峰さんが装丁のイメージを伝えた。

「なるほど、そうですね」

T部長と装丁家が頷く。

「では、題字のバランスはこのぐらいにして、高峰さんのお名前はこんな風に……」

三人が額を寄せて相談している。

私はだんだん不安になってきて、おずおずと聞いてみた、

「あのぉ……、私の名前も載せてもらえるんですよね？」

途端に三人が吹き出した。

高峰さんが悪戯っぽく、装丁家に言った、

「すみません。この人の名前も載せてやってください」

大爆笑になった。

『高峰秀子の捨てられない荷物』。タイトルを付けてくれたのも、高峰さんだった。

私が四百枚を超える原稿を抱えて出社したのは、締め切り当日、十二月二十四日の午後。編集部の自席に着いた私に、同僚が「昨夜は完徹したんでしょう」。余所目《よそめ》にも、疲労がわかったのだ。

事実、週刊誌の仕事をしながら原稿を書いた三カ月はしんどかった。毎日、仕事が終わると、同僚からの誘いも断り、一目散に帰宅して、帰り道に買った弁当を食べるのもそこそこに、机にかじりついてワープロ（当時はまだパソコンが使えなかった）のキーを叩いた。怠け者の私にしては珍しく勤勉な日々だった。

だが、その三カ月の間、私が感じたのは、疲労でも辛さでも、何でもない。

一つだけだった。

「このまま、一生、この本を書き続けていたい」

私は〝幸せ〟を感じていたのだ。

それは、それまでの人生では一度も味わったことのない幸福感だった。

本が出したいのでも、いいものが書きたいのでもない。ただ、「高峰秀子」が書きたかった。

高峰秀子を書くことが幸せだった。

今、はっきりとわかるが、その時、私は、高峰秀子という人から〝書くこと〟を授けてもらったのだと思う。

松山善三という脚本家に、戯曲の習作をみてもらいながら、書くことの厳しさを教えられ、今度は、高峰秀子という大女優に書くことの喜びを教えてもらった。

平成十三年三月二十日、『高峰秀子の捨てられない荷物』は店頭に並んだ。

「こんなものはノンフィクションじゃない。書いた本人が登場するなんてあり得ない。読んでてウンザリする」、同僚の若い男性編集者が片頰で笑いながら言った。「高峰秀子を母親だと思うなんて図々しい」、ある文芸評論家が書いた。「実生活で『かあちゃん』と呼んでいても、本にそれを書くべきではないですね」、ある映画評論家が言った。

だが『高峰秀子の捨てられない荷物』は、発売後三日で重版がかかり、一週間後に三刷、そして四刷……一年を待たず六刷を迎えた。

売れたのは私の力ではない。

「高峰秀子」という金看板。その威力の凄さを、私はまざまざと思い知った。

出久根達郎先生が「週刊文春」に、身に余るほどの書評を書いてくださったのも、高峰さんのお陰だった。

T部長が、ある映画関係者に書評をお願いしようと思うが高峰さんの意見を聞いてほしいと私に伝えた時、そのことについて高峰さんは言った、

「映画関係の人でなく、作家の方に書いていただきたい。出久根さん、書いてくださらないかしら」

だから私は当然「高峰さんがそうおっしゃっているので是非」と言って、T氏が出久根先生に書評を依頼してくれるものとばかり思っていた。

だがT氏はきっぱりと言った、

「高峰さんのご指名だとは言いません。まずは、出久根さんに中身を読んでいただいてからです。それで中身を認めてくださって、書評を承知してくださったら、その時、初めて、高峰さんのことを言います」

現在、T氏は既に定年退職して文藝春秋にはいないが、今でも私の尊敬する上司である。

そして高峰秀子という人の慮《おもんぱか》りに、心底から感服したこと。

出久根先生の書評が「週刊文春」に出た後、高峰さんが私に、こう言ったのだ、

「お礼に、出久根さんに焼酎を差し上げたいの。前にお目にかかった時、焼酎が好きだとおっしゃってたから。ちょうど珍しい焼酎が手に入ったのよ。あんたね、宅配便

なんかで送るんじゃなく、あんたが直に出久根さんのお宅にお届けしなさい。前もってお電話して、奥様が家にいらっしゃる時間を伺いなさい。出久根さんにおうちにいていただくようなご迷惑をかけちゃいけませんよ、忙しい方なんだから。そしてお宅に行ったら、『焼酎は高峰から出久根さんに。これは私から奥様にです』と言って、お花を持って行きなさい。大げさでないお花がいいわ。そうねぇ、今なら、スイートピーがいいと思う。可愛らしいし。そしてね、その時、決してお宅に上がり込んだりしちゃいけませんよ。玄関先で失礼してきなさい。いいわね」

これほど行き届いた指示が出せる人がどれだけいるだろう。

私は小学生のように、ただ〝母〟の言いつけを守ればよかった。

「さ、どうぞ。ちょっとお紅茶でも」

出久根夫人は、大層喜んでくださって、私を中に招じ入れようとしてくれた。

「いえ、こちらで失礼します」

「まぁ、そんな。どうぞお上がりください」

私が言うと、

「いえ、ほんとに」

なお辞すと、

「うちのワンちゃんも見ていただきたいし、ちょっとだけ」

その時、タイミング良く、可愛いプードルが奥の座敷から現れて、じゃれるように鳴いた。

「あ、拝見しました、ワンちゃん」

私が言うと、

「二分だけ、二分だけ上がってください」

親切な夫人はまだそう言って、私を中に招いてくれる。

遂に困り果てて、私は白状した、

「あの、高峰さんからきつく言われて来たんです、『決して上がり込んだりしちゃいけませんよ。玄関先で失礼してきなさい』って。だからご好意に甘えて上がったりしたら、私、高峰さんに義絶されてしまうんです」

「あらぁ……」

夫人は、とても残念そうに、だが、ようやく断念してくれた。

そして立ち去る私を、道の途中まで追いかけるようにして、いつまでも見送ってくれたのだった。

何から何まで、高峰さんが考えてくれた。指示してくれた。そうやって、私の初めての本は、世に出たのである。

〝評論家〟と名のつく人達には幾つか皮肉に満ちた書評をいただいた。彼らの書き方は共通していた。真正面からは批判しない。なぜなら書かれている人物が高峰秀子だから。つまり、彼らは暗に言っていたのだ、「高峰秀子は尊敬に値すべきまごうかたなき大女優だ。だが、その人のことを書いたこいつは何だ。こんな奴に書いてもらわなくても高峰秀子の素晴らしさは知っている」。

だが一般の読者からの反応は、自分でも意外なほど、好意的だった。皮肉や当てこすり、ましてや非難の手紙などただの一通もなかった。

「高峰さんのファンから剃刀が送られてくるかもよ」、そう言って笑った同僚もいたが、本が出た後、三年余り、二百通を超えるお手紙を私はいただいたが、それらはどれも、高峰秀子という女優への溢れるほどの愛情と、そして名もない著者である私への励ましに満ちていた。

「子供の頃からどれほど高峰さんの映画で幸せにしてもらったことか」「こんなに苦労された方だったとは全く知りませんでした」「なぜあのような素晴らしい演技ができたのか、この本を読んでやっとわかりました」「おみ足が弱くなったとのこと。骨が強くなるお料理がありますので、レシピを同封します」「斎藤さん、次の作品を待ってますよ」……。

そしてこの言葉を見た時、私は涙が出た。

「斎藤さん、どうか、高峰さんを大事にしてあげてください」

これはファンの女優に対する気持ちではない。大切な人を労《いたわ》る温かな愛情そのものだ。

私は毎日のように編集部に届くそれらの手紙を読みながら、そしてお一人お一人にお礼の返事を書きながら、高峰秀子という女優の過ぎ来し方を思った。

五歳から五十年、高峰秀子はこんな人々に愛され支えられてきたのだ。こんな人々の喜びや悲しみを高峰自身も共有してきたのだ。そして彼らもまた確実に、人生を、女優・高峰秀子と共に歩んできた。無数の市井の人々を励まし、慰め、幸せにする女優。それが高峰秀子だったのだ。

「自分の財布からお金を出して、映画館まで足を運んで、私が出ている映画を観てくれたんです。その一人一人が、私の勲章です」

かつて高峰さんが私に言ったこの言葉を彼ら自身は知らない。だが、スクリーンの向こうから高峰秀子を見つめていた人々は、確かに高峰の気持ちを知っている。

私は、拙著を読んでくださった方々の手紙を読みながら、高峰秀子という人がどんな女優だったのか、初めて骨身にしみてわかったような気がした。

今ならもっと別の書き方をしたと思う。だが、当時の私にはあれが精一杯だった。その未熟な内容をそのまま受け入れてくれた人々が、私を救ってくれた。

この本を出したことで、私は〝表現すること〟の怖さと責任を知った。だが同時に、表現することの果報を教えてもらったと思っている。

取材でおめにかかった作家の皆川博子先生が、偶然、拙著を読んでくださっていた。「エッ、あなたがあの本を書いたご本人？　まぁ、著者におめにかかれるなんて光栄です」。私のほうこそその場で土下座したいほど光栄だった。「私はノンフィクションは読まないんですけど、あんまり装丁が素敵で、それも高峰さんのお名前があったので、買って三度も読みましたよ」。もうお礼の言葉もなかった。「でも、いろいろ批判も多くて……。これが最初で最後の本になるかもしれません」、私が弱音を吐くと、皆川先生はその柔和な面差しを一変させて、言った、「あなただからあの本が書けたんです。映画評論家でも誰でもが書ける本ではなく、あなたという人間にしか書けない本を書いたから、読者として私は感動したんです。最初でも最後でも、そんなこと考えなくていいの。あの本が素晴らしかった。それだけでいいんです」

頬を打たれた思いがした。だがその叱咤は慈愛に溢れていた。

一冊の本は、私に多くの人を引き合わせてくれた。

苦労の「く」の字も知らず、安閑と生きてきた私が、不屈の意志をもって苦労などという言葉では言い表せないほどの修羅を乗り越えてきた高峰秀子を書いた。それがこの本である。

何が書けたのか、どう書けたのか。私にはわからない。

だが、『高峰秀子の捨てられない荷物』は、高峰さんが私に、〝書く〟という一生の仕事を授けてくれた本だ。

それだけが私にわかる、確かなことである。

一期一会

平成十四年、私は、高峰さんと沢木耕太郎氏の対談のまとめをさせていただいた。実際に二人が対談したのはいつだったのかと、当時の手帳を見てみると、同年四月十六日だった。

その時、何気なくパラパラと他のページを見ていて、ハッとした。そこに名前が記されている著名人達、つまり同じ年に私がインタビューさせていただいた方々が、今は既に鬼籍に入られていたのだ。

映画監督の市川崑氏、同じく今村昌平氏、イラストレーターの内藤ルネ氏、そして俳優の緒形拳氏。どの方も強く心に残っている。自らが選んだ道で努力を積み重ね、それぞれに立派な仕事をされた方ばかりだ。殊に緒形氏は、この時の仕事が縁で、以後何度も私の取材に応じてくれた。「斎藤のインタビューならいつでも受けるぞ」と言って。まさか、こんなに早く逝ってしまうとは……。

手帳を見つめながら、ふいに一つの言葉が頭に浮かんだ。一期一会。

今までその言葉に惹かれたことはない。むしろ嫌いだった。その言葉が茶の湯の世界で生まれた時には、もっと生死を直視するような厳粛な意味合いを持っていたはずなのに、近年あまりに多くの人が色紙に書いたり安直に口にするのを見て、うんざりしていたのだ。別にその言葉自体に責めはないのに。

だが、平成十四年の自分の手帳を見ていて、自然にこの言葉が浮かんだ。

本当は、その都度違う方におめにかかって話を聞くという仕事をしている私こそ、この言葉をもっと意識するべきではなかったのかと、柄にもなく自戒したり、同時に、いや、私のような軽薄な人間が意識すると、つい軽々しく口にしてしまうだろうから、やはり胸の内に置かなくてよかったのだ……とか、様々に考えさせられた。

その後で、改めて今回の高峰さんと沢木氏の対談を読み直していたら、彼らこそ、この「一期一会」という言葉に似つかわしい人達ではないかと感じた。

高峰さんには「私の救急車」と呼ぶ人物がいた。司馬遼太郎氏、大宅壮一氏。つまり「滅多なことでお出ましを請うてはいけないが、いてくださるだけで心丈夫」と思える人物。それにしても「救急車」とは、いかにもウィットに富んだ高峰さんらしい比喩である。

普通、それほどの思いを抱いている相手なら、そして先方もこちらに対して強い好意を抱いている関係なら、時々食事に誘ったり、そうしないまでも、手紙や電話で無事を確かめたくなるものではないだろうか。だが高峰さんは、死がその関係を分かつまで、遂に一度も二人の〝救急車〟に自分のほうから連絡をすることはなかった。彼らからの手紙に返事を出したり、あるいは偶然どこかで出くわしたりすることをこの上なく喜ぶ、それだけだった。

高峰さんのこの姿勢は、相手の有名無名に関係ない。

たとえば、何十年も高峰さんのファンであるNさんという年配の女性がいる。Nさんは季節ごとに美味しい柿の葉寿司を松山家に送ってくれる。高峰さんは夫と共に有難くそれを戴き、もっともここ数年は私がその大半を平らげているが、高峰さんはそのNさんにお礼状を書き、時にはお返しにお菓子を送ったりする。妙な言い方だが、〝それだけ〟だ。

だから、私には高峰さんのNさんへの対応が極めて淡々として見えた。

ところがある時、高峰さんの随筆を読んで、考えが変わった。

それは高峰さんがハワイの家で夏を過ごしていた時のこと。彼女は踏み台に上がって、掛け時計のバッテリーを交換していた。その時、ふと思うのだ。「奈良のNさんのバッテリーは今日も正常に働いているかな？」と。喘息の持病があるNさんのことが気にかかったのだ。

掛け時計のバッテリーに人の息災を重ねる高峰さんの発想も秀逸だが、一度も顔を合わせたことのない一人のファンのことをそっと思いやる、その高峰秀子の人への思い方が、私にはもっと素晴らしく思えた。

PUBLIC SUBWAY
UNDERGROUND
PUBLIC SUBWAY

つまり、これが高峰秀子という人の、人への思い方なのだ。

黙って想う――。

それがわかった時、私は改めて、高峰秀子という人間に惚れ、そして自分などには手の届かぬ所にある彼女の精神性にしびれた。

黙って人を想う。これほど美しい行為があるだろうか。

高峰秀子は、誰に対しても、決して自らの想いを口にしたり、伝えようとはしない。きっと、わかってくれなくてもかまわないとさえ思っている。

私などには想像もできない奥ゆかしさである。

しかし高峰秀子という人は、そういう人なのだ。

沢木氏との対談の冒頭で、高峰さんは、対談場所に現れた氏に、開口一番聞く。「〝墜落〟の後遺症はどうですか？」

この少し前、氏から来たハガキにポツリとその事故のことが書かれていたのを読んで、ずっと心配していたのだ。かと言って、「沢木さんからこんなハガキが来て、とても心配」などと口にしていたわけではない。だからもしこの対談が企画されなければ、高峰さんは沢木氏に会うこともなく、黙って心の内で心配していたことだろう。対面した時だって、いかにも心配そうに聞いたわけではない。いつものように、挨拶代わりという感じでサラリと口にした、と、少なくとも私には思えた。だが、対談のその後に続く彼女の発言を読めば、高峰さんがいかに沢木氏のことを想っていたかが、わかる。

同じようなことが他にもあったのを私は思い出した。

私が文藝春秋で働いていた時の恩師にS氏という人物がいて、私を介して高峰さんも氏を知った。ある時、そのS氏が入院して手術をした。そのことを私が告げると、高峰さんは「まぁ、そう」と顔を曇らせた。だが、それだけだった。別にその後、S氏の様子を私に聞くでもなく、S氏のことを高峰さんが話題にしたこともなかった。だが数カ月後、S氏が無事仕事に復帰して、そのことを再び私が告げると、その時初めて高峰さんは言ったのだ。

「よかった！　私、Sさんのことを夢に見たのよ」

私はびっくりした。なぜなら、高峰秀子という人はそんなことを言うタイプの人間ではないし、事実、心配で誰かのことを夢に見たなどと彼女が口にしたのは初めてで、また、それ以後もない。だからよほど心配していたのだと、その時、私は思った。

付き合いの深さにおいては、高峰さんの比ではないほど私はS氏と親しく、お世話になっていた。だが私はS氏の夢など見なかった。もちろん心配はしていたが、この高峰さんの発言を聞いた時、人への想い方の深さや心の〝実《じつ》〟というものを感じて、私は急に恥ずかしくなったのを覚えている。

自分の想いを相手の前で口にすることは、相手の心を縛ること、負担をかけることだということを、彼女は知っている。

「なぜ司馬先生や他の尊敬している人達に手紙を出したり電話をかけたりしないの?」と私が聞いた時、高峰さんは一言答えた。

「相手の時間を奪うことは罪悪です」

束縛されることが何よりも嫌いなのに、五歳の時から五十年、血縁に縛られ、女優を続けてきた人である。だからこそ、人の心の自由や時間を奪うことがどれほど罪深いことか、高峰秀子は骨身にしみて知っているのだ。

この「知っている」ということ。

これが非常に重要なキーワードだと思う。

沢木氏との対談における高峰さんの発言。

「沢木さんが治療とかいうものが大嫌いだということは知ってます。だけどね、やっぱり痛いとこは治したほうがいいですね」

高峰さんは氏に言った、「知ってます」と。

二人の対談に立ち会っていた私は「おや?」と思った。高峰さんが沢木氏に会うのは、この時が二度目だったからだ。だから氏が「治療というものが大嫌い」などということを高峰さんはどこで知ったのだ?　と不思議に思ったのだ。

だが当の沢木氏は「おや?」とも思わず、ごく自然に高峰さんの発言を受けて、「自然に治りませんかねぇ。打ち身ぐらい簡単に治るような気がして……」と答え、まるで母親にたしなめられるように言われてしまうのだ。

「だいたい、沢木さんは『痛い、痛い』って、そういうことをちょっと面白がる癖があるね」

今度は「癖」ときた。

「癖」と言うからには、少なくともその人の日常を知っていなくてはなるまい。

だがもう一度言うが、この対談が、高峰さんが沢木氏に会った二度目である。氏の日常を彼女が知るはずはない。

にもかかわらず、沢木氏は我が意を得たりと言わんばかりに破顔一笑、「うん、そう」と嬉しそうに答えるのである。

つまり「知っている」のである。

高峰秀子は沢木耕太郎を理解しているのである。氏が著す作品を通して。そして沢木氏も高峰秀子という人間を深く理解しているのだ。

氏は高峰さんの著書『わたしの渡世日記』の文庫版の解説に書いた、

〈高峰秀子という名前には、華麗さと堅牢さがないまぜになったような独特の趣がある。それは養母の芸名であり、現し身の人間としてはどこにも存在しない幻の人物でもあった。

彼女は、このどこにもいないはずの「高峰秀子」に向かってゆっくりと成熟していったように思われる。〉

この言葉に代表される白眉とも言える〝高峰秀子解剖〟を、氏は高峰秀子に一度も会わぬうちに、この解説で書いている。

これが「理解」ということか、と、私は初めてこの沢木氏の解説を読んだ時、言葉を失った。

「理解」を超える愛情が存在するだろうか。

人を想うとは、理解すること。

高峰秀子と沢木耕太郎という二人の人間が交わす言葉を側で聞きながら、私は、そう強く思った。

たぶん、「一期一会」とは、そういうことではないのか。

たった一度の邂逅でも、対峙した相手を心から理解して想いやる。二度と再びまみえることがないとしても、それができれば本懐。

奥底に、ある覚悟のような心根を持って生きている人だけが口にできる、そんな言葉であるような気がしてならない。

高峰秀子　沢木耕太郎　特別対談

旅が教えてくれたこと

奇しくも同じ二十代半ばで世界へ飛び出した二人……
旅は人生にどんな彩りを与えてくれたのか

高峰　〝墜落〟の後遺症はどうですか？　もう治りましたか？

沢木　いえ、治りません。僕は身体が丈夫で、病気も怪我もしたことないんですが、今度ばかりは、まだ背中と肩が痛いです。

沢木氏は昨年九月、テレビのドキュメンタリー番組を作るため、二ヵ月間ブラジルに行った。その際、アマゾンの熱帯雨林上空を双発のセスナ機で飛行中、墜落したのだ。セスナが落ちるとわかった瞬間、氏の口をついて出た言葉は「マジかよ！」――。死と向かい合ったブラジル行は、氏の近著『イルカと墜落』に詳しい。

沢木　僕は朝、目がさめるとパッと起きるという質《たち》なんですけど、あの墜落以来、その〝パッと起きる〟というのができなくなったんです。手を突いて、ヨッコイショという感じで起きる。今や、以前の自分は一体どうやって起きてたんだろうと考えてしまうくらいなんです。情けない感じです（笑）。

高峰　治療はなさってますか？

沢木　全然。

高峰　あのね、沢木さんが治療とかいうものが大嫌いだということは知ってます。だけどね、やっぱり痛いとこは治したほうがいいですね。

沢木　自然に治りませんかねぇ。打ち身ぐらい簡単に治るような気がして……。

高峰　だいたい、沢木さんは「痛い、痛い」って、そういうことをちょっと面白がる癖があるね。

沢木　うん、そう（笑）。

高峰　今日お目にかかったら是非言わなきゃと思ってたんだけど、面白がらないで、治して下さい。そうしないとね、ハタ迷惑です。誰が迷惑するかっていうと、家族が迷惑します。

沢木　しますよね（やや反省気味に）。

高峰　沢木さんが「面白ぇな、痛ぇや」とおっしゃっても、奥さんや子供さんは、一緒に痛いの。いいえ、家族ばかりじゃなく、沢木さんに多かれ少なかれ好意を持っている人もみんな痛いのよ。うちの亭主（脚本家の松山善三氏）はね、とてもひ弱にできてて、ありとあらゆる病気をしたの。結婚後すぐ腎臓結核になったのに始まって、鼻の中にキノコが生えたり、ついこの間も目玉の裏側にモノもらいができちゃうし、もう〝疑惑のデパート〟ならぬ〝病気のデパート〟みたいな人で、しょっちゅう、あっちが痛ぇの、こっちが痛ぇのって。そのたんびに、こっちもね、一緒に痛くて、右往左往でくたびれちゃう。逆も同じですよ。一昨年、私はハワイのアパートで夜中にトイレに行こうとして、ベッドから滑り落ちてトンッと尻餅ついて、尾骶骨を打っちゃって、翌日から「イタタタッ」なんて、もう朝起きられないの、痛くて。二十日ほどで治りましたけど。でもそれを心配そうに見てる松山の様子は、こちらが気の毒になるくらい。つまり一緒に痛いんですよ、夫も。家族や夫婦というのはそういうもんでしょ。だから面白がっ

「オール讀物」二〇〇二年六月号より

てないで、病院に行ってちゃんと治すッ。

沢木　はい、わかりました（笑）。

〝やんちゃ坊主、母親に叱られる〟の図で始まった対談。
話題はまず海外の旅へ――。

沢木　高峰さんが一番最初に外国にいらしたのは、一冊目のご著書『巴里ひとりある記』になった、あのパリが初めてですか？

高峰　そう。沢木さんが『深夜特急』の旅をしたのと同じ、二十六、七歳の時。人間って、人生という旅のある駅で、ふッと立ち止まる時ってあるでしょ？女性ならさしずめお肌の曲がり角ってとこだし、男性なら今後の方針を決める、という。それが二十五、六歳って年頃なのね。沢木さんはリュック一つで外国へ飛び出したし、私はパリへ一人旅。

沢木　高峰さんも、心配でドキドキして、一人旅もなかなか悪くなかったでしょう？

高峰　いえ、あれは一人旅なんて呑気なものじゃなく、文字通りの〝海外逃亡〟なんです。私は五歳の時から自分の意思とは関係なく女優という仕事をやって、恐ろしい養母や十数人の親戚の生活を全て引き受けてたから、心身ともにへたばっちゃって、とにかくそういうもの一切から解き放たれたい、半ばヤケクソ気味に日本から逃げ出したんです。

パリで初めて〝普通の生活〟

沢木　でも人気絶頂の当時に、よく日本を脱出できましたねぇ。

高峰　ちょうどカンヌ映画祭に戦後初めて東洋の女優が招待されるということで、それをチャッカリ利用させてもらったんです。でも映画祭で振り袖着てニッコリ挨拶なんてチャラチャラしたこと嫌いだから、いいや、振り袖だけ作って映画祭には出なきゃいいんだ、パリでしゃがんでりゃいいじゃないかと思ってね（笑）。

沢木　ハハハ。で、無事に七ヵ月もしゃがんでいられたわけですね。

高峰　そう。仏文学者の渡辺一夫先生がかつて下宿してらしたカルチェラタンのお宅を紹介して下さって。ソルボンヌ大学の教授の未亡人とそのお母様が住んでらっしゃるアパートの一室に。私はもういい大人でしたけど、向こうは子供が来たと思ったらしいの。女優だっていうことも言ってなかったし。だから動物園に連れていってくだすったり。そしてフランス語は「H」の発音がないでしょう、私の名前は「イデコ」になっちゃうのね。毎日、未亡人とお婆ちゃまに「イデコ、イデコ」と呼ばれて、イイダコみたい（笑）。

沢木　確か、日本を発つにあたって家を売っていかれたと高峰さんのご本で読みましたけど、滞在中の費用もそれで足りました？

高峰　当時は持ち出しの上限が二百ドルだったのかな、だからまずはそれだけ持って。でもそんなのすぐ無くなっちゃうから、映画祭に招《よ》んでくれたフランス映画社からどんどん借金ですよ。それを日本に帰ってから円で返すというズルいことをやりまして。

沢木　でも逃亡の旅だったにしても、いつも人に囲まれてる生活をしてた高峰さんにとっては面白かったでしょう、パリの生活は。

高峰　私、パリで生まれて初めて〝普通の生活〟をしたんです。恥ずかしいことに、それまでの私は一人で買い物したこともなきゃ、バスや地下鉄にも乗ったことがない〝普通じゃない〟生活をしてたものだから。パリは夏になると、だーれもいなくなっちゃうでしょ、バカンスで。私の下宿の未亡人とお婆ちゃまもバカンスに出かけちゃった。だから二ヵ月ぐらい全くの一人でいるうちに、風邪を引いちゃったんですよ。それで何日も熱出してベッドでうんうん唸ってたんだけど、熱が下がってくると、やっぱりお腹が空くわけ。それで仕方ないからベッドから這い出して、一人でトコトコ市場に食べ物買いに行ったんです。

下町の人は「コマンタレブー（ご機嫌いかがですか？）」なんて言わないで、いきなり「サバビアン（元気かい？）」なんですね。だからお行儀の悪い言葉ばっかり覚えて帰ってきちゃった。ちゃんとフランス語でも勉強すればよかったけど、腑抜けみたいな状態だったから、その元気もありませんでしたけどね。
沢木　それでも「これはいくら？」とか日常会話は覚えるじゃないですか。
高峰　一人で下宿にいるうち、部屋の隅にクモの巣が張ってきたの。だからクモの巣を箒で取らなきゃと思って、日仏辞典で「箒」を引いたら「バレ」だったから、「バレ、バレ」って言いながら雑貨屋へ買いに行って、長い箒を担いで帰ってくる時、さすがに可笑しくて一人でヘラヘラ笑っちゃった。そういうことが私には新鮮で面白かった。人間て、言葉が通じなくても口をきかなくても何とか暮らしていけるもんだと思いましたね（笑）。
沢木　それは面白いなぁ。だって、人は日常から離れて、ある意味で〝普通じゃない〟生活を求めて旅をするんだけど、高峰さんの場合は、逆に旅によって〝普通の生活〟が得られたわけですよね。
高峰　でも本当に面白いのは沢木さんの旅ですよ、『深夜特急』。私、あのシリーズのお蔭で顔が浮腫《むく》んじゃいました。
沢木　えッ？（笑）

高峰　あんまり夢中になって、ずっと下向いて読んでたもんだから、顔がカボチャみたいに浮腫んでね。松山も読ませて頂いて言ってましたよ、「よくないなぁ、こんな面白いもの書いて。これで日本の若者は我も我もってみんなリュック背負って外国に行っちゃうんだろうなぁ。沢木さんみたいに利口ならいいけど、アホの若者がリュック背負っておんなじような旅ができると思うんだろうなぁ」って（笑）。

沢木　ハハハ。でも時々言われることがあるんです。例えば若い女性の編集者に会ったりすると、「私のカレもあの本読んで、行っちゃいました」って。そんなこと僕の責任じゃないと思うけど、一応「すみません」なんて謝るんですけどね（笑）。

確かに〝責任〟はないが、一時期テレビでブレイクしたお笑いコンビ・猿岩石の無謀な旅も、番組の制作者が沢木氏の『深夜特急』に憧れて企画したのだ。つまり、それほどに、かの著が数多の人々を旅に誘ったのは事実である。

高峰　でも、女だったら、ああはいかない。男だからできた。それも賢明なる沢木耕太郎だからできた旅なんですけど、それにしても、ああやたらと怪しげな宿に泊まったり、得体の知れない人に付いて行ったり、ご自分で不安はなかったんですか？

沢木　きっとそこはね、一種の〝力量〟みたいなものがあって、危険なものを察知できるかどうかって、その人の力が関わってくるんでしょうね。危険な所に迷い込んじゃっても、そこから回復できる、引き返せるというのがその人の力じゃないですか。そういう自分の力を計りながら旅行してるんだと思うんですよね。その力の自分量をうまく見つけられない子たちが、危険な所に行って回復できなかったりするんだと思うんです。だから「一人旅はいいですよ」と勧める一つの理由は、誰かに助けられないで、自分一人で自分の実力を計りながら旅行できることなんです。そうやって一個一個確かめながら旅することで、少しずつ身の丈が高くなっていくような感じがあるんですね。

高峰　確かにそうですね。一人で旅をすると、キザな言い方だけど、自分でものが見えてきますよね。沢木さんが書いてらっしゃったけど、例えば、バスに乗って窓から綺麗な景色を見た時、誰かと一緒の旅だと、「綺麗だね」「うん、綺麗だ」で完結しちゃうけど、一人だとその綺麗だという思いが胸の内に静かに沈んでいって醸成されていくと。

沢木　そうですね。

高峰　沢木さんはそうやってご自分の目で見て、ご自分の耳で聞いた以外のことは書かないお方でしょう。そういう風に決めたのはどうして？　いつ頃から？

沢木　そうですねぇ……どうなんでしょう。僕が書いてるのはいわゆるノンフィクションというものなんですけど、僕がやり始めた頃は、はっきりしたスタイルが決まってなかったんです。だから自分なりにいろいろスタイルを考えながら書いていくしかなかったんだけど、そのうち、既成の書き方というのがあまり僕の肌に合わないという風に思い始めて、で、自分が心地よいものを選んでいくとそういうことになった。もちろん過去のことを調べる時に間接的な話を取り入れたりしますけど、その間接的な伝聞によるものでも、確かにこの人から聞いた、あるいは確かにこの人がそう思ったに違いないというようなことを大事にしようと思ったんです。

まさに二十七か八ぐらいの時にはそういうことをギリギリ考えたんだけど、今はその辺がちょっと緩くなりましたね、気持ちが。今はもう少しゆったりした感じというか、そのことよりもっと大事なことがあるのかもしれないという風には思い始めてます。だから最近は外国に行っても、ボンヤリしてることが多くなってきました（笑）。

高峰　でも充電してる。

沢木　そんなこともないんですよ（笑）。

高峰　そうすると、『深夜特急』の旅から三十年、今もし同じルートを同じように旅しても、沢木さんはもう昔よりご自分の力量を知ってるから、当然振る舞いも違ってくる？

沢木　そう、全く違う。この間もね、ベトナムに行った時、ハノイの町で例によって安い定食屋さんのような所で一人でご飯を食べてたんです。ご飯と汁物とおかず三種類ぐらいで、日本円なら何十円という感じの。そしたら、後でハノイ大学の学生だとわかった二人の女の子が隣で食べていて、僕に話しかけてくれたんです。「あなたはこれからどこへ行くのか。私達はハイフォンの出身なんだけど、ハイフォンに来る気があるか」って。僕はちょうど行こうと思ってたから、そう言うと、「私達は明日からハイフォンに帰るので、来たら連絡をくれないか」って携帯電話の番号を教えてくれたの。今やベトナムの子も携帯電話持ってるんですね（笑）。で、僕は「どうもありがとう。もしハイフォンに行ったら訪ねていくね」と言ったんだけど、もし昔の僕だったら絶対訪ねていったと思うのね。そこで何かが始まるかもしれないし、始まらないかもしれないけど。でもその時、僕は「うーん、どうしようかなぁ」と思って、結局、行かなかったんです。ハイフォンには。考えちゃったんですよ、そのお嬢さん達の所に訪ねていって、向こうの親御さんがどういう気持ちがするだろうなあと(笑)。それ思うと、なんか困ったなぁという感じがあって。これ、明らかに三十年の歳月の経過ですよね(笑)。

高峰　でも、三十年前には見えなかったことが、五十代の今だから見えてくるってことがあるでしょう?

沢木　そうあって欲しいけど、どうでしょうか……。でもその点はむしろ高峰さんに伺いたいんですけど、ハワイにおうちを持たれてもう三十年近いでしょう。毎年、夏と冬にご主人と一緒にハワイで二ヵ月ほど過ごされていて、同じ風景に違ったものが見えてくるんじゃないですか?

高峰　さあねぇ、あまり考えたこともない。私、鈍感だから。

必ず旅先で探すものは?

沢木　僕、いろんな所に行った中で、一番好きな場所がハワイなんですよ。

高峰　へぇー、意外だ。

沢木　だって考えてもみて下さいよ。ハワイってほんとに幸せな気分になれる場所だと思うんです。例えばどこかにアパートを借りて、午前中はハワイ大学の図書館で本を読んで、学食でお昼を食べて、その後は海岸で一、二時間泳ぐ。

そしてアラモアナショッピングセンターで買い物をしてアパートでクッキングして、夜はちょっと酒を飲みに出て。理想的な一日じゃないですか。だから高峰さんがハワイの生活を随筆にお書きになるのを読んで羨ましくて。ハワイで半ズボンはいてゴム草履《ぞうり》で歩いてるだけで幸せになれるという感じが、しませんか？

高峰　しません（笑）。

沢木　え、どうして？　海の風に吹かれて散歩するでしょう？

高峰　全然しない。

沢木　えぇーッ！　信じられない。

高峰　まぁ初めの頃は、ビショップ博物館でハワイの歴史を勉強したりあちこちへ見物に行ったりしたけど、ハワイに家を持った一番の理由は、松山があそこに行くとたちどころに元気になるからなんです。毎日夕方になると、彼はビーチをトットトットト早足で歩いて、溌剌として帰ってくるんですよね。だから二ヵ月ハワイにいると、身体の弱い夫が真っ黒に日焼けして元気になる。私としては大事なお宝亭主だから（笑）、少しでも長持ちしてもらわないと困る。だから行ってるだけのことでね。

沢木　ご主人と一緒に歩けばいいのに。

高峰　どうする？　歩いて。
沢木　ハハハ、どうするって（笑）。
高峰　私は夕日見たって、「フン、赤いや」と思うだけだし、海がありゃ、「海、ああ青いね」と思うだけだから、そういう人は付いていっても無駄だもん。水泳はブクだし、ゴルフは興味ないし、ひたすら台所でおかず作ってるだけ。
沢木　でもあそこに行くと元気になるっていう松山さんの気持ち、僕、すごくよくわかるなぁ。
高峰　沢木さんはとても行動的に、何でも突撃って感じでいろんな所にいらっしゃるけど、私は何にも興味がない女なの。と言うのは、五十年女優をやって、何百人もの女に化けて暮らしてきたでしょ、もうちょっとやそっとのことでビックリなんてしなくなっちゃった。
沢木　感動もしなくなった？
高峰　そうですね。だからギザのピラミッドを見たって、世の中広いんだからこんなデカイお墓ぐらいあって当たり前じゃないかって。松山なんか「ワー、ワー」って感激して三十分ぐらいグルグル見て回ってましたけど、私は車のドア開けたらラクダのウンチの匂いがしたから、ポンと閉めちゃって車の中で煙草吸ってました。なんか今日は「楽しい旅の話を」ということなのに、私だとダメですね（笑）。

沢木　そんなことないですよ。可笑しいもん。僕はきっと松山さんと二人でルンルンていろんな所に行ってるんだろうなぁ、ハワイでも楽しいんだろうなと思ってたから、そうでもなかったらしいというのが、すごく可笑しい（笑）。だけど、僕なんかも若い時、与那国島に十日間いただけで、見るもの聞くもの面白くて、原稿用紙二百枚も書けたことがあったのに、今ならたとえ一年いたって二百枚なんて書けないですよ。高峰さんは、女優のお仕事でいろんな所にロケに行ってあらゆるものを見すぎちゃったというのもあるんでしょうか？例えば高峰さんが十六歳から十七歳にかけて撮影した「馬」などは、盛岡の四季折々が映し出されているんですが。

高峰　これは私だけかもしれませんけど、撮影のためにどこか地方に逗留しても、ロケ先と旅館を往復するだけなんです。だから出来上がったフィルムを見て、「あら、山があったのか、あんな所に」なんて驚いたり。

沢木　ほんとですか？

高峰　そんなもんですよ。

沢木　じゃあ、あの「二十四の瞳」の小豆島とかいっても、あんまり風景的に記憶はない？

高峰　ない！　なんにもない。粗末な返事ですみません。

沢木　へぇー。じゃ、結婚してから行った旅というのは、もっぱらご主人が「行こうよ」ということでリードして？

高峰　そうですね。それに遊びのために行った旅というのはないんです。いつも何か仕事がらみですね。この間も十日ほど松山が京都の撮影所で仕事をするから付いていったんですけど、私はずっとホテルの中にいるんです。

沢木　ホテルの中で何してるんですか？

高峰　本読んでます。

沢木　ハハハ。読書家だとは聞いてましたけど、そんなに本が好きですか？

高峰　読書といったって、全くの乱読で、それも最近はボケてきたから、読むそばから忘れちゃうけど、それでも読まないよりは読んだほうがいいと思うんです。少なくても読んでる瞬間は楽しいし、勉強にもなるし。だから、とにかくホテルに入ったら、すぐ本屋さんを探すんです。もちろん行く時も必ず文庫本を何冊か持っていきますけど。

沢木　僕も旅先で必ず書店を探しますけど、それは本を探すというより、一番気持ちよくボンヤリできる場所だからなんです。そしてボンヤリ本を眺めてるうちに、自分が書くもののタイトルが浮かんできたり、中身が固まったり。

高峰　やっぱり作家ってスゴイですね。今の沢木さんのお話で思い出したけど、司馬遼太郎先生とハワイに行ったことがあったの。でも司馬先生の興味っていうと、博物館と図書館くらいのものでしょう。サービスに困って、松山が「お一人の時間を作ってあげよう」って、ビーチチェアを担いで公園の大きな木の下に据えて、「私どもは二時間ばかり消えますから、ここにいらして下さい」って言ってね。だけど公園には鳥がたくさんいるでしょ、司馬先生は鳥がダメ。鳥だけじゃなく、太陽にも弱いし、エビ、カニも召し上がらない。

沢木　最も海辺に適さない人なんだ（笑）。

高峰　そうなの。で、私達が二時間後に買い物袋下げて戻ってみると、先生、「鳥が来たぁ」って情けない顔なさってね（笑）。ところが、そこが司馬遼太郎という人の凄いところで、「二時間一人にしてくれたんで、小説が一本できちゃった。題名まで決めたよ。『菜の花の沖』」って言うんだ」って。初めは「僕、ハワイではラジオも聴かない、新聞も読まない。ただボーッと怠けてるんだ」なんておっしゃってたのに、ウソばっかり。

沢木　そうかぁ、凄いなあ、そういうのは。

高峰　凄い！

沢木　やっぱり海である必要があったんだ、司馬さんにとっては。

旅を語るうち、二人は互いの中に、ある〝違い〟を発見した。

沢木　高峰さんがご主人と共著された『旅は道づれ』シリーズなどを読んでもわかるけど、高峰さんは国内外を問わず、決して僕が泊まるような汚い宿には泊まらないでしょう？（笑）

高峰　でもね、例えば映画のロケなんていうと、そうそういい宿屋ばかりじゃないんですよ。二階に行く階段が斜めになっちゃってて、這って上がらなきゃいけないような旅館にも泊まったし。だいたいロケそのものが、夏に綿入れ着たり、真冬に半袖一枚で撮ったり、ひどい目にはいっぱい遭ってますからね。でも私はちゃんと居直っちゃうの。「ああそうかい。ならいいよ。寝巻きもなくていいよ、土間に寝ちゃうから」って。そういうところもあるの。

――一人旅のいいところは……

沢木　でも汚い旅館はイヤ？

高峰　そりゃあねぇ、自分で選ぶ時にわざわざ汚い宿は選びませんよ。あえて選ぶのは沢木さんでしょ、面白がって（笑）。

沢木　その通りです（笑）。

高峰　ただね、日本旅館の場合は、たとえ部屋が綺麗でも、よく変てこりんな物が置いてあるでしょ。床の間に変な布袋さんとか動物の剝製とか。トイレにホンコンフラワーとか。そういう物は、部屋に入るなり全部押入れに片付けちゃいます。ゴテゴテハデハデの灰皿まで。だから帰る時は大変ですよ、元通りにしなきゃいけないから（笑）。

沢木　ハハハ。高峰さんらしいな。僕なら、変な布袋さんがあったら、じっと見ちゃうと思うなぁ。何でこんなところに、こんな下らない物が置いてあるんだろうと思って。

高峰　私はダメ。我慢できない。

沢木　ご主人はどうなんです、変な布袋さんへの反応は？

高峰　ビックリして見てます。

沢木　見てますか、やっぱり（笑）。

高峰　それで私のすることをオヤオヤという顔して見てるけど、もう「そういう女なんだ」って諦めてるんでしょうね。だから沢木さんは松山と似てるところがありますよ。変な物でも寛大に受け入れる、優しいところが。

沢木　高峰さんは優しくない？

高峰　沢木さんと私は旅について対照的なのかもしれない。どんな汚い場所でも宿でも素直に順応する沢木さんと、自分の好みをガンとして変えない私と（笑）。それは人間に対してもそうなんじゃない？

沢木　そうかもしれませんね。僕はつまらない人に遇ったことがないっていうか、「どうしてこの人、こんなにつまらないんだろう？」って面白いと思うわけですよ。

高峰　ハハハ。じゃ、あの〝墜落〟の時のパイロットは、ご自分でもそう書いてらしたけど、珍しく否定的に捉えたんですね？

沢木　あ、それはそうですね。僕、滅多に人に対して「イヤだな」と思ったことないから。

高峰　でも、それ、よくわかります。これから自分が操縦する飛行機をチラとも見ない。それだけでもイヤですよ、私だって。

沢木　イヤですよねぇ。

高峰　そしてあのパイロットは謝らなかったっていうんですけど、ブラジルには「アイム・ソーリー」という言葉がないと。その代わりに「シント・ムイト」。

沢木　そう。「いっぱい考える」というのがあるらしいんですね。

高峰　あれ、私、気に入りましたね。「シント・ムイト」、「よく考える」。本当の意味は私にはわからないけど、なんかすごく広くて深くて、ちょっと曖昧で。

日本語の「どうも、どうも」みたいで面白い。ただし日本語の「どうも」は曖昧なだけだけど。

沢木　そうですね。「よく考える」が「ごめんなさい」の代わりというのは、何か広くて深くて、ブラジルらしいですよね。

そして〝対照的〟な二人は、徐々に、今度は互いの類似点に思い至る。

高峰　さっき、沢木さんが、一人旅のいいところは自分の力量を計りながら成長できることだとおっしゃったけど、『深夜特急』の旅で沢木さんが受けた数々の親切というのはそのまま沢木さんの力量、つまりご自身の人柄がそうさせたんじゃないですか？

沢木　僕、よほど哀れに見えるらしいんです（笑）。

高峰　私は、沢木さんの作品を読んでいつも感じるのは、品性なんです。これ、お世辞じゃないよ。『一瞬の夏』でも『檀』でも。特に『檀』。あれは檀一雄未亡人の心の旅。それを聞き出す時、沢木さんはぎりぎりまで質問するけど、ここから先は決して踏み込まないんだという、人としての品性が見える。だから夫人が「私、あんまり喋り過ぎて、なんか空っぽになっちゃった」、あそこは胸打たれますね。たいていあの種の本は一つか二つは厭味なところがあるもの

だけど、沢木さんの物には絶対ない。やっぱりサワキじゃなく、サワヤカ耕太郎の身上ですね。

沢木　いえ、そんな……。でも、もしそう思って下さるとすると、それは高峰さんのお書きになったものも同じですよね。例えば『私の梅原龍三郎』でも、川口松太郎さんを聞き書きされた『人情話　松太郎』でも、ここから先へは入らないというある原則を立てて、それを破らないから、あれだけの方達に近い存在でいられたんじゃないですか？

高峰　私の場合は、先生方が偉すぎて、私は犬や猫のような存在だったと思うの。だから〝触らない存在〟として近くにいられたというか……。でもそういう先生方にお会いできたのは、嫌いだったと言いながら、やはり女優という仕事をしていたお陰で、その点では自分の仕事に感謝してますね。

沢木　不思議なんですけども、僕は高峰さんがお書きになるものを読んでいると、気性はわりと僕に近いんじゃないかなと思って読んでるところがちょっとあって。

高峰　私、沢木さんが旅でバスに乗る時、必ず最後部の席にお座りになるのを知って、あ、これはやっぱりただ者じゃないなと思ったんです。一番後ろに乗るということは、前が全部見えるわけですからね。

沢木　それはそうですね。

高峰　だからボンヤリしてるとおっしゃったけど、いたずらに目を開いてるわけじゃなく、じっと見たり聞いたりしてる。だからいい一人旅になるんだと思いますね。そして一人旅だから、知らない人から話しかけられたりして視野が広がっていくし。

沢木　でも唯一、一人旅で辛いのが食事する時なんです。一人だと美味しい物が食べられないじゃないですか。例えばレストランだって、外国は日本みたいにカウンターというシステムがないから、フランス料理屋だって一人で来られたら困るでしょう。高峰さんが一人でパリにいた時、どうでした？

高峰　そう言えば、そうね。ちょっと寂しいと言えば寂しかったかな。だけど、「ああ、寂しいなぁ」と思いながら、それでもいつかこの寂しさを〝懐かしい思い出〟にしたいと思ってました。クモの巣を取るためにバレを買いに行った時も、「私、一人でこんな所で何やってるんだろう」と思ったけど、これもいつかいい思い出になるんだ、そう思って我慢した。

沢木　それで、いい思い出になりました？

高峰　なりましたね。

沢木　うん、なりますよね。一人で旅行してる時、そう思うことありますよね。

僕も『深夜特急』の旅は何かを書いてやろうと思ってしたわけじゃないんですけど、二十二の時から書き始めてましたから、それ以降今に至るまで、書くことと無関係に行動することはないんです。だからああいう形でまとまるだろうという感じはなかったけど、いずれ、それこそ高峰さんがおっしゃったように「このことはいつか思い出すことになるだろう」、そして「いつか書くことになるんだろうな」という意識はありましたよね。

高峰　あれは旅から十年後にお書きになったわけですけど、それをまるで今日か昨日のことのようにお書きになれたのは、確か、何人かの方に旅先からたくさん手紙をお書きになっていたからだと聞きましたけど。

沢木　そうなんです。三人の人に行く先々から、合計で百通ぐらいでしょうか、手紙を書いて、それをみんなが保存しといてくれたんです。手紙は一生分書いちゃったというくらい書きました。今でも子供に、「そんなに書いたのに、字が上手くならなかったね」って言われるんですけども（笑）。それともう一つは、毎日の金銭出納帳ですね。今日は何を食べたか、バス代はいくらだったか。あとお金はいくら残っている、それは大事だったから。それが行動の記録で、気持ちの記録が手紙だったんです。その二つを突き合わせると、ピタッと旅の記録になってたんですね。

さんは旅先の記録というのは？

高峰　手紙は航空用箋に？

沢木　そうです。航空用箋一枚にちっちゃい字で書くと、原稿用紙八枚分ぐらい書けるんです。ということは、全部で原稿用紙八百枚ぐらいですよね。高峰さんは旅先の記録というのは？

結婚は自由を縛るか？

高峰　私は、日記は書かないけれど、旅行の時だけはちょっと書きます。この日は何をした、何を食べたとか、ごく簡単にね。それでもそんな手帳が四十冊ぐらいになってます。でも読んでみると、食べ物のことが一番多いの。

沢木　そうかぁ。その手帳も、きっと高峰さん特有の鋭い観察やユーモラスな表現がしてあるんでしょうね。

高峰　ごく簡単にしか書いてないですよ。でもそのそっけなさで食べ物のことばかり書いてあるから、読んでて可笑しかった。

沢木　そのそっけなさということも含めて、高峰さんが何事にも驚かなくなっちゃったというのは、一つには、幼い頃からすべてが向こうから無限にやって来たからじゃないんでしょうか。

高峰　そうかもしれない。

沢木　それにどう反応するか、あるいは拒絶するかということをずっとやってらっしゃったから、何事にも動じなくなったんでしょうね。
高峰　要は、ねじれちゃったんです（笑）。それはね、私の旅の始まりが、間違っちゃったからなんです。私は四歳半で実母を亡くして、養女になったんです。それで母が死んだ次の日に、養母に連れられて函館から東京の鶯谷という所に行ったんですけど、養母という人は、朝から晩まで言うんですよ、「私が本当のお母さんだよ。お母さんって言ってごらん」って。私、「このオバサン何言ってるんだ、〝マジかよ〟」って、それこそ（笑）。
沢木　マジかよって（笑）。
高峰　だって四歳半でも覚えてますよ、自分の母親が死んだこと。死に顔だって覚えてる、昨日のことなんだから。それなのに「私が本当のお母さんだ。お母さんと呼べ」って毎日責めたてるわけでしょう。それ以来根性がねじれちゃって、なんにも信じられなくなっちゃった。だから人間の形成って六歳ぐらいで決まるっていうけど、ほんとですね。
沢木　その自分の中で固まったものは、それから変化しませんか？
高峰　しませんね。ねじれっ放し（笑）。
沢木　それは結婚によっても変化しませんでした？

高峰　あ、それはね、ずいぶん変化しました。あの人は信用してます、私。
沢木　旅の出発で主導権を自分以外の人に握られてしまった……。
高峰　それを今、取り戻してるんです。
沢木　うーん、なるほど。
高峰　私が〝食う〟ように本を読むのもそれですね。沢木さんがおっしゃったように、あらゆるものが向こうから来たけど、ただ一つ来なかったものが、読書や勉強だったから。
沢木　そうかぁ。単なる読書家というんじゃなく、もっと重いものが。
高峰　いえ、そんな大袈裟なものじゃないの。要は、満足に小学校も行けなかった、ろくに字も知らなかったという劣等感ですね。
沢木　劣等感をいい方に向けたと。そして結果的に三十冊近い著作をお書きになってるということは、書くことが嫌いじゃなかったわけですか、気がついてみたら？
高峰　五歳で松竹の蒲田撮影所という所に入ったんですけど、そこで『蒲田』というわりにちゃんとした雑誌が出てたんですよ。宣伝部からそこに撮影日記を書けと言われて、初めは宣伝部の人が代わりに書いてたんですけど、私はろくに字も書けないくせして生意気にも、これはあんまり面白くないなと思って、自分で書くようになったんです。書くと言ったって、最初は片仮名で「キョウハ、クリシマスミコセンセイトオシバイヲシマシタ」なんて稚拙なもの。その横に「ロイドのおじさん」なんて挿絵も描いたりしてね。

沢木　書いてみたら、イヤじゃなかった？

高峰　そうなんでしょうね。イヤだったらやめてたでしょうね。だから、手紙書くように綴り方みたいに書いてるうちに、抵抗なく書くことに入っていったんです。

沢木　高峰さんの言い方を借りれば、〝ねじれた〟旅の始まりが、高峰さんの文章を生んだんですね。

高峰　でも人は、ねじれないに越したことはないですよ。沢木さんみたいに、ちゃんとした人生で上等なものを書くほうがいい。

沢木　でも、わかりませんよ。僕にもひどくねじれたところがあって、それをなんとか隠し隠し生きているのかもしれないですし。なんて〝ねじれ自慢〟をしてもしょうがないか（笑）。

人生の旅はさらに進み、遂には墓の話にまで及んで――。

高峰　人は生まれた時から終着駅に向かって旅を始めるわけですけど、人間には二人として同じ人がいなくて、旅路も二つとして同じ道はないわけでしょ。私はもう終着駅がすぐ傍だけど、沢木さんは今、旅の途中。沢木さんは、若い頃計画した通りに、人生の旅は進んでますか？

沢木　僕ね、人生の計画を立てたことが、まずないんです。だから今の質問にはうまく答えられないんだけど、僕は逆に、明日以外の計画を立てないで済むような人生を送りたいと思ってきたんです。だけど実際はそうもいかないから、せめて一ヵ月先ぐらいまでの予定を立てて、後は変更可能な人生を送りたいと願ってきた。だから「計画や予定を立ててその通りに生きていかなきゃいけない人生を送らない」という計画は実行できました。

僕は家でも車でも、モノを持つということについて全然興味がないから、洋服なんかも、もしこれ十年着ていいなら、十年同じ物を着てると思うんです。絶対に。そして今の仕事でも偶然やってるという感じがあるものですから、この仕事でこんな風に偉くなろうとか、傑作書こうというのもない。子供をこんな風に育てたいと思ったこともないし。ですからそういう自分の気持ちから言えば、ほぼ九割九分ぐらい、その通りにいってると思います。それはこれからも同じだと思うんですよね。

高峰　うーん。だから思い立ったら、どこでもすっ飛んで行っちゃうわけね。

それも一人で。じゃ、なんで結婚したの？　自由でいたい人が。
沢木　あッ、そこが一番大きな問題だ（笑）。
高峰　何の計画もなしに結婚したんですか？　縛られたくない人が、なぜ結婚したの？
沢木　うーん……（笑）。

沢木氏、明らかに〝墜落〟以上の危機に陥り、〝母〟の鋭い指摘に、見る見る窮地に……。

沢木　確かに、言われてみれば、結婚なんてもっとも不自由になることですもんね。でも、一緒にいることが心地いい相手っているもんじゃないですか。それに、計画なんて何もなかったけど、結婚によって不自由になったという感じはあまりしないんです。
高峰さんは計画を持って結婚なさったんですか？
高峰　しました（キッパリと）。
沢木　えッ、計画性があった？
高峰　ありました（もっとキッパリ）。
沢木　あの凄いお母様から離れるために？

高峰　ううん、違う。気がついたら映画界にいました。そのうちどんどんお金が取れるようになって、有象無象がいっぱい寄ってきちゃって、稼いでも稼いでもその人達が使っちゃって、私はもう疲労困憊してたんです。それでパリに逃亡してみたけどダメだった。そして居直った。ああそうかい、いいよ、やんなくちゃならないんだったらやろうじゃないかと。職人と割り切ってやりましょう、ただし三十歳まで。人畜無害な作品だけに出演して、エロ、グロ、ドンパチには出ない。そして三十になって目ぼしい人がいたら結婚して、今度はその人のために三十年、六十歳ね。それでお終い。六十まで奥さんを務めて、旦那が死んじゃったら——まだ生きてるけどね。生きててもらわなきゃ困るけど——そしたらあとの時間は読書三昧。ちゃんと計画通り、その通りやってます。

沢木　ワァ、それは意外だッ（笑）。でも考えてみると、だからなんですね。僕は高峰さんのものを何読んでもやっぱり思うのは、「それでもよかったよね、松山さんみたいな人がいて」ということなんですよね。だから逆に、松山さんと出逢ってなければ、どうなってるんだろうって。

高峰　きっとイヤぁなバアさんになってたと思いますよ。今でもイヤなバアさんだけど（笑）。いくら雑文みたいなもの書いても所詮は素人の綴り方で、結局は女優しかできないんだから、いまだに一族郎党にしがみつかれて、ヒーヒー言いながら女優をやってたでしょうねぇ。

沢木　じゃあ、それこそ松山さんとハワイで過ごすのは、たとえ海にも行かない風景も見ないとしても、心静かでしょう？

高峰　静かも何も、とにかくもう老衰でね。今は朝起きた時からくたびれてますから、ハワイだろうが日本だろうがおんなじ（笑）。

沢木　ハハハ。でも終着駅で思い出したんですが、この前のベトナムで、サイゴンからハノイまでバスで行った時、途中の小さな町に中国寺院があると聞いたんです。それで見にいこうと思ってブラブラ歩いてると、小学校二、三年ぐらいの賢そうな男の子が合掌するように手を合わせて近づいてきて、「行くのかい？」って感じで聞くんです。僕が身振り手振りで「うんうん、行くんですね。中国のお寺に」と言うと、「じゃ、案内してあげる」と先に歩きだしたんだ、しばらく行くと、突然その子が「お金を頂戴」と言うんです。僕、あんまりお金をあげるのが好きじゃないんだけど、こんなに遠くまで来てくれたんだから着いたらあげようと思ってたんです。でも途中で急に言われたもんだから、つい「ダメッ」って言っちゃったんです。そしたらその子が「じゃ、もういいもん」って感じで帰っちゃって、僕は何もない所にポツンと取り残されたんですね。

高峰　野っ原の真ん中?

沢木　うん、田んぼばっかりの所。それでどうしようと思ってたら、向こうからおじさんが歩いてきたので、さっきの男の子がしたように手を合わせて「ここはどこですか?」と聞くと、おじさんが「あっちだ」と指さすんです。だからとにかく田んぼの畦道をどんどん行ったの。すると今度は農婦のおばさんが二人来たから、また手を合わせて「ここはどこですか?」と。そしたらまた「あっちだ」と指さした、田んぼの方を。おかしいなぁ、田んぼしかないのになと思いながら、それでも言われた方角に歩いていくと、今度はバイクに乗ったおじさんが来て、その人にも聞くと、「後ろに乗れ」と。それでしばらくバイクでビューと行ったら、途中で「ここだ」と言うんですね。でもそこは畑で、アヒルのいるちょっとした沼があるだけなんですよ。でもおじさんは畑の向こうを指すから、仕方なく行ってみると、狭い荒れ地があって、そこに石が積んであったの。それ、日本人の墓だったんです。

高峰　あらあら。

あと一枚のチケットの使い道

沢木　一六〇〇年代の初め、徳川幕府がキリシタンを禁止する前、そこに日本人町があったんですって。

高峰　へぇーッ。

沢木　そして日本人町が撤収された後もそこに残った日本人の一人のお墓だったんですね。僕が日本人だから、きっとそこにお墓参りに行くんだろうと思って、みんながそこを指さしてたらしいんです。

高峰　ハワイにも日本の移民の方のお墓がたくさんあるけど、全部、日本の方角を向いて立ってるんですね。それもわざわざ上等の御影石の墓石を日本から取り寄せたりして、日本の方角に向けて。

沢木　あッ、そのベトナムの墓も日本を向いてた。なんか切ないですね。でも僕はそのお墓は好きだったんです。僕は墓なんか要らないと思ってたけど、その花もないお墓は、ただ綺麗な稲穂に囲まれて、荒れ地にポツンと立ってる。こういうのだったら墓を持ってもいいなと思って。

高峰　私もアフガニスタンに行った時、見ましたけど、遊牧民がラクダ引っ張って歩いてて、誰かが死ねばその場に埋められるわけ。小さな石をポツンと置くだけで。あれもお墓ですよ。ピラミッドもお墓。虚しくなるね。

沢木　高峰さんは確か、かなり昔にご主人と二人の骨壺を作られたんでしょう？

高峰　そう。黒田辰秋さんに作って頂いたミカンくらいの大きさの。でも私もお墓は要らない。どこかの海へばらまいてくれればいい。松山も同じこと言ってました。

沢木　僕は旅先でバタッと行き倒れるのがいいなぁ。残された家族は面倒だろうけど、当人にとってはいいなぁと思う、すごく。

高峰　男の人は勝手ですねぇ。

沢木　あッ（笑）。

高峰　太宰（治）だってさ、自分のしたいことだけして死んじゃって。三島由紀夫だって、何が美学だ、あんなことして。残された者の身になって下さい、冗談じゃないですよ。いつもワリを食うのは女なんだから。

沢木　松山さんは勝手じゃないの？

高峰　あの人、そういう無責任なことしません。時々「もう充分生きたから、二人で一緒に死んじゃおうよ」なんて言うくらい、私のことも一緒に考えてくれてます。

沢木　ハハハ。

　またまた旗色が悪くなり、苦笑しきりの沢木氏。そんな沢木氏から最後に面白い質問が出た。

沢木　この間、ある人と話をしたんですけど、もし人生で旅行をするチケットの数が決められていて、あと一枚しか残ってないとしたら、どこに行くか。死ぬまでに使える最後のチケット。

高峰　どこへ行くんですか？　沢木さんは。

沢木　実はね、そこで僕は考えたんですけど、まだその場所が見つかってないから、その場所を見つけるために、僕は今、旅行しているんだ、という考え方をしたんです（笑）。高峰さんならどこへ行きますか？

高峰　どこへも行きたくないの。

沢木　ハハハハハ。

高峰　いつだったか、都内のホテルで宝石の展示会があったの。そこに行った時、会場に占いのサービスがあって、私、占ってもらったんです。そしたら私のことを知ってるんだか知らないんだかわからないけど、その四十がらみの男の占い師が言ったんです、「あなたは今日ここに来てらっしゃるけど、宝石なんか興味ない方です。あなたは生まれつき何も要らない人なんだ。深い穴掘って、その底の方にジィーッとしゃがんでいたい人です」って。驚きました。当たってる。

沢木　へえー、面白いね。

高峰　それが私の一番したいことです。

沢木　そうかぁ。麻布永坂町一番地は〝穴〟だったんですね（笑）。

高峰　そう。その底で本読んでる（笑）。

沢木　でもいい番地ですね、きっぱりしてて。

高峰　例のパリから帰った第一作の「朝の波紋」という映画のロケで、ワンシーンだけ撮るために行った所だったんです。当時はまだ焼け跡で。そこがとても気に入って、聞けば「麻布永坂町一番地」でしょ。絶対ここと決めて、以来、今まで五十年以上住んでます。

沢木　住む場所といい旦那さんといい、二戦二勝というか、大当たりじゃないですか。この二つが大当たりだったら、あと多少の敗戦があったって問題ないですよね。

高峰　だから今が一番幸せですよ。老衰でヨタヨタしてるけど。

沢木　でも今日とても意外だったのは、「ハワイにいたって日本にいたっておんなじよ」っていうのがね。ハワイでルンルンって感じだと思ってたから（笑）。

高峰　だから何見ても興味津々の沢木さんと、何見てもびっくりしない私（笑）。沢木さんは、もし一年間、一歩も東京から出ちゃいけないと言われたら、禁断症状が出るでしょ？

沢木　ところがそんなことないんです、全然。家から歩いて三十分くらいの所に仕事場があるんですけど、途中に公園があって、夏はその並木の緑を見ながら、冬なら枯れ木の間を歩いて通うんですけど、その綺麗な並木道だけあればいいんです。だから最後にこんなこと言うと、全部引っくり返っちゃうんだけど、実は僕もどうでもいいんですよ。実はあらゆることがどうでもいいと思ってるわけ。

高峰　でもまた近々どこかへいらっしゃるんでしょう？

沢木　はい、ソウルへ。ほんとは今年は少し日本に腰を落ちつけて仕事しようかなと思ったんですけど、サッカーのW杯が近づいてくると、やっぱりあれは世界中のお祭だから、腰が浮いちゃうんですね（笑）。それに韓国から日本を見てみたいという気持ちもあって。だからさっさとソウルに部屋を借りちゃったんです。

高峰　そしてサッカーが終わると？

沢木　夏はブラジルに行きます。

高峰　三度目ですね。くれぐれも「シント・ムイト」で行って下さい。

沢木　はい、わかりました（笑）。

（構成／斎藤明美）

「オール讀物」二〇〇二（平成十四）年六月号

人生の後始末　いよいよ本格化

平成十四年夏、「週刊文春」に掲載された高峰さんのインタビュー記事は、今思えば、彼女の中の、ある明確な〝区切り〟を表していて、興味深い。

まずは、随筆家としての区切り。

「今回の本ができてホッと肩の荷が下りました」

インタビューを締めるこの発言通り、高峰秀子は、通算で二十五冊目に当たる自著『にんげん住所録』の刊行を最後に、完全に執筆をやめてしまった。

私の執拗な懇願に、高峰さんが重い腰を上げて始めてくれた月刊誌「オール讀物」の連載は、足掛け四年続いた。それを単行本化したのが『にんげん蚤の市』、『にんげんのおへそ』、そして最後がこの記事で取り上げた『にんげん住所録』だ。

「もう書くことがありません」「年齢的にもしんどいのでやめさせてください」。連載を始めて一年近く経つと、高峰さんはこのような言葉で連載終了を望むようになり、片や、三代にわたる編集長達は何とかそれを阻止しようと努力を続け、その攻防の様は、側で見ていて、果たしてどちらに肩入れしていいものやら、私は複雑な心境で見守ったものだ。

もちろん、本来なら私は歴代の編集長達と一緒になって「連載をやめないでください」と高峰さんに懇願せねばならない立場だった。何と言っても三年越しで高峰秀子を口説き、連載を実現させたのは、自慢ではないが（いや、実は自慢だ）私なのだし、連載が始まってからは、「週刊文春」の人間でありながら「オール讀物」の高峰さんの連載のお手伝いをしてきた編集者でもあった。だから事実、最初の二年間は「絶対に続けてもらうのだ」という強い信念のもとに高峰さんを〝見張って〟いた。

だが、私が歴代の編集長達と明らかに違ったのは、途中から、高峰さんが私にとって〝母〟になっていったことである。なぜそんなことになったのかは、長くなるし、かつての拙著『高峰秀子の捨てられない荷物』に書いたので、ここでは省かせていただく。

ともあれ、編集長達は、当たり前だが純然たる編集者なので、いくら高峰さんが「もう書くことがありません」「年齢的にしんどい……」と言っても承服しない。

彼らにとって高峰秀子は、読者にすこぶる評判の良い随筆家、本を出せば必ず版を重ねて長く売れる作家である。だから当然のように、「いえ、そんなことをおっしゃらずに続けてください」「毎月がご無理でしたら、隔月でも」、遂には「書けた時いつでも、何枚でも結構です」とまで言って、足掛け四年間、高峰さんの連載を繋いだ。

その熱意と努力は、側で見ていて涙ぐましく、同時に、物書きとしてこれほどまでに望まれる高峰秀子という人を、曲りなりにも物書きの端くれである私は、羨ましく思ったものだ。

実際、二代目の編集長の口から初めて「書けた時いつでも、何枚でも結構です」という言葉が出た時には、高峰さんは私にこんな言葉を漏らした。

「いつでも何枚でもいいなんて、そんなこと言ってもらえるなんて、有難いねぇ」

だからこそ高峰さんも、後半は途切れ途切れだったとはいえ、随筆を書いたのである。

だが同じ頃、私のほうは、編集者でありながら、次第に気の毒になっていった、高峰さんのことが。

編集長達は知らない高峰秀子の日常を私はつぶさに見ていた。夕食の支度をする台所の高峰さんの後ろ姿がだんだん小さくなっていく様子、後片付けの時、ディッシュ・ウォッシャーに食器を入れる高峰さんの背中に、以前にはなかった疲れが見えること、ベッドに入る時刻がだんだん早くなっていくこと……。

年老いた母に随筆の執筆を強いることが、痛ましく思えてきたのである。

時間が経つにつれて、明らかに〝母〟である高峰秀子のほうが私の中で大きくなっていったのだ。

だがそれでも、私は文藝春秋で禄を食《は》む編集者であり記者だった。編集長に、「も

う高峰さんの好きなようにさせてあげてください」とは、口が裂けても言えなかった。

だから「複雑な心境」で、高峰秀子と編集長の攻防を見守っていたのである。

そしてそんな日々の中で、いつもながら、私は高峰さんの姿勢に感服していた。

彼女は「やめたい」と心底思いながら、だが実際はまだ誌面に「最終回」と印字されない自身の連載を、たとえ短くても、次回まで間が空いても、何とか題材を見つけて書こうと努めた。

「あんた、悪いけど、明日会社に行く時、『オール』の編集長に持っていってくれる?」

ある日、そう言って、書き上げた原稿を託された時、私は思わず言ってしまった、「かあちゃん、書いたの⁉」。

私は思っていた。「かあちゃん、もういいよ。ここまで連載を続けたんだから、もう勘弁してもらっていいと思うよ」と。

翌日、タクシーで会社に向かいながら、私は高峰さんから託された原稿を読んだ。

そして涙が出た。内容が素晴らしかったことは言うまでもないが、こうして書き上げた高峰秀子という人の姿勢がいじらしかったのだ。

原稿には編集長宛のメモが付いていた。

「こんなものを書いてみましたが、ダメでしたらボツにしてください」

もちろん原稿はボツになどならず、編集長を、そして何より読者を喜ばせた。

以前、高峰さんはこんなことを私に言ったことがある。

「五十年、女優の仕事をしている間、私が一番大事にしてきたものは、信用です」

信用――。

わざわざ映画館に足を運んで、自分の財布からお金を出して映画を観てくれた観客達。汗水垂らして映画を作ってくれたスタッフ達。それらすべての人達に対して、高峰秀子は「信用」の二文字を胸に刻んで五十年、女優を続けてきたのである。

それが俳優という仕事をする人間の、当たり前の責務であると思ってきた人である。

それを果たさないことは、裏切りであると思ってきた人だ。

高峰さんのその姿勢は映画に対してだけではない。執筆業、家事……自身が関わるあらゆることに対して同じなのだ。

一旦「イエス」と言ったからには、最大最善の努力をする。そうしない自分を許さない。約束した仕事に全力を投入しない自分を、高峰秀子は決して許さない。

私などから見れば、恐ろしい人である。

期待に応えたい、何々のために、誰々のために、ではない。

ただ、自分が望む自分自身でありたい、自分の心を裏切りたくない。それだけなのだ。

だからどれほどしんどくても、途中で「肩の荷」を降ろさなかった。

高峰さんがもはや躊躇せず「荷」を降ろしたのは、編集者も出版の担当者も、そして読者が何より望んでいた連載の単行本化、その三冊目が無事刊行された時だった。彼女が何より大切にしてきた「信用」を自分自身が守りぬけたと納得した時である。

「ホッと肩の荷が下りました」

この一言には、高峰秀子のそれほどの思いが込められていたのだ。

七年以上も経って、私はようやく今、そのことに気づいた。

もう一つの〝区切り〟。

この「著者と60分」のインタビューをしたのは、平成十四年の夏。高峰さんが夫君と共に恒例のハワイ滞在に出発する直前だった。

その一カ月後、私もまた例年のように、週刊誌の夏休みを利用して、ハワイの松山家に行った。

そしてそれが最後のハワイ行きとなった。

夫妻は、この年の夏を最後に、ハワイの家を処分したのである。

時に、高峰秀子、七十八歳。

「こんなに毎年ハワイに来るのなら、いっそ家を買っちゃおうか?」、夫・松山善三氏の提案に、「そうしよう、そうしよう」と高峰さんは大喜びで同意した。それから三十余年、夫妻は毎年夏と冬、それぞれ三カ月近くをハワイで過ごしてきた。

図々しい私は、夏冬通算十回はハワイの松山家に伺い、高峰さんにショッピングを付き合ってもらい、松山氏のビーチの散歩に随行させてもらい、そして夜は松山家で高峰さんの手料理をご馳走になって、至福の時間を過ごさせてもらった。

だから残念ではあったが、一方で、夫妻の英断に敬服したものだ。

つまり、高峰さんは、女優業をやめてから少しずつ始めていた「人生の後始末」を、一気に進めていったのである。

そして、それまでも外出したり人に会うことを好まなかった人が、一層、その傾向を加速させていった。

だが「オール讀物」の編集長は遂に最後まで高峰秀子の連載に「最終回」の文字を打たず、他社の編集者達も高峰さんの原稿や談話を求めて、三日に一度は様々なメディアから手紙や電話で依頼が続いた。

さきほどの気持ちとは矛盾するようだが、私自身も「連載はやめても仕方がないが、何も執筆を一切やめなくても」と思っていたから、夕食時に溜息をついたのは一度や二度ではない。

つまり、こうだ。

リーン。電話が鳴る。

松山氏が出ようとするのを制して、高峰さんが食卓を立つ。

「はい」

低い声で高峰さんが応じる。

黙って先方が言うのを聞いている。

「ダメです」

高峰さんが一言応える。

それでも先方は何か言っている。それを再び黙って聞いた後、きっぱり、

「イヤです」

それで終わりだ。

私は何度このような場面を見たかしれない。

「ダメです」「イヤです」

高峰秀子は先方に対して、この二言しか発しないのである。

ある時、私は高峰さんに尋ねた、

「何の依頼だったの?」

高峰さんは憮然とした表情で、

「〇〇新聞が書評委員をやってくれって。断りました」

「新聞の書評なら、そうしょっちゅうじゃないから、やればいいのに。かあちゃんは

あれほど本を読んでるんだしさぁ」

私が言うと、

「イヤです」

またもやその一言である。

「秀さんはまだまだいいものが書けるんだから、書けばいいじゃないか」

松山氏さえ、そう言った。

「イヤなのッ」

だんだん機嫌が悪くなるかあちゃんに恐れをなして、とうちゃんも私も大人しく箸を運ぶ。次の料理を出してくれなくなっても困るし……。

だが再録したように、翌年の「週刊文春」新年合併号には短い原稿を、同年のゴールデン・ウィーク合併号には談話を寄せてくれた。私も「老母が痛ましい」と言いながら、デスクに命令されて、高峰さんと松山氏から原稿や談話を貰っていたのである。

二律背反に悩みつつ、それでもそれが当時の私の仕事だった。

そして平成十六年の「週刊文春」「この人のスケジュール表」。東京国立近代美術館フィルムセンターで三カ月にわたって開催された高峰さんの映画祭を告知するために、これは私が是非にとお願いして、高峰さんに談話を貰った。

今だから告白するが、高峰さんは最初、あろうことか、「あんた、テキトウに書いといてよ」と言ったのだ。

それはいけない。断じていけない。いくら高峰秀子が乗り移っていると言って、私は高峰秀子ではない。それは困ります。当たり前だが。

「かあちゃん、それはない。やっぱりかあちゃんの本物の肉声の説得力とは比べようがないよ」

その結果、この記事中にもあるように、「高峰秀子さん（80）の希少な〝近声〟」を載せることができたのだ。

だがこの時も私は改めて驚いた、いや、正確に言えば唖然とした。自身の出演作を八十二本も上映する映画祭の会場に姿を現さないのはもちろんのこと、高峰さんは何の興味も示さなかったのである。

そのことを、私が尊敬するある映画評論家に話すと、氏は言った、

「以前、やはりこのフィルムセンターで田中絹代さんの映画祭をやった時、田中さんが客席の一番後ろで自分の作品を観てたんですよ。上映終了後、田中さんが僕に気づいて挨拶してくださったので、僕も挨拶を返したら、その場で一時間、とうとうと様々な撮影秘話を話してくれたんです。やはりご自分の出演作には思い入れがあるんですねぇ。だから一切興味を示さない高峰さんって、すごい。彼女らしいなぁ」

氏も半ば口アングリという感じだった。

高峰秀子には自分の映画祭などどうでもいいのである。

この平成十六年の頃、八十歳の高峰さんは、ただひたすら一つのことをめざしているように、私には思えた。

人生の後始末。

高峰秀子は一切のしがらみを断ち切って、真っ直ぐに己のめざす方向へ歩き始めたのである。

文春図書館　著者と60分

にんげん住所録

高峰秀子

「パチンコじゃないけど、これで〝打ち止め〟って感じですね」

高峰さんは笑った。

本書は、『にんげん蚤の市』『にんげんのおへそ』に続く文藝春秋の〝高峰秀子にんげんシリーズ〟、第三弾である。

「要は〝枯れちゃった〟んですよ。私はもう老衰でね、一日の半分はベッドの中で本読んでますから、タネ切れなの。この中に『住所録』というタイの人の話がありますね。これなんかは四年前、珍しくタイくんだりまで行ったからどんどん書けましたけど、今はもうどこにも行きたくないし人にも会いたくない。それに私は〝なかったこと〟は書けない、素人の綴り方ですから。それで日がなベッドにいちゃあ、書けるわけがない（笑）」

だが「五重塔と西部劇」などは、そんな高峰さんがある日、「何か読むものないかなあ」と書棚から幸田露伴の『五重塔』を取り出し、久々に再読したことから始まる名随筆だ。明治の古典を西部劇と結び付けるユニークな発想に読者は驚き、切れ味鋭い筆致に唸り、そして高峰秀子の眼力が捉えた日本の男の生き方に心震わせるのだ。

「元来が饒舌じゃないんです。大昔（昭和四十五年）、テレビの『小川宏ショー』で週に一度、三十分ほどの対談コーナーを持ったことがあって、杉村春子さん、團伊玖磨さん、カルメン・マキさん……いろんな方をゲストに迎えました。だけど話がすぐ終わっちゃうの（笑）。私はお世辞言わない、お追従笑いしない。だから話の継ぎ穂がなくて間がもたないわけ（笑）。よく一年も生放送で続いたと思うけど。だから文章も同じで、枝葉を削ぎ落としてしまうから、五のことを十や十五にはできないんです。よほど『これなら書ける』と、ピンと来ない限り」

何だか、いかに書けないかを説諭されている気分になってきた。その上これを言えば、「ホラ、もう十分でしょ」と言われそうだが、本書で高峰さんの著作は二十五冊になった。五十五歳で女優を引退するまでに九冊、以後に十六冊。つまり大半は、主婦業を優先する生活の中で書き上げたものだ。それも、ご主人（脚本家・松山善三氏）からお古の机を貰うまでは食卓で。日本エッセイスト・

クラブ賞を受けた名著『わたしの渡世日記』（文春文庫）は、「週刊朝日」で連載当時、読者から「誰が書いてるんですか?」と問い合わせが相次いだというから、誤解を恐れずに言えば、〝女優が書いたとは思えないほどの〟文章だったわけである。

「将棋の升田幸三さんなんか、『朝日はよう調べて書いとるのぉ』なんて、端《はな》から他人が書いてるって決めてたの。ヒドイでした（笑）。『お前んとこの亭主の目はラクダに似てる』って言った人（笑）。でも『人間で言えば高僧だ。柔らかい目をしとる』って言ったから、なかなか見る目があるけど（笑）。閃《ひらめ》きのいい人で、升田さんの言うことはピーンときましたね」

　高峰さんの閃きや発想もしかり。かの名匠・小津安二郎監督を「人間スフィンクス」と表現するあたり、〝譬《たと》え〟を言わせたら右に出る者はないだろう。

「私は飯茶碗に酢の物を入れたり、お菓子の銘々皿を茶托《ちゃたく》に使う人間で、決まり事なんてものは無視しちゃう。それは小学校も行けず、ずっと一匹狼だったことが大きいと思うんです。字にしても、誰も教えてくれなかったから自分で絵本見て覚えたし、辞書の引き方も結婚して松山が教えてくれたくらいだから。そして六つ七つから撮影日記を映画雑誌に書かされたことや五十年近く松山の口述筆記をしてることが、書くことの下地を作ってくれたと思います。きっと書くこと自体は嫌いじゃなかったんですね。でもね、もう追いかけられるのが苦しいんですよ」

女優業も執筆も、自ら進んでやったわけではない。ならば自分の意志で踏み出したのは結婚だけかと問うと、「あ、そうかもしれない」と頷く。無欲な人だ。そして俊英である。「今回も安野光雅先生の絵がすっばらしいのッ。私の雑文なんかブッ飛ばして安野先生の絵を見てるだけで、本当に楽しめると思いますよ。今回の本ができてホッと肩の荷が下りました」

いや、読者としてはまだ荷を下ろしてほしくはない。

（取材・構成　斎藤明美）

「週刊文春」二〇〇二（平成十四）年八月一日号

私がとことん味わい尽くしたい本

高峰秀子　女優・随筆家

①辻静雄『料理に「究極」なし』（文春文庫）
②邱永漢『食は広州に在り』（中公文庫）
③池波正太郎『味と映画の歳時記』（新潮文庫）

私は食いしんぼうだから、食物について書かれた本やエッセイを読むのが大好きだ。が、どこそこのなにが美味い、まずい、というばかりでなく、プラス著者の人柄そのものをしっかりと味わいたい、という慾が先きに立つ。私は食いしんぼうというよりケチんぼうなのかもしれない。

松山善三　脚本家

①湯木貞一『吉兆味ばなし』（暮しの手帖社）
②北大路魯山人『魯山人の料理王國』（文化出版局）
③高峰秀子『台所のオーケストラ』（文春文庫）

①和食の美味、粋を語って比類なし。「松花堂《しょうかどう》」というお弁当は著者が元祖。あっという間に全国にひろまった。大坂落城のあと松花堂昭乗《しょうじょう》という豊臣《ほうしん》（豊臣秀吉の残党）が庵を結んだ。そこにあった煙草盆から発案したという。②「蝦蟇《がま》を食べた話」には、ぎくりとするが闊達な文章で筆者の風貌がいやでも浮んでくる。③うちの嫁さんは料理好きで腕も良い。三十分以内にちゃちゃちゃッと出来るメニュー百十八種が書かれている。独身、単身赴任のおじさんにおすすめ、どれもうまいよ。

「週刊文春」二〇〇三（平成十五）年新年合併号

本好きにきく
一万円で私が買いたい本

高峰秀子　女優・エッセイスト

本がきれると禁断症状が出るほど本が好きなので（笑）、以前はよく書店に行きました。八重洲ブックセンター、数寄屋橋の旭屋、日本橋三越の書籍売り場……。でももう八十歳ですから、ん？　七十九？　おんなじようなものですよ（笑）。とにかく老衰でね、最近はあまり行かないんです。だから自分のためでなく人にさしあげる本を買うためなら行きます。そして迷わずこの三作を買います。

安野光雅画伯の『職人たちの春』。素っ晴らしいです！　津和野の安野光雅美術館の建築に携わった大工さんなど二十数名の職人さん全員の写真とインタビューを交えた本ですが、安野先生は美術館の屋根瓦一枚一枚の裏にその方達の手形を残したんですね。これはもう先生の優しさ、人間性をそのまま表してます。だから美術館を作ったことはもちろんですが、この本を作ったことがとても意義深いと思うんです。建物も本も職人さん達の孫子の代まで残るでしょ。こういう本の作り方もあるんだなぁと感動して。この本を読むことは安野先生の人間性を読むのと同じですよ。

安野先生と彫刻家の佐藤忠良さんとの対談『ねがいは「普通」』。優れた芸術家二人の品格、互いに譲り合いながら話をする謙虚さ！　そしてこの題名がまさにお二人の共通点なんです。私も同じ思いで五十年女優業をやりましたから、思わず膝を打ちましたねぇ。

『血脈』は大大作。愛子さんは立派な仕事をなさったと思います。私はお兄さんのハチローさんや姪ごさんの鳩子さんも知ってますから、とても興味深く読みました。人間の見本市と言うか、これほど人間臭い作品はない。しかも作り物でないところが凄いです。

〝人間を読む〟この三作を人に贈りたいです。

（談）

安野光雅『職人たちの春』　講談社　2000円
佐藤忠良・安野光雅『ねがいは「普通」』　文化出版局　1500円
佐藤愛子『血脈』上・中・下　文藝春秋　各2000円
合計　9500円

「週刊文春」二〇〇三（平成十五）年ゴールデン・ウィーク合併号

この人のスケジュール表

出演作八十二本　一挙上映
高峰秀子

「とうに女優はやめましたけど、古い自分がどこかで一人歩きしているみたいで不思議な気持ちです」

高峰秀子さん（80）の希少な〝近声〟である。京橋の東京国立近代美術館フィルムセンターが「映画女優　高峰秀子」と題してその出演作を一挙八十二本上映する。第一部（9／3〜10／10）では、男の子に扮した六歳のデコちゃんが観られる「麗人」から、ご存じ「二十四の瞳」まで四十二本。第二部（10／12〜11／19）では、不朽の名作「浮雲」、「名もなく貧しく美しく」など全四十本。五十年で三百余本に出演した〝生きる日本映画史〟の、ビデオ化されていない秀作も観られる価値ある企画だ。

「大勢の人が心を一にして映画を創る作業は好きですが、女優という職業は最後まで好きになれなかったので、正直『へー、こんなものをやるのか』という感じです。でもこういう催しは滅多にないことなので有り難いと思いますね」

自身の過去の仕事には一切興味を示さない、いつもながら恬淡《てんたん》とした姿勢である。今回は映画上映と同時に「映画女優　高峰秀子展」も催される（9／3～3／27）が、主催者側もそんな高峰さんの生き方を理解しているので「ご本人を煩わせることがないように」と、以前本人が川喜多記念映画文化財団に寄贈した子役時代の台本やポスターなどを中心に展示する。そして高峰さんの近況は……、

「好きな読書と夫（脚本家の松山善三氏）のご飯作りに明け暮れる今の生活が一番幸せです」

［詳細は東京国立近代美術館へ。03－5777－8600］

「週刊文春」二〇〇四（平成十六）年九月九日号

人生の後始末　そのダイナミズム

かつて「婦人画報」で連載していた『高峰秀子の流儀』が単行本になり、今年(二〇一〇年)一月末、新潮社から刊行された。

有難いことに大変売れている。現在、三月初めの時点で既に八刷を迎えた。すごいスピードだと思う。

自慢だと言いたいところだが、正直を言うと、自分でもちょっと驚いている。

思わず「何故だろう?」と考えてしまった。

もちろん「高峰秀子」という文字を見て無条件に買ってくださった人もいるだろう。だが出版社のリサーチによれば、そういう「高峰秀子」をリアルタイムで知っている年代層とほぼ同じぐらい、三、四十代の人達が拙著を購入してくれていることがわかった。三、四十代と言えば、私よりずっと若い。女優・高峰秀子を全く知らないであろう年代だ。

もしかしたら、カバーの高峰の、あの何とも言えぬ静謐な姿に、「誰だろう? この素敵なお婆さんは?」、そう思って手に取ってくれたのかもしれない。

そして読んでくださったとしても、皆が皆、拙著の内容に賛同してくれたとは限らない。しかし、たとえ否定的な感想を抱いた読者がいたとしても、この不況の世の中で、これだけ多くの人が貴重なお金を出して書店から拙著を持ち帰ってくれたことを考えると、やはり私が描いた〝高峰秀子の生き方〟に、少なくとも興味は抱いてくれたのだと思う。

そこでまた考える。なぜだろう？

それを解くには、高峰秀子の生き方の根底にあるものは何か、と考えればよいと思う。

以前、高峰さんとこんなやりとりをしたことがある。

――生きる上で、一番大切にしている信条は何ですか？

「潔さですね」

高峰さんはきっぱりと一言で答えた。

――では、日常の暮らしを営む上で大事にしていることは？

「清潔、整頓です」

これも即答した。

高峰さんのこの二つの答えに、私の疑問へのヒントがあると思う。

そして私が考えたこと。

人は誰しも、本能的に〝身軽さ〟を求めているのではないだろうか？

つまり、「潔さ」と「清潔整頓」から連想できるイメージ。

それは、余分なものを身にまとわず、常にすっきりしていること。

それも、物理的な意味だけでなく、精神的にも。

誰でも年を取るにつれて、あらゆるものが増えていく。身近な〝物〟としては、家財、書物、洋服、靴、食器……あるいは収集物。私の部屋などビデオとDVDの山である。

だがこれらの物は、所有者がどうにかしようと思えばどうにかなる。捨てるか誰かに貰ってもらうか、物によっては寄付する手だってある。問題は、多くの人が口にする「どうにかしようと思っているが」。その「が」である。この一文字「が」には、整理する時間がない、もったいない、心情的に捨て難いなど、要は言い訳が充満している。それでも最後には眼を瞑って「えぇーいッ」とばかり捨ててしまうことができないではない。

厄介なのは、物以外のものだ。

たとえば人間関係。もしかしたら、人は案外これに苦しめられるのかもしれない。冠婚葬祭に代表される〝付き合い〟、あるいは〝腐れ縁〟。

もう何年前になるだろう。映画監督の木下恵介氏が亡くなった時のこと。

ちょうど私がハワイの松山夫妻を訪ねて、帰国している最中に氏は他界した。確か年末だった。

私が帰国した翌日、ある雑誌の編集長から電話が来た。

「どうしたんですかッ、高峰さんと松山さんは?」

その人はいきなり、そう言った。

「は?　どうしたとは?」

私は意味がわからなかった。

「なぜ木下監督の葬儀に出てないんですか?　テレビで葬儀の模様を映してましたが、お二人の姿がなかった。新聞にコメントも出ていない」

その人は怒ったように言った。

私は内心、不愉快だった。

その人は、夫妻が長年仕事を共にして夫妻の仲人まで務めた木下氏の葬儀に出席していないことを、いぶかっているというより、責めている口調だった。

「お二人ともハワイにいます」

私は答えた。

「帰ってこないんですか?　ハワイから」

それが当然だと言わんばかりだ。

よほど「余計なお世話だろう」と言ってやろうかと思ったが、仕事をしたばかりの相手だし、私より年上でもあるので、私は冷静に答えた。

「ご夫妻はもうずっと以前から冠婚葬祭には出ません。親しかった方が亡くなった時は、その方の元気だった姿を最後の姿として記憶にとどめたいといつも言っています」

高峰のファンを自認し、高峰のことは何でも知っていると言わんばかりのあなたが、そんなことも知らないのかと、私は言いたかった。以前、あることで高峰に一喝された人だから、直接高峰に電話するのが怖くて私にかけてきたか。私だって相当怖いゾ。それより、なぜあの時高峰に一喝されたか、こんな電話をしてくるよりそのことを考えるべきだ。

電話口で私がそんなことを考えていると、

「それでも……」

その人はまだ何か言いたそうだった。

私が黙っていると、相手は「じゃ」と言って、電話を切った。

「じゃ」とは何だ。大晦日に突然電話してきて。私は腹が立った。

つまり、こういう人がいるのだ。冠婚葬祭に出席すれば祝い悼む気持ちがあり、出席しなければその気持ちがないと言わんばかりの人。しかも他人の交友関係にまでずかずか入り込んできて、その単細胞的な考えを強要する。おせっかいなどという可愛らしさを超えて、傲岸不遜だ。

別に私は、冠婚葬祭に出ないことを良しとしているのではない。

人を祝ったり悼んだりするのは〝形〟ではなく〝心〟だということ。そしてどんな祝い方をするか悼み方をするかは人それぞれの自由であるということが言いたいのだ。

本当は欠席したいけれど、義理や世間の慣習に縛られて、仕方なく冠婚葬祭の席に参列した。あなたはそんな経験がありませんか？　私は「仕方なく」に他者を祝い悼む気持ちがあるとは思えない。

こんな言葉がある。

「年を取ったら、義理欠け、転ぶな、風邪引くな」

昔の人はいいことを言う。

だが、これを実行するのは結構難しい。

そして最後に、最も厄介なもの。

それは自分の心である。

年を取れば取るほど、人は自分のことを認めてほしくなる。私など若い頃からその固まりだが……。

そのような気持ちは、言い換えれば、未練である。

潔さの対極にある、未練。

これほど人間を苦しめる要素はない。

未練があるから所有物を処分できない。未練があるから周囲の迷惑をよそに、いい年をしてまだ地位にしがみつく。未練があるからもっともっと金が欲しい、名誉が欲しい。自分が嫌いな人間とも縁が断てない。未練があるから……。

潔さ。

それを実行するのは至難である。


以上のことをなぜ書いたかと言えば、今回再録する「キネマ旬報」の拙稿。これを書いた時、私は高峰秀子の潔さ、まさにその真髄を見た思いがしたからである。

前回も書いたように、この年、平成十六年の九月から十一月まで、前期と後期に分けて、京橋の国立近代美術館フィルムセンターで高峰さんの出演作八十二本が上映された。個人の映画祭としては異例の規模である。

私はできるだけ宣伝して一人でも多くの人にこの催しを知ってほしいと思った。

既に映画祭はスタートしていたが、私は当時の「キネマ旬報」の編集長Sさんにその後期の告知をお願いした。

するとSさんは言った。「もちろん告知は是非させて頂きたいと思っています。でも告知だけではつまりませんよ。斎藤さん、この機会に、高峰さんについて何か書いていただけませんか？　映画女優高峰秀子について」。

そんなことで少しでも誌面が大きくなるのなら有難い。私は喜んでお受けした。

しかし受けた後、怖くなった。

「キネマ旬報」は、当たり前だが映画の雑誌である。それも百年近い歴史を持つ老舗映画雑誌だ。いくら私が高峰さんをよく知っていても、出演作を多く観ていても、私は映画評論家ではない。そんな、言わば素人が日本映画史を代表する女優について書く……。しかもその読者の多くが映画関係者か映画通の人々で占められている雑誌に……。

だがせっかくSさんが依頼してくれた仕事だ。その好意に応えたい。できれば映画の専門家に読まれてもバカにされないようなものを書きたい……。

期待に応えたい、みっともない原稿を書きたくない、バカにされたくない……その時の私の心情は、まさに潔さなどとは程遠いものだったと思う。

机の前で頭を抱え、部屋の中を歩き回り、夜の六本木をあてもなく徘徊し……、「ダメだ、書き出せない」。

悩んだ末、高峰さんの映画をビデオで観始めた。そして何本目かに「華岡青洲の妻」を観た時、「あ、これだ！」と閃いた。

それが記事の冒頭の文章になった。

頭がうまく出れば、不思議なもので、たいていの原稿は書けるものだ。

S編集長は拙稿を絶賛してくれた上に、本書にはスペースの関係でそれが収録されていないが、映画祭の後半スケジュールをパンフレットそのままに載せてくれた。つまりふんだんにページを割いてくれたのだ。

映画祭は連日大変な入りで、結果としてフィルムセンター始まって以来の観客動員数だったと聞く。事実、私など何回か締め出された。先着順だから、「すみません、ここで終わりです」と自分の前で列を切られて。

こうして私が奔走している間、そして観客がこの映画祭に大騒ぎしている時に、当の高峰さんはどうしていたか？

本を読んでいた。いつものように。

「これ、あげるよ」と、フィルムセンターの担当者が高峰さんに送ってきた招待券の束を、ポンと私にくれた。私が週刊誌の仕事の合間を縫って一本でも多く観たいと、しまいに熱を出したほど京橋に通いつめている間も、「何を観た？」でも「どうだった？」でもない。

「年配の男の人が隣の老婦人に言ってたよ、『横の人は倅さん？　お母さんを連れてきてくれるなんて、いい倅さんだね』って」。そんな、客席で小耳に挟んだちょっといい話を聞かせると、かろうじて耳を傾けるという程度だった。

自身の出演作が八十二本も上映されてお祭り騒ぎになっているというのに、何の興味も示さない女優――。

日本広しと言えど、いや、世界でも、そんな女優は高峰秀子ただ一人だろう。

過去を振り返らない。自らの業績に恋々としない。

高峰秀子は、不動だった。

私はその時、つくづくと思った。

何てカッコいいんだ。

そして、二年前にハワイの家を処分した高峰秀子は、この年、完全に執筆をやめ、取材依頼への断り方もますます強固になっていった。

外出もしなくなった。

美容院に行くのをやめ、自分で器用に髪を切り始めたのもこの頃だ。

高峰秀子は、まっすぐに隠遁生活に突入していったのだ。

「深い穴の底でじっとしていたい」

かねてから望んでいたその生活スタイルを、高峰秀子が確実に具現化し始めたのが、この平成十六年の頃だったのである。

そして夫君の松山善三氏も、歩を合わせるように、どんどん仕事を断り始めた。

二人の傍らで私は、歯痒さにも似た思いを抱えつつ、しかし一方では、目を見張っていた。

それは、まるで自分の眼前で荘厳な巨大建造物が徐々にその全貌を明らかにしていくような、ものすごいダイナミズム。その清廉な空気を肌で感じながら、私はただ呆然と、高峰秀子という人間を見上げていたのである。

映画女優　高峰秀子

「華岡青洲の妻」、青洲の母、於継《おつぎ》の晩年の姿に、今の高峰秀子は似ている。あの凜として老いた女の姿が、容貌において最も現在の高峰に近い。「役柄によってメーキャップが変わるから眉尻を上げも下げもできるようにいつも抜いてたら、薄くなった」そうで、全く化粧をしない普段の高峰の面差しが、眉を落とした於継を思わせるのかもしれない。

ちなみに高峰によれば、原作者の有吉佐和子が「母を演《や》ってくれ」と依頼してきた時、小説の題名は『華岡青洲の母』だったそうだ。だが新潮社から刊行される際、編集者が「〝母〟では地味だから〝妻〟にしてくれ」と言うので現在の題名になったという。いずれにしても高峰秀子は、賢女と謳われた女が、息子を嫁と奪い合う愚かな老母に変貌していく哀れを見事に演じ、その品格ある存在感が画面を引き締めている。

現在、八十歳を迎えた高峰は、その於継のように髪に八分ほど白いものを蓄え、麻布永坂で夫・松山善三と二人、静かに暮らしている。どこにも出掛けず、誰にも会わず、一切の原稿依頼を断り、完全に世間との交渉を絶ってしまった。

私はその姿を眩しい思いで見つめている。台所に立っている高峰の小さな後ろ姿、煙草を燻《くゆ》らす時の穏やかな目、グラスを重ねるごとにピンク色に染まっていく頬。そして何かの加減で淡い室内灯が彼女のスーッと通った鼻筋をシルエットにして浮かび上がらせた時、思った――あぁ、高峰秀子は完成したのだ、と。

大人を冷たく観察する少女の瞳

昭和五年の松竹蒲田作品「麗人」が、現存するフィルムの中で最も年少の高峰秀子の姿を留めている。六歳で岩夫という男の子に扮した無声映画だが、その演技は実に上手い。一体何を考えてこの子はこんな演技ができるのだろうと訝しく思うほど、役柄の境遇が持つ不安さをその瞳に湛え、泣き顔などまさに迫真である。九歳の時「理想の良人」でやはり男の子を演じた時のことを高峰は次のように語った。「監督が布団の枕の上に置いた薬罐《やかん》を指しながら、『お母さんが死んだんだから泣きなさい』って言うの。私、この人バカじゃないかと思った、薬罐を見て泣けなんて。でも演らなきゃ終らないから、泣いた」。

だがこのようなことは驚くには当たらず、デビュー作「母」で高峰扮する春子が墨を摩っていてその墨を倒して泣くシーン。高峰は「私は墨ぐらい摩れるのに、何故泣かなきゃいけないんだ」と思ったそうだ。五歳で。

その時、母親役を演じた川田芳子がよく高峰を自宅に伴っては一緒に食事をしたそうだが、実際の川田は三十四歳とは言えまだ独身だったので振り袖を着て、側には常に母親が侍《はべ》っていたという。「その時、こんなにお母さんがべったり付いてるようじゃ、この人はダメだなと思った」と高峰が言うので、「いくら何でも五歳でそこまでは思わないでしょう。後付けじゃないの？」と疑うと、「本当にその時思ったよ」と。だがこうして高峰の幼児期のエピソードを書き連ねていると、改めてそれは後付けではないと思えてくる。

高峰秀子は五歳でデビューした時から既に、映画の持つ〝嘘ごと〟に対して不信を抱き、大人を冷たく観察する子供だったのである。しかしその〝不信〟はもっと以前に根ざしている。実母が死んだ直後、叔母・志げによって略奪されるように北海道から東京に連れてこられた、その五歳の晩春から始まっているのだ。志げに「私があんたの本当の母さんだよ。さ、『母さん』と呼んでごらん」と言われて、実母の死に顔を覚えている高峰は、目の前の太った女を「これは怪しの者だな」と思うのだ。この「怪しの者」という表現は現在も高峰が人を評する時によく使う言い回しだから、思えば長い付き合いである。つまり五歳のその瞬間から、高峰の大人への、ひいては人間への不信が始まったと言える。

だから助監督が「秀ちゃん」「秀坊」などとニコニコ顔で控室に迎えに来ても、「ふん、私が金を稼ぐから愛想よくするんだ」と思い、「おんぶして連れてってあげよう」と言われても、「こいつの背中には乗っかりたくない」と思った相手には決しておんぶされなかったという。そして養母が自分の乳歯を全部引っこ抜いてしまった時も、「ハハーン、子役っていうのは、歯が綺麗なほうが売れるんだな」と思うのだ。

高峰秀子は〝恐るべき子供〟だったのである。つまりシラけていたのだ。そして今もシラけている。

〝女優がなんぼのもんじゃい〟という精神

だがこの冷めた視線は、客観性となって、高峰秀子を名優にするために大いに貢献している。高峰秀子という女優の特徴の一つは、その都度、確かにその役の人物になっていることである。何を演ってもオードリー・ヘップバーン、役になりきるキャサリン・ヘップバーンが女優の二つの種類だとしたら、高峰は明らかに後者である。そして〝子役は大成しない〟というジンクスを見事に破り、〝大女優は私生活で幸せになれない〟というジンクス（これは私が勝手に作った）も破った。ついでに〝天は二物を与えず〟という格言にも従わず、文筆にも優れている。

　しかし何と言っても高峰を大成させた最大の要因は、彼女が女優という生き物を最後まで好きになれなかった、その精神性にある。私は最近、その理由がやっとわかった。女優という職業の人は、自分が特別にエラい存在だと思っている節がある。だから高慢だ。もちろん全ての女優ではない。だが私の知る限り、大半がその鋳型に嵌まっている。この二十数年で実感した。もしも高峰秀子に出逢わなければ、そうは思わなかっただろう。

「女ひとり大地を行く」の依頼が来た時、既に先約があったので断ったら、主役は高峰とは全くタイプの違う山田五十鈴になった。その時、高峰は思ったという、「女優なんて誰でもいいんだな。女優なんて大したもんじゃねぇや」と。

この〝女優がなんぼのもんじゃい〟という精神は、高峰秀子の女優観だけでなく彼女が生きる上での価値観を表している。

「自分から女優というものを取って何も残らない人間にはなりたくない」

「私は女優で人生を終わりたくないの」

　高峰秀子は、その人間の肩書きが何かよりその人間が何をしたかを重要に思う人である。そして人がどう思うかではなく自分がどう思うか。自身の心に恥じぬことをしているか、自分が設けたハードルをきちんとクリアしたか。そのことをもう一人の自分が厳しい目で見張っている人なのだ。究極の客観性である。

だから彼女の演技には説得力があるのだ。綺麗なお顔に映っているかしら、そんなことはどうでもいい。役の人物がその時何を思い、何に苦しみ、喜んでいるのか。その人物の人間性は……。それを考える。観た人がどう感じるかはその人次第だと思っている。高峰は決して自己に溺れない。感情に流されない。自分の中に必ずもう一人の自分がいる、ある意味で恐ろしい人なのだ。

しかし初めからいきなりそうだったわけではない。高峰秀子はその女優人生の大半を、〝血縁を食わせるため〟に「仕方なく」続けてきた。だから時には「こんなもの……」という気持ちで仕事をしたこともあったという。それを変えたのが、高峰が今でも「映画界の私の師」と言う監督、山本嘉次郎である。

現在、京橋の国立近代美術館フィルムセンターで高峰秀子の映画祭が開かれているが、高峰は「あんたが行くだろうと思って取っておいたよ」とパンフレットを私にくれたきり、何の興味も示さない。トークショーに出たり、初日に〝懐かしい顔〟を見せたり、そんなことは絶対にしない。三ヵ月にわたって八十二本に及ぶ自分の出演作が上映されているのに、「スクリーンの中の人は私とは別の人だと思ってます」と、恬淡としている。

山本嘉次郎によって呼び起こされた職業人としての自覚

高峰は五十年間の女優生活で三百本以上の映画に出演している。そのうちの二百本近い作品が十代までのものだ。例えば「男性対女性」など、物語には全く登場せず、テロップにも名前がないのに、ラストで映画館の客席が映し出されると、何故かデコちゃんが座っていて、その顔のアップで終わるのだ。何のことやらさっぱりわからない。「何の映画か忘れたけど、映画館の客席を回る売り子の役で映ってるのもあるよ」だそうだ。そのように作品名がわからないものが山ほどある。フィルムセンターの主幹・大場正敏氏によれば「デコちゃんが顔を出してさえいればお客が入るから、映画会社はできるだけ多くの作品に高峰さんを出したんです」。つまり〝客寄せパンダ〟だったわけである。高峰自身も「自分は女優をやってるんだなぁという自覚らしきものができたのは戦後からで、それまでは訳がわからなかった。何しろ十数人の親戚を養うのに必死だったから」と。

その〝自覚らしきもの〟を彼女に持たせたのが、先の山本嘉次郎なのだ。終戦間際の昭和二十年七月、「アメリカようそろ」（作品は未完）の館山ロケの折、滞在先の旅館の縁側でぼんやり空を眺めている高峰に山本が聞くのだ、「デコ、つまんないかい?」。「つまんない」と高峰が答えると、「あの松の木を見てごらん。何故こっちに曲がってると思う? たぶん海のほうから風が吹くんで自然に曲がっちゃったんだよね」。そして「普通の人でもタクワンは臭いと思うだろう? でも俳優は普通の人の二倍も三倍も臭いと感じなきゃダメなんだな。何でもいいから興味を持ってごらん。何故だろう? どうしてだろう? って。そうすると世の中そんなにつまんなくないよ」と。この言葉に高峰はそれまでの自分の仕事に対する姿勢を恥じ、変わっていくのだ。「仕方なく」やっていた女優業に対して、ある覚悟ができたのである。

それを証明したのが、四年後の山本監督による「春の戯れ」。マルセル・パニョルの戯曲『マリウス』を翻案して舞台を明治初頭の品川に変えたものだ。これは脇も素晴らしかった。高峰扮するお花を捨てて外国航路の船に乗る若き宇野重吉、その父親が徳川夢声。お花を嫁に望む老人に三島雅夫。山本監督は高峰にあえて新派調の演技を求めたそうだ。それがゴツゴツした新劇芝居の宇野とかえって調和し、加えて、夢声のあの燻銀《いぶしぎん》のような声音と演技、陰から日向からお花を見守る慈悲深さを的確に演じた三島の演技がもり立てて、胸を打つ作品にしている。私は初めて今回の映画祭で観たのだが、気がつくと客席は静まり返り、皆が息を殺して見入っているのが肌でわかった。映画が終わった時、拍手が起きたのには驚いた。それにしても二十五歳の若さで蛤売りの少女から丸髷の新妻まで、女の心情の綾と成長をあまりにも見事に演じている高峰の力量は、凄い。

既に五歳の時から冷徹な観察力と人間に対する不信感を抱いていた高峰は、それらを客観性へと育て、さらに山本嘉次郎によって職業人としての自覚を呼び起こされたのである。だがそれでも女優を嫌う気持ちに変わりはなく、二十七歳の時パリに半年逃亡している。しかし帰国後、どこへ逃げても〝高峰秀子〟からは逃れようがないと悟り、フリーになって、以後は自らが脚本を読んで出演依頼を受けるか否かを決めるようになるのだ。

「あれは、やる気でやりましたよ」

「浮雲」はその演技者・高峰秀子の集大成とも言える傑作である。女を描かせたら右に出る者がない成瀬巳喜男の、まるで小型のメスで人間心理を精密解剖するような演出に、高峰秀子は見事に応え、男への捨てようにも捨て切れない愛に苦しむ女の哀しさを息詰まるような演技でスクリーンに焼き付けた。その男を演じるのは高峰も絶賛する森雅之。あらゆる要因が一点に合致した、まさに〝天使が通る一瞬〟が生んだ日本映画の白眉である。
「あれは、やる気でやりましたよ」。高峰からその言葉を聞いた時、私は思わず粟立った。その種の言葉を高峰から聞いたのは、後にも先にもそれだけだ。松山善三との結婚を控え、これを最後に引退するつもりだった高峰は、文字通り渾身の力を出し切ったのだ。

だが幸か不幸か、夫となった人は貧乏だったので、高峰はその後四半世紀、女優を続けることになる。だが今思えば、旦那が貧乏で良かった。でなければ私たちは「張込み」も「女が階段を上る時」も「名もなく貧しく美しく」も「乱れる」も、どれもこれも見られなかったのだから。

しかしこうして並べてみると、高峰秀子は不幸な女を演じる時にこそ、その真価を発揮している。いつか高峰が言ったことがある、「人間を陰と陽に分けたら、私は明らかに陰の人間」と。数年前、『別冊太陽　女優　高峰秀子』の表紙に載せる写真を決める時、高峰が選んだのは、あの「浮雲」のヒロイン・幸田ゆき子のあまりにも暗い視線を落とした一葉だった。「これがいかにも私らしいから」と。

今回の映画祭の第二部で上映されるのが、それら高峰秀子の名作群である。私が映画祭のパンフレットを見せて、試みに「好きな作品を選んで」と言うと、高峰は選んだ。
「浮雲」「二十四の瞳」「馬」「名もなく貧しく美しく」「女が階段を上る時」「張込み」「山河あり」「放浪記」「雁」「無法松の一生」「華岡青洲の妻」「恍惚の人」「春の戯れ」。
「自分から演りたくて演った役は一つもない」「自分から演りたいと言ったことも一度もない」女優は、日本映画界に三百余本の作品を残し、今日も夫の好きなセロリの油炒めを作っている。

（文／斎藤明美）

「キネマ旬報」二〇〇四（平成十六）年十月下旬号

美しさの意味

十年ほど前、私はある出版社でHという芸能人のインタビュー本を書いたことがある。

依頼が来た時、迷ったので、高峰さんと松山氏に相談した。すると夫妻は「勉強になるからやってみなさい」と言ってくれた。

Hには以前にも何度か取材したことがあり、この時も十数回に及んだ私のインタビューに快く応じてくれ、彼のマネージャーも最大の配慮をしてくれた。だからHの側とは何の問題もなかった。

問題が起きたのはその出版社と。私が原稿をすべて書き終えた後である。

最後の章を出版社に送り、私は松山夫妻が滞在していたハワイに発った。

忘れもしない、五日後に帰国して私がマンションの自室に戻ると、一枚のファクシミリが届いていたのだ。

その本の担当編集者からだった。彼は子供の頃からHの大ファンで、インタビュー本を発案したのも彼だった。だがまだ新人で、これが初仕事だった。

ファクシミリは、その若い担当編集者が申し訳なさそうに上司の意向を伝える内容だった。

「①これはあなたが書いた評伝ではない。Hさんの著書です。②地の文の中で『私』という表現は不可。③あなたの考えや感想は不要」など、十項目近くを挙げて私の原稿を、要は全否定していた。

ペラペラと手の先で泳ぐ一枚の紙を見ながら、この仕事はやめよう、すぐに私は思った。

構成も内容もすべて私が考え、担当編集者もそれを了承していた。突然数百枚の原稿を送ったわけではない。ファクシミリに書いたような意向があるなら、仕事にかかる前、少なくとも章ごとに私が原稿を送っている段階で言うべきではないか。ゴーストライターじゃあるまいし、自分のすべてを否定されてまでやらせていただく気は毛頭ない。だがこのまま断れば、私の名前だけ削除して、本は刊行されるだろう。それだけが口惜しかった。

だがHの事務所の社長が救ってくれた。「この原稿のどこに問題があるんですか。私はとてもいいと思いますよ。第一、うちは書き手が斎藤さんだと聞いたからこの仕事を受けたんです。以前、斎藤さんが雑誌でHのことを書いてくれたみたいに、いや、その時以上に斎藤さんの意見や感想を書いてもらう、そう了解してたんですから」。原稿を読んで私に言った言葉をそのまま出版社の編集長に伝えてくれた。

世の中には「掌を返す」という表現があるが、私はこの時ほどその言い回しを実感したことはない。

まず担当編集者が電話してきた。「斎藤さんにやめてもらっては困る。編集長が是非会いたいと言っているので会ってほしい」という内容だった。

その出版社の編集長は女性で、公演中のHに挨拶に行った時、楽屋に入ろうとする私に「まだあなたにお願いすると決めたわけじゃありませんから」と言い放った人である。

その同じ人物が腰をかがめるようにして私に言ったのだ、「何か失礼なファクシミリが送られたそうで私も驚いてるんですけど、私はそんなこと一言も言ってないんですよ。担当が新人だから、勘違いしてそんな失礼なことを。ダメでしょう？　彼は」と。

私は思わず相手の顔を凝視した。

そして言い訳とも言い逃れともつかぬ弁を続けるその女性編集長を見つめながら、内心で思った。威張るなら最後まで威張れ。人を踏みつけにするなら、最後まで踏みつけにしてみるがいい。途中で態度を変えるほど見苦しいことはない。あなたは恥という言葉を知らないのか。

何の決定権も持たぬ新人編集者が独断であのようなファクシミリを書くわけがない。

現に上司からのお達しだと書いてある。それを、取材対象の事務所社長が一言私の原稿を肯定する言を発したとみるや、自分は素早く責任を逃れ、すべての責めをその新人編集者に押し付けた。部下をスケープゴートにしたのである。

結局、その本は私が書いたままの形で刊行されたが、表紙に私の名前はあってもプロフィールは一字も載っていない。「あなたのプロフィールは要らない」と言われたからだ。

H氏には申し訳ないが、今でも私はその仕事がイヤな記憶として残っている。後になってようやく私は気づいた。

松山夫妻が言った「勉強になるからやってみなさい」。

当時、私は全くと言っていいほど他社の仕事をしたことがなかった。自分が所属する週刊誌の編集部、言わば〝自分の陣地〟で、与えられた仕事を、まるでそれが永遠に続くとでも思っているかのように、ホカホカと続けていた。

「小説を書きなさい。週刊誌の仕事が忙しいなんてただの言い訳だ。それほど時間がないなら、記者などやめてしまえ。一年ぐらい家にこもって、自分が本当に書きたいものを書いてみるという気概はないのか」

そう松山氏に叱咤されたのも一度や二度ではなかった。

「あいつは才能はあるけど、根性がない」

高峰さんは松山氏に言ったそうだ。

そんな有難い言葉を受けながら、それでも甘ちゃんの私は、相変わらずノホホンと生きていた。

「一度〝外の世界〟で仕事をしてごらん。いろんなことが学べるよ」

夫妻はそう言いたかったのではないだろうか。

名もない私が書いた原稿を良しとして窮状を救ってくれたHの事務所社長、平気で部下をいけにえにした女編集長……。

〝外の仕事〟で、私は人間を見たと思った。


以上のことを書いたのは、私が、された仕打ちは終生忘れない執念深い人間だというこどもあるが、それよりも、今回取り上げた「最後の日本人」が、先の出来事と深い関係があるからだ。

既に二〇〇九年、清流出版で単行本化されたので書籍の形になっているが、それは平成十七年から二年間、「婦人画報」誌で私が続けた連載をまとめたものだ。

私が尊敬する各界の著名人を、彼らの発言と私の文章で描いた一種の人物点描であり、それは四十八歳にして私が初めて持った〝自分の連載〟だった。

連載を始めることになったきっかけは、ある日、「婦人画報」誌のM氏と打ち合わせをしていた時、私が雑談の中で「最後の日本人」という言葉を口にしたことだった。

その言葉を聞いたM氏は膝を打つようにして、「いい言葉ですね」と言った。そして私に聞いた、「斎藤さんの考える最後の日本人とはどういう人ですか?」。

「今や絶滅しようとしている日本人です。私が子供の頃、疑いもなく仰ぎ見ていた大人。大げさな言い方かもしれませんが、美徳を持った日本人のことです。ただしあくまで私がそうだと思う人。つまりは私の独断と偏見です」

するとM氏は、「独断と偏見でいいじゃないですか。何が独断で何が偏見か、読者に判断してもらいましょうよ」。

だが先の一件が焼印のように刻まれていた私はM氏に確認した、「私は遠慮なく自分の考えを書きますよ。〝私〟という表現を使ってもいいんですね?」。

「当たり前じゃないですか。斎藤さんの連載なんだから」

当たり前……。その時、私は自分でも意外なほど開放感を感じた。

やっと自分の文章が書ける。「私」という一人称が使える。感じたことを感じたままに書くことが許されるのだ。

それは、文字を書く仕事に携わって、私が初めて感じた〝自由〟だった。

もちろんそれまでも、私は週刊誌の記者としてたくさんの記事を書いていた。署名記事も書いた。時にはデスクが「いい原稿だ」と認めてくれ、読者が最後に小さく印字された私の名宛にお褒めのハガキをくれることもあった。だが私はそれらのどの原稿に対しても、「自分が骨身を削って書いた文章」という思いはあっても、「私の文章だ」という自負は持てなかった。だから同僚が「デスクが斎藤さんのことを『談話原稿の天才だ』って言ってたよ」と教えてくれた時は、ゾッとした。

本当は、今思えば、それはこの上もなく光栄な言葉だったのだ。だが当時の私は「私の文章」、ただその一点にこだわり続けていた。

主語がない文章や無人称の文章の中でこそ己を生かす。それが記事というものではないのかとは考えようともしなかった。つまり、それほど私は記者になりきれずにいたのだ。

ある時など私は松山氏の前で口走った、「どうせ私が書いたものなんか、誰も認めてくれない！」。

すると氏は穏やかに言った、

「それは違うよ。一所懸命に仕事をしていれば、必ずどこかで誰かが見ていてくれる。僕はずっとそう思って仕事をしてきたよ」

それでもなお、私は言い募った、「それはどこで？　誰が？　一体誰がどこで見ててくれるの⁉　とうちゃんみたいな有名脚本家には私の気持ちなんかわからないよ！」。

その時の松山氏の悲しそうな顔を今でも覚えている。

そして私が自分の考えに溺れ、苛立ち、松山氏にだだをこねるように八つ当たりしている間も、完全に世間との交渉を断った高峰秀子は、毎日、一日も休まず、食事を作り、住まいの清潔整頓を保ち、静かに本を読む生活を続けていた。

最後の日本人――。

その言葉が浮かんだのは、それをM氏の前で口にする半年前、先般九十九歳で亡くなられた映画評論家の双葉十三郎氏に何度目かの取材でお目にかかった時だった。

取材は食卓の風景がテーマだった。

卵焼きとおみおつけ、それさえあれば他には何も要らないと言った後、双葉氏はこんなことを言った、

「僕は『お味噌汁』という言葉は好きじゃないんです、どこか散文的でね。やっぱり『おみおつけ』って言っちゃう。おみおつけってどんな字を書くか知ってますか？　僕ね、今日お話ししようと思って、ちょっと調べてみたの。そしたら『御』の字を三つ重ねてね、そのあとに『つけ』と書くの。面白いでしょ」

私は、いつものようにニコニコして語る双葉氏の、その柔和な笑顔を見ているうち、急にその場で土下座したい衝動に駆られた。

なぜそんな気持ちになったのだろう。私は何に向かって土下座したかったのか。

そんな私の気持ちに気づくはずもなく、双葉氏は静かに語り続けた。

この老人はいつも準備してきてくれる。迎えの車を出すというこちらの申し出を受けず、「うちの近所によく行く喫茶店がありますから」と、自宅から杖をついて歩いて来る。そしてこちらが提示したテーマが何であれ、必ずそのために〝予習〟した貴重な話を提供してくれる。

その時、思ったのだ。

ああ、こんな人を最後の日本人と言うのかもしれない。

それが「最後の日本人」という言葉が私の中に生まれた瞬間だった。

だが今ならわかるが、それは何も突然浮かんだのではない。

干からびた土地にいきなり双葉十三郎という一粒の種を蒔いたところで、芽が吹くとは思えない。

もし先述した一件が畑に打ち付ける冷たい雹《ひょう》だとしたら、それは、私が二十年の間に取材した延べ千二百人に近い〝有名人〟、その中にいた高慢な女優、意地悪な女流作家、尊大なアナウンサー、いい加減な弁護士、嘘つきの俳優……あるいはプロデューサー、ディレクター、編集者、芸能マネージャー……、そんなありとあらゆる人間の、単なる一つの姿であり、振る舞いだったのかもしれない。ただ痛さにおいて突出していたというだけの違いで。

だがその雹の痛さを知ったからこそ、不出来な私にも、太陽の日差しや雨の滴りの有り難味がわかったのかもしれない。

その意味では、やはり〝仕打ち〟も苦い肥やしだった。

人間の負の要素をこれでもかと私に見せ付けてくれた数多の人々。彼らの前で今にも椅子を蹴って立ち去りたい思いを堪えながら、しかし私は彼らに教えられたのだと思う。

〝そうでないこと〟の美しさを。

威張らず公平で誠実、何事にも真摯であり続けることがいかに難しいか。彼らの言動が教えてくれたのだ。

そして何よりも、私は知らず知らずのうちに毎日、耕されていた。

そっと水をやり、栄養を与え、雑草を取り、やせた土地が少しでも何かが育つ土壌になればと、見守ってもらった。

そうしてくれた人が必ず側にいた。

それが松山善三と高峰秀子という一組の老夫婦である。

彼らが私を耕してくれた。

いつ誰に対しても高ぶらず優しく、惜しみない誠実を与え続ける松山善三という人。

高峰さんが当たり前のように送る日常。三度三度、丁寧に食事を作り、それを決まった時間に夫に供し、身の回りに余分な物を置かず、あるべき物が常にあるべき所にあるように、住まいを清潔に、整然と保ち続ける姿――。

私は、あの時、双葉十三郎という人に対して土下座したいと思ったのではない。双葉十三郎という人が体現するもの。

〝人の美しさ〟に、私は土下座したい気持ちに駆られたのだと、今、ハッキリとわかる。

そして〝それ〟は、毎日、私のすぐ側にあったのだ。

松山善三と高峰秀子という老夫婦が、日々、私の目の前で見せる姿、口にする言葉の一つ一つが、まるで薄い霧のように、少しずつ少しずつやせた土地に降り注ぐようにして、私の耳元で囁き続けてくれていたような気がする。

「美しいとはどういうことか。よぉく目を開けて人間を見てごらん」

平成十七年、連載「最後の日本人」は始まった。

第一回は高峰秀子、最終回は松山善三。連載開始が決定した瞬間、そのことを私が心の中で決めたのは、単に師とも親とも仰ぐ人だからなどという単純な理由ではなく、もっと大きな原因があったからなのだ。

私は無意識の中で知っていたのだと思う。彼らが私にそれを「書きたい」と思わせてくれたのだということを。

連載終了後になったとはいえ、幸いにも、熱望していた王貞治氏の登場が実現したので、実質的な最終回は王氏になったが、私自身が「最後の日本人」だと感じない限り、たとえ編集部が推した人物であっても列には加えず、総勢二十五人、全員を文字通り自分の独断と偏見で選ぶことができた。

高峰秀子、吉行あぐり、双葉十三郎、緒形拳、石井好子、永六輔、山田太一、中村小山三、安野光雅、戸田奈津子、水木しげる、伊東四朗、澤地久枝、山田洋次、佐藤忠男、森英恵、岩谷時子、サトウサンペイ、出久根達郎、鈴木史朗、野村万作、天野祐吉、佐藤忠良、松山善三、王貞治（連載時登場順、敬称略）。

本当に美しいものは何か。

だが、恐らくそれを目の前にした時、私がそれ以上に見てしまったものは、自分自身の愚かさと醜さだったかもしれない。

誰かに認めてほしい、褒めてもらいたい、自分の文章を書きたい、私が、私が、私が……その思いにがんじがらめになった自分の、美しさからはほど遠い姿を、私はイヤでも見ることになった。

決してそうなれない私が、限りない憧れを持って書いた二十五人。

それが「最後の日本人」だった。

「美しいとはどういうことか。よぉく目を開けて人間を見てごらん」

教えてくれたのは、女優・高峰秀子と脚本家・松山善三である。

迷惑な訪問者と高峰の真骨頂

本題に入る前に。

以前にも書いたように、拙著『高峰秀子の流儀』（新潮社刊）が売れている。二〇一〇年五月半ば現在で十六刷、六万四千部に達した。夢のようである。私が描いた高峰秀子の生き方や価値観に多くの方が興味を抱いてくれたのだと、光栄に思う。

だが――。

そのせいで困ったことが起こるようになった。

忘れもしない、あれは三月二十七日、高峰さんの誕生日だった。

午後、私が松山氏と一緒に麻布十番へ買い物に行こうと玄関を出たら、門の前を、巨大な紙袋が塞いでいた。

何だ⁉ 一瞬身構えたが、花束が見えたので、ファンの方から高峰さんへのプレゼントかなと、門の中に入れた。外には誰もいない。高峰さんの誕生日には、よくこういうことがある。

だが、この時は違った。

いや、花束は誕生日プレゼントには違いなかったが、他に、袋から半分突き出している長さ一メートルほどの頑丈なプラスチックの筒と、ガムテープ、サインペン、着払いの荷札。そして長い手紙。

手紙の主は大阪在住の五十代男性。横着をフランクと履き違えたような文面の中に、自分はこれらの物を松山邸の前に置くためだけにわざわざ新幹線で来たこと、そして、高峰さんに筒の中の物にサインして送り返してほしい旨が書いてあった。

私は今の若者の物言いは大嫌いだが、一つだけ同意できるのは「ムカつく」という言葉。この言葉は「腹が立つ」では表しきれない生理的な嫌悪感まで感じさせて、秀逸だ。

この長い手紙を読みながら、私は明らかに「ムカついた」。

筒の中には、大きな掛け軸ほどもある、高峰秀子の代表作「浮雲」の公開当時のポスターが二枚、巻いて入れられていた。

手紙には「修復するためにアメリカに送り、六十万円かかった」とある。

だから何だと言うのだ！

しかも高峰にサインして送り返せとは。

その人物の名誉のために職業は伏せるが、いわゆる世間で〝社会的地位が高い〟と言われている職種の一つだった。

面倒なことになっては困るので、私は松山家の顧問弁護士に相談した。そして助言に従い、申し出には応じかねるという旨の短い手紙を付けて送り返した。花は生ものなので返せないが、ポスターからサインペン、ガムテープに至るまで、一切合財送り返した。

「この上、なお相手が何か言ってきたら私が対応します」、顧問弁護士氏が言ってくれた。

幸い、その後は何もない。

そしてその同じ日。

今度は松山氏と買い物から帰ってきたら、見知らぬ女性が松山邸の前で私達に会釈した。郵便受けの中にはその女性が投じた文庫本と手紙が入っていた。松山氏が「何か御用ですか？」と聞くと、女性は困ったように「いえ、別に用というわけではないんですが……」と私の顔を見て、「斎藤さんですね？」と言うと、拙著を読んだ感想や高峰さんへの思いを門前で語った。

その他にも、サインした拙著を一冊送ってくれと私宛に本の代金の倍近くのお金を同封してきた年配の男性。松山家に電話してきて「高峰さんの従兄にたかられてひどい目に遭っている」と言い募る老女。インターホン越しに「カリフォルニアから来た」と言い、私がその場で断ると、「松山夫妻が五十年前にロサンゼルスに来た時に会ったことがあるので思い出話をしたい」という英文の手紙を郵便受けに入れて帰った人

物……などなど。

さらに数日後。

夕方近く、私が松山氏と一緒に、強風で玄関前に吹き寄せられた木の葉を掃除していたら、警官と六十がらみの男性が私達の側を通り過ぎた。男性「永坂というのはどこですか？」、警官「この辺りが麻布永坂町ですが……」、そんな会話が耳に入った。と、急に六十がらみが私に近づいてきて聞いたのだ、「高峰秀子さんのおうちはどこですか？」。

ナニッ？　これまでのことがあるので、松山家の〝番犬〟を自負している私としては、思わず両耳がピンと立った。

「うちですが、何か御用ですか？」

番犬は内心「ウゥー」と唸りながら答えた。

「じゃ」、お巡りさんは去った。

すると六十がらみが、

「本を読んだんですよ」

横柄な物言いだった。そして私達の背後にある松山邸を無遠慮にジロジロ見ながら、

「へぇ、こういう家に住んでるんですかぁ」。

私はカチンときて、言った。

「私がその本を書いた斎藤です。ご用向きは？」

私は着古したＴシャツとヨレヨレのジャージを穿いていたが、この際、服装に構ってはいられない。私は松山家の番犬だ。しかも猛犬である。夫妻を守らねばならない。逃げも隠れもしないゾ。

「そしてこちらは松山です」

私が言うと、男は、

「あ、松山さんね」

何だ、その言い草はッ。挨拶ぐらいしたらどうだッ。私は心底腹が立った。

だが男は全く気にする風もなく、

「表札を写真に撮ってもいいですか？」

ハァ？

私が呆れていると、男はなおも言う、

「じゃ、家を撮ってもいいですか？」

どういう神経だ。

「ちょっとそれは……」

私が迷惑な顔をしているのに、男は、いけしゃあしゃあと、「あなたにいい悪いの返事はできないわな」。

こいつ……。十四、五のミーハーなガキじゃあるまいし、いい年をして自分が言っていることが非常識だということくらいわからないのか！　番犬はすんでのところで嚙み付くところだったが、側に松山氏がいるので、堪えた。

私達が無視して掃除を再開すると、男はしばらく松山邸の周りをウロウロした後、「本を二回読みましたよ」などと言って、去っていった。

極めつけは、某国会議員の側近からの手紙。

議員の○○が高峰さんの大ファンで、議員会館にポスターまで貼っている。○○が是非高峰さんに会いたいと言っているので、私に仲立ちしてほしい。

中でもこの一文が一番頭に来た。

「○○はやがては総理大臣にもなる人物です。だから高峰さんにも斎藤さんにも良いことだと思います」

良いことたぁ、どういう意味か！

今でもこの手紙のことを思い出すと、胸が悪くなる。

良識ある読者の皆さん、以上の出来事をどう思いますか？　あなたはこれらの人々がとった言動のうち、どれか一つでも賛同できますか？　あなたなら、しますか？

唯一、郵便受けに文庫本と手紙を入れていった女性は、別に態度は失礼ではなかった。たまたま私達に出くわしたのが不運だったかもしれない。

というのは、その女性の手紙には名前だけで住所が書かれていなかったのだ。つまり最初から返事を期待していないという点で、殊勝だ。

数日後、同じように松山家の郵便受けに直接手紙を入れていった男性がいた。

何と二十四枚にもわたる、手紙というより論文。それを読むと、書き手が高峰秀子の映画はもちろん著作も全て読んでいることがわかり、その上で、高峰の演技についての見事な分析と、人間・高峰への敬愛の念が溢れていた。

一読した高峰さんは言った。

「立派な手紙だね。字も上手だし。返事を出したいような……」

そして静かに微笑んで、ポツリと、

「返事を出したい手紙には住所がない」

まさに名言である。

その見事な論文には、名前だけしか書かれていなかったのだ。

裏を返せば、文末で「返事をください」と強要し、住所はもちろんご丁寧に自分の電話番号まで書いてくるような手紙ほど、高峰さんに「返事を書きたい」とは思わせない内容なのである。

私が知っている高峰さんのファンは皆、思いやりがある。いきなり自宅に訪ねてきたり、電話をするような不躾はもちろんしない。手紙をくれるのだ。たとえ直にそれを松山邸の郵便受けに入れたとしても、決して住人に見つからぬよう、そっと入れて去る。そんな手紙の中身は殆どが「お元気ですか？」と高峰さんの息災を確かめる内容で、最後には必ず「長い手紙を読んでくださってありがとうございました」「お返事は要りません」と控えめな言葉が添えられている。サインしろだの送り返せだの、そんなことを言ってくる人はいない。

彼らは皆、愛情とは理解することだと知っているのだ。「他人の時間を奪うことは罪悪」だと考えている高峰秀子の価値観を理解し、高峰を遠くから想っていてくれるのだ。

私はそういう方々を〝本当の高峰ファン〟だと思っている。

それを思えば、先の人々の言動は、まさしく失礼、無神経、傲慢、身勝手、図々しい。「表札を撮らせてくれ」と言った男など、「失礼ですが」「すみませんが」の一言もなかった。言語道断である。

だが私が一番イヤだったのは、その無礼な人々が全員、「本を読んだ」、つまり私が書いた『高峰秀子の流儀』を読んでいることだ。

私は彼らに聞いてみたい。

読んでいて、何故このような行いをする⁉　物言いをする⁉

一体、私が書いた〝何〟を読んでくれたのだ。私が書いた〝高峰秀子の生き方〟の、何を汲み取ってくれたのだ。

情けなくて仕方ない。

「いろんな人がいるね」

私から報告を受けた高峰さんが言ったのはこの一言だけだった。

明らかに、日本人は劣化した。


そして今回の本題は、次回の後半も含めて、先の人々とは〝対極〟にある、高峰秀子の価値観を如実に表す逸話である。

再録した「キネマ旬報」の記事は、平成十七年のものだ。

この年は映画監督・成瀬巳喜男の生誕百年に当たる年だった。

成瀬巳喜男は、「浮雲」「女が階段を上る時」「乱れる」「放浪記」「あらくれ」「流れる」「娘・妻・母」など、実に十七本の作品で高峰と仕事をした。つまり主演女優として最も多く高峰を起用した名匠であり、また高峰も三百余本という自身の出演作の中で、成瀬監督と一番多く仕事をしている。

言わば二人は、日本映画界に数々の名作を残した〝名コンビ〟なのだ。

だからこの年は、「成瀬監督について語ってほしい」「書いてほしい」という依頼が各方面から高峰さんに集中した。

だが高峰さんは一切応じなかった。

既に高峰秀子を理解してくださっている読者ならご存じのように、彼女は自身の業績に恋々としない。過去は振り返らない。自身の映画がテレビで放映されようが、映画祭が催されようが、全く関心がないという、稀有な女優だ。

だから悉く、依頼を断った。

しかし電話というのは、当たり前だが、出てみないと誰からか何の用件かわからない。気の毒なのは松山氏だった。電話に出て、それが高峰さんへの取材依頼だった場合、たとえその場で断ったとしても、一応本人に「こんな電話があったよ」と伝えないわけにはいかない。で、伝えると、妻はその都度、渋面になる。遂に氏は「これじゃ、家庭不和になる」と、珍しく私にこぼしたほどだった。

そして当時まだ「週刊文春」の記者をしていた私にも、週に一度は「高峰さんに交渉したいので仲立ちしてほしい」という内容の連絡が舞い込んだ。

「申し訳ありませんが、お役には立てません。すべてお断りするよう高峰に言われておりますので」。私は断り続けた。

一カ月、二カ月、三カ月……最初は断ることに何の躊躇もなかった。「お願いだから、これ以上かあちゃんを煩わせないで」と、腹さえ立った。

しかし……。やがて私の中に小さな疑問が湧き上がるようになった。

ある女優がとくとくとしてテレビで成瀬巳喜男監督のことを喋っている。別の女優が成瀬作品の映画祭に出て、「私だけが成瀬さんを知っているのよ」と言わんばかりにトークショーをしている。

私は思うようになった。

このままでいいのだろうか？　成瀬作品に一度か二度しか主演していない女優がしたり顔で「これが成瀬の考えだ」と語り、主演さえしたことのない女優が「これが成瀬巳喜男の映画の撮り方だ」と世間に垂れ流している。しかも稚拙な言葉で的外れな見解を。これでは、あの俊英が、まるでその辺の凡夫の如く伝えられてしまうではないか。

私はいたたまれない気持ちになった。

ちょうどそんな時だった。

当時、「キネマ旬報」の編集長をしていたSさんと食事をする機会があった。彼女は百年近くに及ぶ「キネ旬」の歴史で初の女性編集長になった人で、その映画に対する真摯な考え、そして何よりもその誠実な人柄を、私は尊敬していた。

まさにその時期、Sさんと食事をしたことが、私を思わぬ方向へ導くことになるのだ。

大女優の魂の言葉

今回再録した平成十七年の「キネマ旬報」九月上旬号の記事は、私が高峰さんと共にさせてもらった仕事の中でも、様々な意味で、忘れられない仕事である。

まず一つは、この仕事を通して、高峰秀子の真髄ともいうべき価値観をまざまざと見て、改めて敬服したという点で。

平成十七年は日本映画の名匠・成瀬巳喜男監督の生誕百年に当たる年だったので、例年にも増して、高峰さんへの取材や寄稿依頼が殺到した。高峰秀子は成瀬作品に最も多く主演した女優であり、特に「浮雲」は高峰の三百本を超える出演作の中でも自他ともに認める彼女の代表作であり、同時に日本映画の金字塔と評されている名作だ。だからテレビや新聞など多くのメディアが「生誕百年に寄せて、成瀬監督について語ってほしい」と高峰さんに申し込んできたのである。

だがそれら一切を、高峰さんは断った。

過去を振り返らず、自身の業績に恋々とせず、あらゆるしがらみを断ち切って、ようやく七十代の半ばで自らが望む日常を手に入れた高峰さんには当然の対応だと、私も思った。

だがそれにしても、その断り方の、何と見事だったことか。

迷わず、躊躇《ためら》わず、相手に追いすがる暇さえ与えず、完璧に拒絶した。

「お断りします」

まさに一刀両断と言うしかない姿だった。

私は見ていて、惚れ惚れした。

人間というのは弱いもので、明確に「NO」と言うこと、何かを拒絶することは容易ではない。「本当はやめたかったけれど……」「一旦は断ろうと思ったが、諸事情を鑑み……」と、ぐずぐず言い訳をしながら、結局は断ち切れない。だから、大騒ぎをして引退セレモニーなどというおこがましいことをしておいて数年もせずにケロリと復帰する芸能人や、他人には別れた伴侶の悪口を言いながらいつまでもその人と縁が切れない作家などがいるのだ。何も著名人でなくても、仕事を首尾よく遂行できなかった勤め人が「だから最初から気が進まなかったんだ」と弁解している姿はザラに見る。現に私もこんなエラそうなことを書きながら、「あいつがいる雑誌に書くのは癪だ」と思いつつ、今現在、受けるか受けまいか返事もせずに抱えている原稿依頼がある。それでいて、いずれは受けるに決まっていると、自分で自分の出す結論が予測できて、情けない。

なぜ多くの人間がそんな見苦しいことになるかと言えば、未練があるから。つまり

〝欲〟があるからだ。「やはりもう一度スポットライトを浴びたい」「相手に悪く思われたくない」「金が欲しい」……、私の場合は依頼してきた雑誌が有名だから。

欲が人を弱くし、醜くする。

高峰秀子に迷いがないのは、即ち、この〝欲〟がないからである。

何も求めないから、強い。常に潔くいられる。だから美しい。

ところが……。

その高峰秀子の鉄壁の拒絶を、彼女の味方であるべき私が、崩してしまった。

今でもこの時のことは、このインタビュー記事のことは、小さな棘のように私の心に刺さったままだ。

この前年の平成十六年秋口から、私のもとにも「高峰さんに仲介を」という依頼が舞い込んだが、私は断り続けた。それが私の務めであり、〝老母〟の安寧を守る当然の行為だと信じたからだ。

しかし、時間が経つにつれて、私の気持ちが揺らぎ始めた。

成瀬巳喜男の作品に一度か二度主演しただけの女優がまるで自分こそが成瀬のミューズだと言わんばかりに喋り、どう考えても成瀬の価値観を理解しているとは思えない女優が得々として成瀬の手法を語っている。それらの姿を見ているうちに、私は迷い始めたのだ。

このまま高峰秀子が沈黙を守っていていいのか。凡庸な言葉と的外れな見解で日本映画史に残る名匠が後世に伝えられていいのだろうか。

なぜメディアは、高峰秀子に食い下がらない？　高峰秀子を口説き落とせる記者は一人もいないのか？

高峰秀子が成瀬巳喜男を語らずして、何の生誕百年か。

私にそんな思いが芽生えたのは、平成十七年の春も終わる頃だった。

それは我ながら、恐ろしい瞬間だった。単に日本映画が好きだというだけの私が抱くには不遜な考えであり、何より、身体を張って守ろうとしている〝母〟を裏切ること。言ってみれば、ミイラ取りがミイラになろうとする瞬間だったからだ。

前回書いたように、まさにそんな時、当時の「キネマ旬報」の編集長Sさんから連絡が来たのだ。

「近々、夕食でもいかがですか？　お願いしたいこともあるので」

彼女は電話で言った。

私はSさんを得難い人物であると同時に、大切な友人だと思っていた。知り合ったのは私が『高峰秀子の捨てられない荷物』という本を書いたのがきっかけだったから、この縁も言ってみれば、高峰さんが作ってくれたものだ。

私は喜んでSさんのお誘いを受けた。

「お願いというのは……」

　平成十七年四月二十七日、松山家に近いイタリア料理店で向かい合ったSさんは、挨拶代わりに私の近況を聞いてくれた後、徐《おもむろ》にシーザーサラダを食べる手を止めて、フォークを置いた。

「松山善三先生にインタビューしていただきたいんです。松山先生は成瀬作品で数多くの脚本を書いていらっしゃるので、斎藤さんに当時のエピソードを聞いていただき、記事にしてもらいたいわけです」

　何だ、改まって「お願い」などと言うから何事かと思えば、そんなことか。

「そんなこと」と思ったのは、別に松山氏を軽視したのではなく、氏はその頃まだ完全には引退していなかったので、取材を受けてくれる公算が高かったからだ。

「いいですよ。お願いしてみます」

　私は即答した。

「よかった」

　Sさんが胸をなでおろしたように、傍らのワイングラスに口をつけた。

「ところで……」

　私は気になっていたことを聞いた。

「松山先生だけでいいんですか?」

すると、Sさんがハッとしたように、私を見た。

「高峰さんに成瀬監督のことを聞かなくてもいいんですか？」

私は単刀直入に聞いた。

Sさんはグラスを置くと、持ち前の少年か少女のようなクリッとした目をまっすぐ私に向けて、答えた。

「もちろん、それは第一番に考えました。編集部の会議でも、成瀬監督の特集記事を作るに当たって、『高峰秀子さんに取材を』という声が上がりました。でも私は日頃、斎藤さんから高峰さんの日常を伺っているので、『それはしてはいけない』と、逆に私がみんなを止めたんです」

この人はこういう人である。自分の仕事より相手の気持ちを優先する。高峰さんに取材したい新聞記者に「Sさんは高峰さんと親しい斎藤さんという人を知っているらしいが、その斎藤さんに紹介してもらえないか」と言われた時も、「斎藤さんは高峰さんのマネージャーではありません。書き手です。お願いしたいなら、じかに高峰さんに依頼状をお書きになったほうがいいです」、そう答えてくれた人である。多くの人が高峰秀子に取材したいがために私を単なる手づるとして利用することに疑問を持ってくれたからだ。そんな風に思ってくれる人は稀だ。妙な業界人臭さがなく、それでいて優れた業界人。彼女のそんな面も、私が年下のSさんを尊敬する理由だ。

この時も、私はSさんの配慮が有難かった。

だが私は、自分でも思いがけない言葉を吐いた。

「Sさん……。私、何の根拠もないんですが、なぜか今回は、高峰さんが受けてくれるような気がするんです」

なぜそんな気がしたのか、今でもわからない。

「本当ですかッ？　斎藤さんの直感は当たりますからね」

Sさんはその大きな目をさらに大きく見開いた。

その後の経緯は、この章の最後に載っている通りだ。

今でも信じられないが、あれほど全ての依頼を蹴散らしていた高峰さんが、「成瀬巳喜男監督について語ってください」という私の願いを受け入れてくれたのである。

そのことを知らせた時、普段は感情を露にしないSさんが電話口で歓喜の叫び声を上げたのを、今も覚えている。

恐らく、高峰さんと交わしたあの二十分の電話ほど緊張とスリルに満ちた会話を、この先私は二度と経験することはないだろう。

誰が考えても、いや、電話で高峰さんと話している私自身が、「やはり無理だったか」、そう思いながら会話していたのだ。

それほど高峰秀子は頑なだった。

その堅牢さに見えた一瞬の隙。

「ほら、もうこれで書けるじゃないか」。高峰さんのこの一言は、それまでの十九分間、完全に〝大女優・高峰秀子〟だった彼女がほんの一瞬だけ見せた〝母〟の顔だった。

あんたが成瀬さんや私のことを書くのはちっとも構わない。でも私はいまさら成瀬さんのことや昔の撮影の話なんかしたくないんだよ。だから私がこの電話で言ったことをヒントにして書きなさい。

そう高峰さんは言外に言っていたのだと思う。つまり、自分が取材を受けるのはイヤだが、私にはできれば記事を書かせてやりたい。あの言葉は明らかに高峰さんが私に見せてくれた〝親心〟だった。

他の記者や依頼者には見せるはずもない〝顔〟。

だがその高峰さんの思いやりに対して、私は強い口調で言ってしまった。

「私が書くものなどに価値はないッ。私が百万の言葉を使って高峰秀子の発言を引用しても、高峰秀子の『うん、そう』の肉声の前には、無に等しいよ」

それは、私の本心だった。そして私が常に抱えていた引け目であり、自分自身に対する怒りだった。

だがもしこの時の私に邪念というものがなかったとしたら、それは、奇しくも二十数年前、初めて高峰秀子という人に会った、あの時と同じ私に立ち戻っていたからかもしれない。

この人の前では、知ったかぶりもお世辞も何も通用しない。ありのままの自分でいるしかない。それでダメなヤツと思われたら、それまでのことだ。

二十何年前、まだ若かった私が高峰さんの前で感じたのと同じ思いが無意識に私を支配していたのだと思う。

成瀬巳喜男生誕百年の年に高峰秀子が成瀬を語ることは、日本映画史において極めて重要なことだ。他の人間が高峰を口説けないのなら、私がやる。何としても高峰秀子に語ってもらいたい。その強い願いだけが私の中にあった。

「何が聞きたいの？」

遂に言った高峰さんの、その低い声音は、まるで固く閉じられていた城門が重たくギギーッと動く音。子供ほど年の離れた私との攻防の果てに見せた、疲れと諦めと、そして腹を括った覚悟の音だと、私には思えた。

電話を切った後、私は放心したように座り込んでいた。

かあちゃん、ごめんなさい。

私は電話の前で土下座した。

今になるとわかるが、あの時の私を、〝高峰秀子に受け入れられる私〟にしてくれたのは、誰でもない、高峰さん自身だったのだ。

真剣に対峙する時、相手をまっすぐな気持ちにさせる。邪《よこしま》や下心を持っては向かい合えない。高峰秀子とはそういう人だと、今はっきりと私は確信する。

そしてあの電話で私は、高峰秀子という人は私にとって手の届かないほど遠くにいる偉大な女優であると同時に、間違いなく慕ってやまない母であることを痛感した。そのために私はこれからも、母の静かな生活を破ろうとする者に身をもって立ち向かいながら、その一方で私自身がその静けさを破ってまで彼女を書き続けたいと願う、その厄介な矛盾を永久に抱え続けるだろうことを思い知った。

だが、恐らく、私が抱えるそれら矛盾の全てを高峰秀子は知っていた。知った上で、私に取材を許してくれたのだ。

「ほら、もうこれで書けるじゃないか」

これほど慈愛に満ちた高峰秀子の言葉に、果たして私は応え得る人間なのか。そう問い続けながら生きるだろう。

平成十七年のこの高峰さんとの仕事は多くのことを私に教えてくれた。

中でも最大の教えは、仕事というものに対する人間の〝志〟だった。

「成瀬さんが死んだ時、私という女優も終わったと思った。それは、もう仕事にも映画界にも一切、きれいさっぱり未練がなくなった……殉死だね」

高峰秀子のあの静かな言葉。

長いインタビューをした翌日、「言い忘れたことがある」とわざわざ電話して、言ってくれた言葉。

聞いた時、私は身体が震えた。

そこには、五歳の時から五十年、全身全霊で〝仕事〟をした大女優の志があった。

高峰秀子にしか言い得ない言葉。

殉死。

その言葉を高峰秀子の口からじかに聞かせてもらったことを、私は生涯の誉《ほま》れだと思っている。

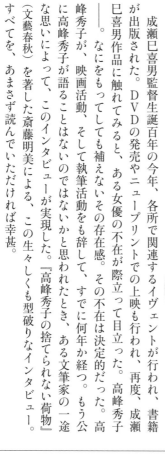

独占インタビュー
高峰秀子
成瀬巳喜男監督を語る

取材・構成　斎藤明美

「キネマ旬報」二〇〇五年九月上旬号より

成瀬巳喜男監督生誕百年の今年、各所で関連するイヴェントが行われ、書籍が出版された。DVDの発売やニュープリントでの上映も行われ、再度、成瀬巳喜男作品に触れてみると、ある女優の不在が際立って目立った。高峰秀子——。なにをもってしても補えないその存在感。その不在は決定的だった。高峰秀子が、映画活動、そして執筆活動をも辞して、すでに何年か経つ。もう公に高峰秀子が語ることはないのではないかと思われたとき、ある文筆家の一途な思いによって、このインタビューが実現した。『高峰秀子の捨てられない荷物』（文藝春秋）を著した斎藤明美による、この生々しくも型破りなインタビュー。すべてを、あまさず読んでいただければ幸甚。

試みに年表を作ってみた。成瀬巳喜男の監督作品八十七本と、女優・高峰秀子の、作品名が判明している出演作六十九本を、それぞれ上下段に分け時間軸に沿って並べてみた。自分の頭を整理するためだからレポート用紙を糊で繫いだ稚拙なものだったが、出来上がると、長さはちょうど二メートルになった。

そうだ、これを持っていこう。これを見れば、少しは高峰さんが自身の長きにわたる業績に心を動かしてくれるかもしれない。

「秀ちゃん、しばらくね」って成瀬さんが言ったから

（六月某日、午後。私は松山家の食卓の上で高峰さんのほうに向けて、年表を広げた。夫君・松山善三氏は二階の書斎にいる）

高峰　あんたが見たほうがいいじゃない。質問するんでしょ？

――見たくないですか？　ホラ、ここからスタートしてるんですけどね。高峰さんが昭和四年十二月一日封切りの「母」でデビューしてます。

高峰　そ。

――成瀬監督のデビューはその約二ヵ月後、翌年一月二十一日封切りの「チャンバラ夫婦」。

高峰　ふーん。

――つまり、高峰さんのほうが先輩なんですよ、映画人として。

高峰　そうだね。
――知ってましたか？
高峰　知らない。
――そう。だから「**秀子の車掌さん**」（41）はこのずーっと後の、ここ。ここなんですけど。
高峰　うん、うん。
――「秀子の車掌さん」は成瀬さんの四十一本目の作品ですが、高峰さんにとっては七十三本目の仕事。しかも高峰さんのほうがデビューが早い。つまり当時三十六歳の監督より十七歳の女優のほうがキャリアが長くて多い。
高峰　だから何なの？
――え、だから、その、ちょっと意外に思ってくれるかなと……興味ないですか？
高峰　ない。
――ハハハハ。ところで、映画史的には「秀子の車掌さん」が成瀬監督と高峰さんの初仕事ということになってますが……。
高峰　いや。子役の時に出たらしいの。私は覚えてないけどね。
――作品名を？　出たこと自体を？

高峰　全然。作品なんて、そんなこと覚えてないよ、あなた。私は六つとか七つとかって。でも成瀬組に出たらしいの。「秀子の車掌さん」の顔合わせの時に、成瀬さんが「秀ちゃん、しばらくね」って言ったから。

――顔合わせはどこで？

高峰　「秀子の車掌さん」っていうのは確か南旺映画って、同じ東宝なんだけど、スタジオが多摩川の向こうの遠ーい所にあったから、顔合わせや本読みは砧《きぬた》でやったんですよ。東宝の砧撮影所に俳優部屋っていうのが八つあって、割合広くて。そのうちの一つで。

――俳優部屋というのは控室？

高峰　ううん。そうじゃなくてね、東宝は俳優の個室というのがなかったから、みんな一緒なの。自分の出番までそこでゴロゴロしたり、まぁ俳優の休憩所ね。私は忙しかったから俳優部屋は使ったことないけど。いきなり結髪《けっぱつ》部に入って次は衣裳部屋に行って、すぐに撮影してたから。

――成瀬さんに「私が子役の時に出た作品は何ですか？」とは聞かなかったんですか？

高峰　聞かない。でも「**放浪記**」（62）の時だったと思うけど、あれはセットを使ったのはほんの二、三日で、殆ど宝塚でロケだったの。私は宝塚ホテルに泊まって、成瀬さんやスタッフは向かいの日本旅館。私はそこに毎晩、ご飯を食べに行ってた。カメラマンとか美術さんとか、十五、六人はいるから、別に成瀬さんと何を話すわけでもなかったんだけど、ある時、きっと成瀬さんの側の席になって何か喋らなきゃ悪いと思ったんじゃない。「私はどんな子供でしたか？」って聞いたら「こまっちゃくれて嫌な子だった」って。

――じゃ、成瀬さんに「秀ちゃん、しばらくね」と言われなければ、子役の時に出たことも知らないまま？

高峰　そ。

――十年ほど前に刊行された『成瀬巳喜男演出術』（ワイズ出版）という本の中で、高峰さんは「秀子の車掌さん」について、「ソーダ水みたいな映画」とおっしゃってますが……。

高峰　一服の清涼剤みたいな、爽やかなね。あれは原作が井伏（鱒二）さんの『おこまさん』という短編なの、サラリと短い。それをまたサッパリした成瀬さんが監督したから本当にサッパリした、ソーダ水みたいな映画になった。あの頃は何でも「秀子」を付けとけば売れたから、題名もあんな風にして。

――その〝サッパリした〟ということと関連して、やはり『～演出術』で、高峰さんは「成瀬先生はこれがやりたい、あれがやりたいとおっしゃる方じゃなくて、来たものを消化するという方でしたよね」と……。

高峰　そうそうそう。私もそうだしね。

――その意味では、「あの役を演りたい」「あれに出たい」と言ったことがない高峰さんと、似てるのかなと。

高峰　似てるね。感性というか、でしゃばらないっていうか、売り出さないっていおうか。そういう性格は似てるかもしれないね。

――そして昔、映画評論家の佐藤忠男さんと対談した時、高峰さんは「無愛想な監督と無愛想な女優が一緒に（仕事を）やった」と発言してますが。

高峰　うんうん。

――高峰さんの五十年の女優人生の中で、一番たくさん仕事をしたのが成瀬さんなんですよ。覚えていない子役時代は別としても十七本だから。

高峰　うんうんうん。

――木下惠介監督とは十二本だから。

高峰　うんうん。

――それより多い監督はいないでしょ？

高峰　そうね。

――出演はプロデューサーが依頼してくるんですか？

高峰　そう。「高峰さんで何かやろう」っていうところから話が始まる。
――それでも成瀬さんと十七本も仕事したということは、自分でも相性みたいなものが良かったという思いはありますか？
高峰　……そう。あのねぇ、役者は監督を信用しなきゃ出られないからね。だからとにかく、木下さんよりも信用してた監督ですよ。木下さんはね、巧いけど、どこでひっくり返っちゃうかわかんないようなところがある人なの。毎日コロコロ変わってね。
――変わるっていうのは、演出の仕方が？　気分が？
高峰　んー……。人が。
――人が？　急に機嫌が悪くなったり？
高峰　個人的な理由で撮影中に突然うちに帰っちゃったり、わがままっていうか。とにかく信じられない、人です。
――なんかこう、一定してない？
高峰　してない。だから、「信用できない」っていうのとまたちょっと違うんだけど、成瀬さんとは全ッ然ッ、月とスッポン。違う人。
――ま、信用というか、信頼というか？
高峰　そうそうそう。

――監督としての信頼感が明らかに成瀬さんのほうがあったわけですね？

高峰　そうですね。

――他にもいろいろな監督さんと仕事をしているわけですが、その中でも成瀬さんが一番信頼できる監督だったと？

高峰　うん。やっぱり、相性ですね。

私の生涯は、仕事の上でも個人的にも波瀾万丈

――でもその一方で、やはり『～演出術』の中で「成瀬さんとお仕事をなさって俳優としてプラスになったと思うことはありますか？」と聞かれて、「マイナスですね……」と。

高峰　なんにも言わないから。役者が成長しない。いいんだか悪いんだかわかんない。わかんないうちに済んじゃうのよ。

――それでも信頼してたということは、何を思っているかはわかった？

高峰　うん。まぁ、「OK」って言うからね。ダメならNGが出るはず。

――例えば「放浪記」の時、宝田明さんが部屋の隅で目を瞑ってるシーンで、成瀬さんが「タカちゃん、居眠りしてるんじゃないのよ」と、何度もやり直させたということが、高峰さんの『忍ばずの女』（潮出版社）の中に出てきますね？

高峰　もう、ああいう時は（成瀬さんは）絶対許さないですね。
――高峰さんにはそういう経験はありますか？　成瀬さんに「もう一回」とか「もっとこう演って」とか言われた記憶は？
高峰　直されたとか「違う」とかって言われたこと、ないですね。
――「もう一回演って」とか。
高峰　うーん……（と考えて）、ない。
――そして「**稲妻**」（52）あたりから、成瀬さんとの作品が増えていくんですが、出演を依頼される時は、「成瀬さんでやりますのでお願いします」という言い方で頼まれるんですか？
高峰　そうね。プロデューサーから。東宝はプロデューサー・システムだから、藤本（眞澄）さんとかプロデューサーが言ってくる。
――「成瀬さんで」と言われてどういう気持ちがしましたか？　いいなとか嫌だなとか。
高峰　嫌だったら出ないでしょ。（私は）選べる立場だから。
――「成瀬さんで嬉しい」とも？
高峰　別に思わない。私は何も思わない人なんです。
――ええ、承知してます。それと、この（年表を指して）「**浦島太郎の後裔**」

（46）って……。

高峰　ヘンっな映画。

――何考えて作ったんだろうと……。

高峰　どうしたんだろう、成瀬さん。

――それで（藤田進や高峰が劇中で）「ハァーアォー」と叫ぶでしょ？

高峰　なぁーに、あれ（笑）。呆れちゃった、私。

――高峰さんは長門美保さんに習った本格的な発声で「ハァーアォー」って……。

高峰　そう。

――どんな気持ちで演ってたんですか？

高峰　何だかわかんないね。あの台本、いっくら読んでもわからなかった。

――あれは終戦直後の作品で、高峰さんの役名も「阿加子」なんて明らかに共産主義がかった、それまでの日本とは一転した……。

高峰　そうそう。だからアブク政治家みたいなものを描きたかったのか何か知りませんけど、成瀬さんの最も不得手なものだね。私もまぁ、あんまり……ノッていないと言えば、ノッていなかった。でも与えられたんだからしょうがない。

――この作品の頃、日本の思想は全て転換するわけでしょう。現に、その前の成瀬さんとの作品が「**勝利の日まで**」(45)……。

高峰　あれは慰問映画です。前線の兵隊さんに送る。

――それが一年もしないうちに真反対の「浦島太郎〜」のような。急激な転換に戸惑いはありませんでしたか？

高峰　私の生涯は、仕事の上でも個人的にも波瀾万丈ですからね。いちいち戸惑ったりしていられないね。

――何があっても驚かない？

高峰　ちっとも。

――可笑しい。

高峰　だって終戦までさ、慰問に行ってて、兵隊さん頑張れみたいな歌唄ってさ。今度、戦後すぐにはあのアニー・パイルでアメリカの歌唄ってたんだからね。イヤも応も、暮らしていけないもん。

――昭和二十六年、高峰さんが女優業を嫌ってフランスに半年〝逃亡〟している間に成瀬さんは「めし」などを撮って、いわゆる〝成瀬調〟と呼ばれる作風が確立していきますね。

高峰　そうね。

――その少し前から木下監督が高峰秀子起用に参戦してくるんですよ。

高峰　うんうん。

　昭和二十四年夏、新東宝のプロデューサーが勝手に高峰を木下作品「破れ太鼓」に出演させる契約をしたことから問題がこじれ、この事件の後、木下は「今度は高峰さんのために脚本を書く」と約束。それを果たしたのが二年後、高峰渡仏前の日本初のカラー劇映画「カルメン故郷に帰る」だ。これがその後に続く木下・高峰コンビの始まりとなる。

「浮雲」の時、女優をやめようと思ってた

――年表でわかるように、昭和二十九（54）年あたりからは、成瀬、木下両監督が競うように高峰さんを起用するようになりますね？

高峰　あのね、だから一年のうち、木下・成瀬、木下・成瀬って。十年くらい暮らしちゃった。

――別に両方と約束したわけでなく？

高峰　そんなもんないけど、偶然だか何だかそういうことになった。

――全くタイプの違う二人の監督に競うように使われるのは、どういう気持ちでしたか？

高峰　なんにも思わないけど、木下さんの場合は作品の度にコロコロ役どころが違うのに対して、成瀬さんのは……、うーん……大体において、辛抱強くて、我慢して苦労して、健気に生きていくような女が多いね。

――その上、どこか不幸な？

高峰　そうそう。だから、そういうところが木下さんとは違うね。

――そして「浮雲」(55)を入れて成瀬さんと五本、木下さんと四本仕事をした時点で、高峰さんは結婚するわけですが、五年後にはご主人の松山善三さんが監督デビューして、夫まで奥さんを使うようになるから昭和三十六年以降は三人が競って高峰秀子を使うようになる。三十六年と言えば、とっくに女優をやめようと思ってる頃でしょ？

高峰　もう「浮雲」の時やめようと思ってた。結婚を決めた時点で。

――そうですね。このあたり見て下さい。成瀬さんとの作品が赤、木下さんが青、松山さんのは緑で書きましたが、三色が入り乱れてるでしょ？

高峰　うんうん。

――ご主人の仕事が増えるに従って高峰さんは仕事を減らしていくとはいえ、

ただでさえ女優をやめようと思ってるところへ、自分を起用する監督が二人から三人に増えたというのは鬱陶しくなかったですか？

高峰　だって演らなきゃ食べていかれないもん、まだ松山さんの稼ぎだけじゃ……。事務所もあったし、親戚も大勢、食べさせなきゃならない人間がいっぱいいたからね、いいも悪いも好きも嫌いも。

——ところで、高峰さんは成瀬さんと一緒に台本を削ったと聞いていますが。

高峰　そうね。

——いつ頃から？

高峰　やっぱり「浮雲」からは殆ど全部。

——それはどういう経緯で？

高峰　経緯……って、つまり、台本が出来てきて、主演は私でしょ。だから二人で「この台詞要らないね」「あそこも要りませんね」みたいなことでやりだしたの。

——確か「浮雲」は、高峰さんが「この役は演れない」ということを伝えるために自分の台詞をテープに吹き込んで藤本さんに送ったんですよね？「ホラ、こんなにできませんよ」と。

高峰　そう。水木（洋子）さんの脚本を読んで私にはできないと思った。私は恋愛映画って演ったことがないし、柄にも合わないと思うしね。だから送ったの。でも藤本さんも成瀬さんも逆に私がやる気あると誤解したのかなんなのか、テープ送って何日かしたら藤本さんが「撮影はいついつからです」って言ってきて、どんどんやることになった。

——「浮雲」の脚本を削ったのはどこで？

高峰　（砧の）撮影所のね、本館の二階に小部屋があって、そこで二人っきりで。

——そこが成瀬さんの部屋？

高峰　ううん。会議室みたいな部屋。そこで台本の一行目から。

——そういうことをやるから来て下さいと？

高峰　いえいえ、そうじゃないんだけど、誰かが「二階の会議室で成瀬さんが待ってますから」って呼びにきて。で、鉛筆持って行くと、そういう風に始まった。

——成瀬さんが「削りたい所を言って」とか？

高峰　そんなこと言わない。

——「二人で読み合わせしましょう」とか？

高峰　うーん、忘れちゃったけど……、気がついたら、成瀬さんが「この台詞要らないね」って言うから、「そうですね」って私が言うと、二人でスーっと線引いて消して。

——互いに要らないと思う部分を言うんですか？

高峰　成瀬さんのほうが主。向こうが演出だもん。

——意見が一致しなかったことは？

高峰　ないですね。こっちは、あちらさんの言う通り。向こうはもう出来てるんだから、頭ん中に。「こんなこと台詞で言わなくったっていいよね」「そうですね」「じゃ、ここ三行カット」って。ト書きでもみんな削っちゃうからね。

——でも成瀬さんはいつもは一人で削るんでしょ？

高峰　それは知らない。今の話は、私が主役の時ですよ。他に大勢で出てる時は違うから。

——「**娘・妻・母**」（60）とか「**流れる**」（56）など？

高峰　そういうのはやってない。私が主役じゃないから。

——高峰さんが主役の時は、高峰さんを尊重してということでしょうか？

高峰　そうでしょうね。

——成瀬さんは他の女優さんとそういう作業をしたことはないでしょう？

高峰　しないでしょ。

——では「**妻の心**」（56）「**女が階段を上る時**」（60）「**あらくれ**」（57）「**放浪記**」

など。

高峰　そういうのもやった。

成瀬さんと私は、蟻の入り込む隙もないぐらい

――「**乱れる**」(64)は成瀬監督が脚本を担当した松山先生の目の前で削ったと聞きましたが。

高峰　「乱れる」は私、やって(削って)ない。

――最後の「**ひき逃げ**」(66)は?

高峰　あれもそう。「ひき逃げ」もどっちかというと私が主役だから、一緒に削ったと思うよ。

高峰　(台所に行き、カウンター越しに)お茶ある?

――ある。でもちょっと下さい。

高峰　(冷たい麦茶を注ぎ足したグラスを持ってきてくれながら)成瀬さんと私は、蟻の入り込む隙もないぐらい。お互いに信用っていうか。向こうは諦めたのかもしれないけど。

――口では何も言わないけど、お互いに暗黙の信頼心が?

高峰　そう。でもお互いに、嫌なら使わない、一緒にやらないという、何かが

あった。だから成瀬さんが死んだ時、「ああ、成瀬さん死んだか。じゃ、私もこれで女優おしまい」と、すぐ思った。おしまい。もう誰の作品にも出ない。すぐ思った。

――……。

高峰 木下さんだったら思わなかったかもしれない。そのぐらい、信頼してたね。

――うーん。

高峰 役者で言えば、森雅之ね。

――なるほど。

高峰 一番（相性が）合った。

平成六年に刊行された高峰秀子の著書『忍ばずの女』にこんな記述がある。

〈この年、キネマ旬報社で「キネマ旬報賞」が設立されて、『浮雲』の私が主演女優賞を、主演男優賞受賞は森雅之さんだった。

賞が授与されるのは映画が封切りになった後だから、スタッフや俳優は、もう次の仕事に入っていて忙しい。『浮雲』でも私は、数々の賞をいただいた。

富岡役の森さんも当然、たくさんの賞をとられたものと思いこんでいたのだが、そうではなかった。

昨年、久しぶりに森雅之夫人、順江《としえ》さんに出会って森さんの思い出話をするうちに、順江さんの口からふッと意外な言葉がこぼれた。

「森は『浮雲』の富岡役に、それなりの評価が与えられなかったのが、とても淋しかったようです。一生懸命に演ったんだけどなァ、って何度も言ってました。新派の舞台に専心することを決めたのも、『浮雲』で、映画の自分に見切りをつけたからでした……」

私はその話を聞いて仰天した。まったく、思ってもみなかったことだったからである。

（中略）

『浮雲』で、映画の自分を捨て去ったという当時の森さんの心中を思うと、同じ俳優として、涙が出るほど切なく、そして口惜しい。私は五十も百もの演技賞を森さんに捧げたい。

『浮雲』で森さんに助けてもらったことに、どんなに感謝していたことか、名優だった森さんをどんなに尊敬していたか、を伝えたい。いや、私だけではない。森さんの演技を信じ、森さんを誰よりも重く見ていた溝口監督や成瀬監督も、同じ思いだったにちがいない、と思う。
私がいまごろになって、泣けど叫べど、森雅之さんも成瀬監督も、もうこの世にはいない。〉

――ご本に出てくる、「浮雲」についての森さんのエピソードは、胸が痛みましたねぇ……。

高峰　そう。新派へ行っちゃった。その後も成瀬さんの作品に森さん殆ど出てるでしょ？

――出てます。

高峰　成瀬さん、森さん好きだったから。あたしも演りやすかった。

――「あらくれ」「女が階段を上る時」「娘・妻・母」「**妻として女として**」（61）。

高峰　みんな出てる。だから成瀬さんも「秀ちゃんと森さんの芝居は合う」って思ってたんでしょう。

――よく外国映画でも、監督と俳優ならジョン・フォードとジョン・ウェイン、男優と女優ならフレッド・アステアとジンジャー・ロジャースとか……。

高峰　そうね。私が一番一緒に出てるのは森さん。それから佐田（啓二）さん、仲代（達矢）さん、あと（小林）桂樹さん。

——そうですね。仲代さんはかなり年が下だから、「女が階段を〜」のバーテンダーとか「あらくれ」の……。

高峰　「あらくれ」のねッ。（仲代さん）若いねぇ。

——少年のような、青年のような。

高峰　「あらくれ」、良かったでしょ？

——良かったッ。でもあれも成瀬さんにしてはちょっと変わった映画でしたね。

高峰　そうね。自分の足でどんどんどんどん歩いていく女をやりたかったんじゃないの。

——それまでの成瀬作品の主人公は辛い運命に支配されたまま、それでも懸命に。

高峰　「あらくれ」は違う。やっぱりあれは藤本さんあたりが、今度はちょっと変わったのをって思ったんじゃないの。

——あれは徳田秋声の原作ですが、高峰さんは原作を三回読むと聞きましたが……。

高峰　そう。そこで原作とはサヨナラして脚本の出来上がりを待つ。例えば『あらくれ』のお島ね、お島ってのは原作では牛みたいな女なの、骨太でね。顔は四角くて、それで厚ぼったくってね。あたしの任じゃないでしょ。

——うんうん。

高峰　それにね、捕らわれたら、つまんないから。

　高峰秀子は一度だけ自身の役づくりについて書いたことがある。『忍ばずの女』の前半部〝俳優ことはじめ〟の、十五章にわたる記述である。不世出の名優の、極めて貴重な企業秘密公開と言える。一部を紹介すると、例えば「バスガールの花子」という役が来たとすると、高峰は原作と脚本の花子を重ね合わせた上で、いったん花子という人物をバラバラに解体してしまい、そこに高峰なりのディテールを加えながら、煉瓦でも積むように土台の上に積み重ねていくという。そして次の記述が続く。

〈画面の中で演技をするのはほんの氷山の一角程度でも、花子の心中には寄せ集めたディテールの山がどっしりと居座っていなければならない。

　日本の庭園には、必ず何個かの岩石があしらわれている。地面に出ている石の表面はほんのわずかでも、土の下にはその何層倍もの量が埋めこまれている。だからこそ庭全体に安定感があり、重厚さがただよう。手ぬきをして石を浅く埋めた庭は、一見して薄っぺらでお粗末な感じを受ける。演技も同様、不思議なものである。〉

そして高峰秀子は、脚本には書かれていない「花子」の学歴、家族構成、バスガールになる前は何をしていたか、月給を家に入れているか、あるいは趣味は、友人は、など、〝地面の下に〟巨大な石を埋めていくのである。「あらくれ」のお島もそんな風に築き上げたのだ。

高峰　原作とは違う、自分なりのお島を作る。

――いかにも野暮ったい感じが出てましたね。着物の着方、歩き方、表情も。

高峰　初めのほうなんかね。

――そして最後に、仲代さん扮する従業員に外から電話しますね、「女将さん店出るかもしれないよ」と。

高峰　そうそう。今度はこの男だと思ったんだろうね。

　監督は将棋を指す人　役者は駒ですから

――ラスト、良かったですねぇ。荒物屋で電話を借りた後、雨の中……。

高峰　あそこ、いいね。

――いいですねぇ。

高峰　あの、傘をパッと開いて、とっととっと歩いていく。

——着物の裾を帯にこう挟んでとか、傘をこんな調子で開いてなんて、成瀬さんが……。

高峰　言わない。

——言わない？

高峰　言わないの。でも雨が降ってりゃ、裾からげるのは当たり前よ、あの当時の女は。（成瀬さんは）言・わ・な・い・の、なんにも言わない。けど（二人の考えは）ピッタリしてるの。

——言わないでもわかる女優だから、成瀬監督は高峰秀子を好んで使ったんだと、佐藤忠男さんがおっしゃってましたよ。

高峰　そう。でも、木下さんだって「それ違うんじゃない」とか「こうして」とか言わなかったね。松山さんも言わないね。（以心伝心で）分かるってことでしょうね。

——監督より分かってたんじゃないですか、高峰さんのほうが。

高峰　そーんなことない。監督は将棋を指す人、役者は駒ですからね。

——将棋を指すほうをやってみたいと思ったことはないですか？

高峰　なーい、とんでもない。でもそんな話もあった。

——あったでしょう。

高峰　ありましたけどね。やっぱりカメラの前で演技するのと、カメラのこっちにいて演出するのとは、全く違うもんだと思って、問題にしなかった。

――監督やりませんかという誘いは、高峰さんが何歳くらいの時にあったんですか？

高峰　そうねえ……この辺かな（年表を指して）。

――三十二、三の頃ですか？

高峰　そうね。

――誰から？

高峰　藤本さんが「秀ちゃん、一本撮ってみない？」なんて。とんでもない。

――田中絹代さんなども自分で撮ったことがあるじゃないですか？

高峰　あれはねぇ……「月は上りぬ」は、あれはねぇ、半分以上は宮島義勇っていうカメラマンが撮って、あとは成瀬さんのアドバイスがあったね。

――外国と違って、日本で役者が監督した作品でいいものは殆どないですよね？

高峰　なーいです。全然違うものです。おこがましいよ、そんなこと。

――この年表を作ってみて面白かったのは、松山先生が監督デビューしたのは、この長い年表の終わりのほうなんですね。それがまるで、地球の歴史何十億年から見れば人類の登場はつい最近です、みたいな感じで（笑）。

高峰　うんうん。

――それが可笑しかった。

高峰　そ。

――もう高峰さんが女優やめようかって時に旦那さんが監督に……。

高峰　なっちゃった（苦い薬を飲んだ時みたいに唇をへの字にして）。

――アハハハハ。

高峰　へへッ。

――ところで、高峰さんが出た成瀬作品十七本の中から好きなベスト5を挙げると？

高峰　そうねぇ、やっぱり「浮雲」だね。

――一番目は「浮雲」。

高峰　「放浪記」。

――あ、そうですか。

高峰　それから、そうねぇ（と年表を見ながら）、「女が階段～」かな。

――うーん。

高峰　それから、やっぱり、「あらくれ」かな。それで「乱れる」。

――なるほどぉ。「浮雲」の一番は誰もが納得だと思いますが、「放浪記」が二番というのは一般の映画ファンには意外かもしれない。

高峰　あれは成瀬さんも私ももうやりたいことやったからね。いや、成瀬さんはそれほどだったかどうか。私はもう、やりっ放しで自分だけやって。成瀬さんもそれで良しとして下さったの。

――自分のプランで演った？

高峰　そう。

――「放浪記」は批評家から「林芙美子に全然似てない」と批判されて、高峰さんは生涯一度だけ新聞に反論を書きましたね？

高峰　そうそう。そっくりさんじゃないよ、というようなことをね。

――最後、芙美子が机にうつ伏せになって、その顔が眉間に少し皺を寄せて……。

高峰　くたびれて。

――そして最後の最後はまた少女時代の姿が。

高峰　うんうん。いいよ、あそこ。

――あの机に伏して寝てる顔、いいですねぇ。

高峰　（芙美子が）有名になっちゃってね……。

――あと、他の十二本も一言ずつ。

高峰　そういうものはないですね。

――「秀子の車掌さん」では藤原釜足さん、当時は鶏太さんがバスの運転手で……。

高峰　ほーんと、下手なの、あの人、運転が。バスの運転手（の役）のくせに。芝居は巧い人だったけどね。

――「**くちづけ**」(55) は……。

高峰　あれはオムニバスでしょ。

――「妻の心」では三船敏郎さんが珍しく現代劇で良くて。

高峰　そうそう。

――前に話してくれましたよね、三船さんがドブに……。

高峰　そう。あの人ね、アガっちゃうのよ。それで二人が喋ってるのを移動（カメラ）で撮ってる時、ドブに落っこっちゃった。私の顔見て喋らなきゃいけないところなのに、正面から目を見ないの。だから成瀬さんが「三船君、ちゃんと高峰さんの顔見て」って言ったら、三船さん、私の顔を見ながらジリジリ後じさりして、ドブへ落っこっちゃった。へへッ、可笑しい人。アガっちゃう。

三人並んだ男の中で「この人だけ生き残る」と思った

――「流れる」は豪華女優陣でしたが。

高峰　あれはだって、田中絹代さんが、つまり幸田文が主役だからね。

――「流れる」はあんまり思い入れない？

高峰　ないです、演ってて。あれは元々、私の役はなかったの、映画では。

――ほんと？

高峰　うん。原作ではあの山田（五十鈴）さんの娘はブスに描かれてて、そんなブスをわざわざ映画に出すことないだろうって、あの娘は出ないことになってたんだけど、私を出したいからって、プロデューサーが変えちゃった。

――前に、初めて仲代さんを見た時「この人はいいな」と思ったとおっしゃってましたが、確か高峰さんが初めて一緒に仲代さんと出たのは「あらくれ」ですね？

高峰　そう。まだ俳優座の新人の頃ね。でもいい役者になると思った。

――前に三井弘次さんのこともそんな風に。

高峰　そうそう。私が「**与太者と海水浴**」（33）って……あるでしょ？（と、年表を指して）

――えーと……「**与太者と脚線美**」（33）……。

高峰　与太者、与太者。

――うーんと……（と探す）。

高峰　（見つけて）こっちですね。この時に、スチールを撮りに、スチールを撮る部屋っていうのがあって、何のスチール撮りにいったか忘れちゃったけど、その時、三人の男が。

――与太者？

高峰　そう、与太者なの。チンピラ。その時私は子供だったけどね。三人並んだ男の中で「この人だけ生き残る」、と思った。

――えッ、九つでしょ、この時。

高峰　思った。そしたら、やっぱりそうなった。そういう勘。この人だけは目付きが違うと思った。

――凄い子供、九歳で。恐ろしい。

高峰　そんなこと誰にも言わなかったけどね。

――黙って思ってたわけですね？

高峰　思った。

――「娘・妻・母」は物凄くヒットしたそうですね。松山先生の記事（8月上旬号企画特集『100年目の成瀬巳喜男監督』にて）の時も書いたんですが、昭和三十五年当時、石原裕次郎や小林旭、中村錦之助の娯楽作品に混じって、興行成績五位。二億七千何百万円稼いでるんです。

高峰　ふーん。原（節子）さんが出た？

――そうです。で、三益愛子さんがお母さんで、草笛光子さんや淡路恵子さん……。

高峰　ああ、大勢いてねぇ。

――高峰さんは森雅之さんの奥さん。三益さんの長男の嫁で。

高峰　そうそう。

――で、掃除や洗濯してるところを8ミリで撮られて、それを早回しで家族の前で見せられちゃう。

高峰　忘れた。

――「妻として女として」で、森さんと淡島千景さんと三人が互いに胸の内を吐き出す場面は圧巻でしたね。あの時、高峰さんは目の光が違うと改めて思いました。

高峰　小さい目だけどね。

――「**女の座**」（62）は「娘・妻・母」と「乱れる」が混ざったような感じで

したが……。

高峰　「女の座」ってどんなのだった？

――やっぱり三益さんが出てて、杉村春子さんが後妻。三益さんは先妻が産んだ長女で。

高峰　あーあー（と思い出す）。

――笠智衆さんが杉村さんの旦那さん。

高峰　うんうん、笠さんがね、そうそう。成瀬さん、三益さんを気に入らなくてね。

――あ、そうですか。

高峰　やっぱり（演技が）雑っていうかね。それで、三益さんもバカじゃないから、何か感じてて。お昼休みなんかに私の所へ来て、「ねぇ、成瀬先生、私のことなんか言ってた？」なんて聞くの。

――ハハハ、可笑しい。それで高峰さんは何と答えたんですか？

高峰　「別に何も言ってないですよ」って。だってほんとに成瀬さんは何も言ってないんだから。でも成瀬さんは雑な演技というか、大雑把な芝居は嫌いなんですよ。腹芸って言うんじゃないけど、細かーい心の動きを目の色や表情で出してほしい人なの。だから三益さんが演技してる時、成瀬さんはよく私のほうを見て、こんな（活字で説明しにくいが、憮然としてため息をつくような）顔してた。

――アハハハ……。

高峰　だからわかった。何も言わないけど、気に入らない。粗っぽくて。

――今の高峰さんの顔で思い出しましたけど、前に話してくれましたよね、セットの中で女優さんたちが煎餅を……。

高峰　そうそう。でも煎餅だけじゃなくて、女優さんはみんないろんな物を持ち込んでくるのよ。

――おやつをね。

高峰　それをセットで食べるの。余所で食べりゃいいのに、セットで。

――成瀬さんが高峰さんに目で合図送ったんでしょ？（笑）

高峰　そう。成瀬さんは撮ってて、私は自分の場面じゃなかったから、ずーっと離れた所で椅子に座って。そしたら、なぁーんか視線を感じるのよ。それで成瀬さんのほうを見たら、「あっちを見ろ」って感じで視線を走らせるから、そっちのほうを見たら、食ってんだよ、煎餅バリバリ。それで私、ああ成瀬さんイヤなんだなって。私、成瀬さんがイヤなものはだいたいわかる。

――唯一わかってくれるのは高峰さんしかいなかったんですね。

高峰　（椅子から立ち上がり）オシッコしてくる。
　向こうへ行きながら「もう、そろそろいい？」と高峰さん。「あとちょっとだけ」と私。高峰さん笑いながら部屋を出る。
　数分後、再開。

──**「女の歴史」**（63）は前に、電話で一言「つまんない」とおっしゃってましたね。

高峰　どんなのか忘れちゃったくらい。

──美容院を経営している未亡人の高峰さんと一人息子と姑が三人で暮らしてるところから始まって、度々、回想の場面が入るという。そして夫の宝田明さんの友達だった仲代さんが実は高峰さんを好きだったんだけど結ばれず。息子の役が山崎努さん。でもちょっとテレビドラマみたいな感じの作品でしたね。

高峰　なんか、あれは間に合わせに作った。でも女の一生ものよ。

──そうです。

高峰　あの役は誰でもいいのよ。

──前に、木下監督の「喜びも悲しみも幾歳月」についてもそんなことを……。

高峰　そう。私でなくてもいい。演ってて つまんなかった。

「あれも撮らなくちゃね」。それが最後だった……

——でも「乱れる」はよかったですねぇ。最後の銀山温泉が当時大変ブームになったとか。

高峰　そうそう。

——あれはご主人の脚本ですが、家でお書きになっている時、「こんな風にしようと思うんだけど」とか、何か途中でお話ししたりするんですか？

高峰　いいえ、しないしない。誰の脚本でも脚本が出来てきてからの話。出るか出ないかも。

——脚本を東宝に持っていく前に、松山先生が高峰さんに見せたりしない？

高峰　しない。あたしもされたくない。

——そうですか。

高峰　ドライなんですよ、私は。

——それにしてもあの汽車の中の、高峰さんと加山雄三さんの場面は良かったですねぇ。素晴らしいラブシーンだった。

高峰　あぁ、演出巧いねぇ！　段々こう、二人が近寄って。

――初めは高峰さんの横に知らないオジさんが座っていて、眠りこけて頭が高峰さんの肩に乗っかるのを、加山さんが怒ったような顔でどけるじゃないですか。あそこに、義姉を慕う若い弟の気持ちが出ていて。

高峰　あ、そうぉ？　忘れちゃった。

――そのうちボックス席に二人で向かい合わせになって、眠っている加山さんの顔を見ている高峰さんの目に、いかにも若い義弟をいとおしく可哀相に思う心情が。そして涙を流すじゃないですか、高峰さんが。

高峰　そうだった？　忘れちゃった。

――ああいう場面は演じていて思わず感情移入して自分も悲しくなるということはないんですか？

高峰　ないです。芝居です、芝居。

――でもああいう時の涙は本物の涙？

高峰　うーん……。まぁあんまりないね。目薬だな。

――ハぁー。でもあの作品は、それまで成瀬作品を井手俊郎さんと共同脚本という形で書いていた松山先生が初めて一人でお書きになったものなんですが、ちょっと応援してあげようというような気持ちは？

高峰　ないです。

――あ、ないですか、ハハハ。最後の「ひき逃げ」はやはり成瀬さんにしては異色の作品でしたが、別に演出している成瀬さんに変化はなかったですか？

高峰 同じですよ。

――次の「乱れ雲」を最後に成瀬さんは亡くなられるわけですが、確か以前の対談で、もう「放浪記」の頃から成瀬さんは具合が悪そうだったと高峰さんはおっしゃってますね？

高峰 うん。白目の所がドローンと真っ赤になってね、「放浪記」の頃から。黒い眼鏡、サングラスかけてセットに入ってるから、どうしたのかなって思ったら、白目が真っ赤に充血して。でもそんなこと私に言わない。

――成瀬さんが癌で亡くなる前、一度お見舞いに行ったそうですね？

高峰 そうそう。さかゑちゃんって結髪の人と一緒に。この人が東宝では私の頭を殆どやってる。中尾さかゑって、中尾（利太郎）さんてカメラマンの奥さんだけど。

――成瀬さんは床についていたのではなく、ある程度お元気で？

高峰 うん。着物着て出てきた。

――どんな話を？

高峰 成瀬さんは手術の後だったかしら。病院から家に帰ったっていうんで、さかゑちゃんとお見舞いに行ったの、玄関まで。別に話らしい話はしなかったけど……。その時、成瀬さんが「あれも撮らなくちゃね」って。いつだったか、成瀬さんが私に言ったのよ、「白黒の映画。白バックで、役者だけを、演技だけを見せる映画撮りたいけど、その時は秀ちゃん出てくれる?」って。それが最後だった。

高峰さんは言葉で綿々と語る人ではないので、この成瀬監督との最後の面談についてもこれ以上は語らなかった。しかし彼女の自伝『わたしの渡世日記』(文春文庫)には詳しく書かれている。

〈成瀬巳喜男は、風景も演技も、自然以外のすべてを嫌った。特にカラーフィルムを嫌い「周りの色が邪魔でかんじんの芝居が見えない」と言っては、俳優の周りにある額とか花とかいう小道具を取り除かせた。

私が成瀬巳喜男と最後に会ったのは、昭和四十四年のはじめ、再入院を控えた彼が成城の自宅で静養していたときだった。私は結髪部のさかいちゃん(原文ママ)と二人で、見舞いにかこつけてイジワルジイサン(注・高峰がつけたあだ名)の顔を見にいったのである。彼は血色もよく、元気で、それまでの彼とは別人のようによく喋った。

「病気なんか早くなおして、車椅子に乗ってでもいいから仕事に入って下さい」

「車椅子じゃ、不便だよ」

「だって先生、口だけあれば演出はできるでしょう」

「ボクは口下手だからねえ」

「それくらい喋れれば結構ですよ」

彼はうれしそうに笑った。

帰りがけ、彼はふと思い出したように、玄関に下りかけた私を呼びとめた。

「？」

「ほら、約束のあれも、やらなきゃね」

彼の表情に笑いはなかった。あれはすぐにピンときた。彼の、なみなみならぬ仕事への執念をみたような気がして、私は胸が一杯になり、もう一度玄関を駆け上がって彼に抱きつきたいような衝動をこらえながら、

「じゃ、また来ます」

と言って玄関の外に出た。

あれ、というのは、成瀬巳喜男との最後の仕事になった、昭和四十一年の、松山善三脚本「ひき逃げ」の撮影中のことだった。ある日、撮影所のはずれ

に組まれたオープンセットの撮影が終わり、私は成瀬巳喜男と肩を並べて歩いていた。珍しく彼が口を開いた。

「ねぇ、秀ちゃん」

「へえ？」

「ボクはね、いつか……装置も色もない、一枚の白バックだけの映画を撮ってみたいのよ」

「白バック？」

「なんにも邪魔のない、白バックの前で芝居だけをみせるの……。そのとき秀ちゃん演《で》てくれるかな？」

「……」

私はブッたまげた。映画界広しといえども、演出家多しといえども、白バックだけの映画など考えついた演出家が、いまだかつていただろうか？……。実現するとは到底おもえないけれど、しかし、お世辞にでも「演てくれるかな」と言われたことは、俳優として身に余る光栄でもあり、冥利につきる。

私は嬉しかった。

「白バックの映画」である「あれ……」は、決して成瀬巳喜男の気まぐれの思いつきではなかったのだろう。それでなくて、なぜ、わざわざ玄関さきで私を呼びとめてまで、私にあの言葉を言ったのだろう？　彼は本当にあれを撮るつもりだったのだろうか？　それとも逆に「あれはもう撮れそうもないね」という意味だったのか？……。アホウな私には、分からない。イジワルジイサンは、いまだに説明もしてくれず、貝のように黙りこくっているだけである。〉

――高峰さんは、駆け寄って抱きつきたい衝動を抑えてそのまま帰った……。

高峰　さ、そろそろ、いいですか？　とうちゃん（松山氏）お腹空いてると思うから。

――はい。ありがとうございました。

「終わりました」、高峰さんは書斎に内線電話をかけた。そして台所に行き、ナスのお浸しの入った大きな朱塗りの片口を持ってきた。私は食卓の上の仕事道具を片付け、脇に寄せていた取り皿や箸を銘々の席の前に並べ直した。「無事済んだか？」、松山氏が笑顔で席に着き、いつもの夕食が始まった。

*

私は、本当は私が一番してはいけないことをしたのかもしれないと思う。

縁あって私は松山夫妻と近しくさせて頂き、今や二人は私の大切な〝父と母〟である。それも八十歳と八十一歳の、労るべき老親だ。この十年、私は二人を「とうちゃん」「かあちゃん」と呼び、彼らも私の前では三人称としてその言葉を使う。他人には奇異に映るだろうが、世の中にはそんな奇異な事が自然な日常になり得る場合があるということを、私はこの十年で実感した。今はそのことに感謝こそすれ、疑念や違和感は全くない。もしかしたら夫妻には別の感想があるのかもしれないが、それについて私は聞いたことがないし、聞こうとも思っていない。そして十年前からそうであるように、私は今も時々、八十一歳の〝母〟に手料理を食べさせてもらっている。

高峰は二十六年前に女優をやめ、三年前には執筆もやめた。それが高峰の身の処し方であり、彼女の望む〝静かな生活〟の仕上げなのだ。だから誰にも会わず外出もしない。読書とおさんどんの日々が彼女には至福なのだ。

その静寂を侵す者がいれば、私は夫妻と一緒になって眉を顰め、高峰の心情を汲み取らぬマスコミの無粋を憎みさえした。自分もそのマスコミの隅にいるくせに、である。成瀬巳喜男生誕百年の今年は、その無粋が常にも増して松山家を襲った。電話を取る松山氏は「もうウンザリだ。その度に高峰が不機嫌な顔になる。このままじゃ家庭不和になるよ」と不快を隠さず、氏が留守で、仕方なく電話を取った高峰に至っては「わかりません。家政婦ですから」と言う始末。お門違いにも私に〝高峰への仲介〟を言う人がいれば、私は「全て断るように言われています」を繰り返した。私は完全に〝高峰の側〟にいた。

たぶん私の〝裏切り〟のきっかけは、成瀬作品DVD化の紹介記事を週刊誌に書いたことだと思う。二百字でも読み応えのある記事にしたいと、私はその中に佐藤忠男氏と松山氏の成瀬監督についての言葉、そして以前雑談で高峰から聞いた一言を入れた。

その時、私の心が変わった。無性に腹が立ってきたのだ。口惜しくて仕方なくなった。こんな小さな記事に希少な高峰の一言を載せて終わりか、情けない。一体世間の記者や編集者は何をしている。何故高峰に語らせない。「あんた何言ってるの？　マスコミの取材攻勢から高峰を守るんじゃなかったのか？」、もう一人の自分が糾弾する声より、私の耳には、「高峰秀子に取材しろ。今を逃したら二度と聞けないぞッ。他の奴ができないなら、唯一松山家に入れるお前がやれ」、その誘惑の声しか聞こえなくなっていた。それはまるで「ジェリーを食っちゃえ、お前猫だろ」「ダメです、やめなさいッ」、悪魔と天使の声に悩まされるあの米国製のカートゥーンと同じだった。その時、猫のトムは必ず悪魔の誘惑に負けて鼠のジェリーを追い回す。そして私も悪魔の誘惑に負けた。

依頼状を送って電話すると、松山氏が言った、「無理だよ。かあちゃんは受けないよ。知ってるだろう」。私には「お前までこんなことをするか」と言っているように聞こえた。

「面倒臭い」、電話に出た高峰は、開口一番言った。「生誕百年だろうと五十年だろうと、私には関係ない」と。それでも私はくいさがった。「いろんな女優さんが成瀬監督について語ってますが、成瀬巳喜男という優れた映画監督を誰よりも理解しているのは高峰秀子じゃないですか。死んでるならともかく、高峰秀子はその肉体同様、知力も記憶力も極めて健在です。その高峰秀子が語らずして、何の生誕百年かッ。高峰秀子が語ってこそ意義がある」

「意義って、何の？」

「な、何のって……。もちろん日本映画史のですよ。いくら成瀬巳喜男が名匠でも、女優・高峰秀子がいなければ、『浮雲』も『乱れる』も『女が階段を上る時』も生まれてない。高峰秀子は生きる映画史ですよッ」

「興味ない」

——。私は全身の力が抜けた。そして思わず素に戻った。

「かあちゃんはほんとに変わった人だね」

「そぉ？」

「うん。今までも変わった人だと思ってたけど、今改めてつくづくそう思う。『面倒臭い』は私にも理解できる。でも『興味ない』って……。恐らく誰も理解できないと思うよ」

「そうかね」

高峰は愉快そうでさえある。

「いいですか、高峰秀子が残した仕事は日本映画の宝ですよ。その五十年の輝かしい業績に対して『興味ない』って……」

半分独り言になっていた。

その時、高峰が言ったのだ。

「成瀬さんが（その仕事を）いいと思って、私もいいと思った。それでいいんだよ」

この人はなんという人か――。もうこれ以上私が何か言うのは失礼だ。これが全てだ。

高峰は続けた。

「成瀬さんと私の間には誰も立ち入ることができない。成瀬さんと私にしかわからない……。だから成瀬さんが死んだ時、あぁ私も終わった、私という女優が終わったと思った」

私は気押されたように、ただ聞いていた。高峰秀子の、その少し錆びたような老いた声とあまりにも静かな語り口を、自分の耳で受け止めるのが精一杯だった。

「成瀬さんへの最大の賛辞だね」

「そうだね」

高峰が答えた。

もしここで高峰が電話を切っていれば今回のインタビューはなかった。だが彼女は付け加えたのだ、「ホラ、もう書けるじゃないか」。今思えば、これが高峰の唯一の隙だった。私は即座に反論した。「私が書くものなどに価値はないッ。私が百万の言葉を使って高峰秀子の発言を引用しても、高峰秀子の『うん、そう』の肉声の前には、無に等しいよ」。

高峰は一瞬黙った後、言った、

「何が聞きたいの？」

そして私がご飯を食べに行く日の午後、取材を受けてくれることになった。

私は高峰の〝親心〟に付け込んだのだ。決して謀ったわけではない。だが結果そうなったことに違いはなく、高峰に対して申し訳ないと思う。彼女の平穏を破る忌むべきマスコミの最たる者になってしまったことを。が、反面、八十一歳の高峰秀子が成瀬巳喜男について何を語るか、それを聞けたことを幸せだと思う。未だに私の気持ちは矛盾したままだ。

＊

インタビューの翌日、高峰が電話で言った。

「言い忘れたことがある。成瀬さんが死んだ時、私という女優も終わったと思った、と言ったね。それは、もう仕事にも映画界にも一切、きれいさっぱり未練がなくなった、つまり……殉死だね」

殉死――。

成瀬巳喜男生誕百年に贈る、これが女優・高峰秀子の、言葉である。

「キネマ旬報」二〇〇五（平成十七）年九月上旬号

始末のいい女性

高峰秀子という人について私が最も強く感じることは、〝美しさ〟である。

容貌は言わずと知れている。それよりもなお美しいもの。

それは、彼女の〝生き方〟である。

では、美しい生き方とは何か？

一言で答えるのは難しい。

だが逆の「醜い生き方とは？」という問いには誰もがすぐ答えられるはずだ。

例えば、よく耳にする言葉。「あの人は金に汚い」。仕事もできて、人柄もそう悪くないが、金に汚い。これ、最悪である。

しかしそのような人は稀で（と思いたいが）、大半の人間は次の言葉に当てはまるはずだ。

人に迷惑をかける。

「私は生まれてこのかた、他人に迷惑をかけたことなど一度もない」と自ら言う人がいたら、その人は嘘つきである。

「人に迷惑をかける」とは、小は、デパートの玩具売り場で「あれ、買ってぇ」と泣き叫ぶ幼児から、大は犯罪者まで、幅広い。しかし多くの人間が日常で犯している「迷惑」は、玩具売り場で泣き叫ぶ幼児ほどの可愛らしさもなく、また犯罪者ほど法に反することでもない。ごく瑣末なことだ。

わかりやすい例を挙げよう。

「私が払うわ」「いいえ、そんな、私が」と、よくレストランのレジでレシートを奪い合っているオバさん達がいる。あるいは「今日は本当に……」「私のほうこそ……」と駅の改札や歩道の真ん中で大きなお尻を周囲に向けて深々とお辞儀しているオバさん達。いや、たまたまオバさんになっただけで、別にオバさんに恨みはない。現に私自身、オバさんなのだから。が、これらオバさん達の行為は、レジの後ろに並んでいる者、あるいは道を歩いている人間にとって大いに迷惑である。しかし難儀なことに、その行為の主体たるオバさん達には何の悪意もない。

だがこの一番わかりやすい例に象徴される行為が、同時に一番始末が悪いのだ。

つまり人は往々にして、この〝悪意なき迷惑行為〟によって、美しい生き方から脱落するのである。

なぜ、そうなるか？

簡単である。

客観性が欠如しているから。

今、自分がどんな場所にいるのか、周りがどういう状況になっているのかが、全く見えていないのである。従ってオバさん達は、レジの後ろでイライラしながら順番を待っている人間も目に入っていなければ、不快そうに自分達をよけながら歩いていく人間にも気づいていない。

言わば、没我の状態なのだ。

没我――。

熱心とも真剣とも無関係な、この没我こそがすべての元凶なのである。

もうおわかりだと思うが、高峰秀子の生き方が美しいのは、〝没我〟と無縁だからだ。彼女はいついかなる状況においても、俯瞰している。映画の撮り方で言えば、クローズアップではなく、ロング。自分という人間を周囲の環境の中の単なる一パーツとして、もう一人の自分が遠くから冷静に見ている。

それこそ、高峰さんが出演している映画を観ればよくわかる。彼女は主役でありながら、決して「私が、私が」と、大見得を切ったりきれいに映ろうなどという愚かな行為をしない。あくまで作中の一登場人物になりきって、その人物がするであろう表情や仕草をさりげない演技として見せる。だから説得力があるのだ。

しかし映画はあくまで高峰秀子の一部であり、彼女の俯瞰の姿勢が最も発揮されているのは、その生き方、人生そのものにおいてである。

「人の時間を奪うことは罪悪です」

この一言を聞いた時、私は高峰秀子という人が、いかに思慮深く、他者を思いやれる人か、また謙虚な人かということを思い知った。

亡き司馬遼太郎氏、大宅壮一氏、あるいは健在な方なら安野光雅画伯、そのような高峰さんが敬愛してやまない人、相手もこの上なく高峰さんに好意を抱いている人、そんな方々のことを、高峰さんは独り言のようにポツリと「お元気かしら」と言った、あるいは言う。私が「お電話してみたら」と言うと、出た言葉が先の一言だった。

電話はそれをかけられた人間の時間を奪う。何の前触れもなく突然、その人が何をしていようとお構いなしに。考えてみれば、かなり失礼な伝達手段である。

そのことを高峰さんは知っている。

そして人を誘ってお茶を飲んだり食事をすることはもっとその人を束縛し、その人の貴重な人生の一部を奪うことであると、高峰さんは考えている。

高峰秀子が人に会うのは、抜き差しならぬ用件がある時だけ。「ちょっとお茶でも」は、彼女が最も嫌う所業である。

だが私を含めた多くの人間は、電話禍をたとえ知ってはいても、つい気軽にかけてしまう。人を食事やお茶に誘うことについては、それが「その人の大事な人生の一部を奪う」などとは考えもしないから、ついさしたる用もなく喫茶店で人とお茶を飲み、生き死ににには到底影響もないだろう話に時間を費やすのである。

高峰秀子に「つい」は、ない。

それほど真剣に、人生を生きている。

他者を慮れる人は、自分自身をも他者としてとらえることができる。自分と他者とを同じ重さで考えることができる。

没我は、己しか見えていない。

だから美しい生き方をする人は、他人に迷惑をかけないのだ。


平成十七年十一月、高峰さんは夫君の松山善三氏と相談して、所有する自身の肖像画を世田谷美術館を有する世田谷区に寄贈した。

合わせて十一点。作者は日本洋画壇の巨匠・梅原龍三郎氏をはじめ、堂本印象氏、宮本三郎氏など超一流の画家である。推定総額二億円だそうだ。

「そうだ」というのは新聞が勝手に推定してそう書いた。

この出来事は当時の新聞記事になり、全国紙全紙に掲載された。松山氏が世田谷区長や世田谷美術館長と会見している写真と、氏の談話が載った。

「寄贈することにした」と、二人から聞いた時、私は驚かなかった。以前にも高峰さんは梅原画伯描く「高峰秀子嬢」を国立近代美術館に寄贈しているし、他にも似たような出来事が幾つかあったから、「やはり二人はこういう人なんだ」と、尊敬の念を強くしただけだった。

今回転載した「週刊文春」の記事は、その絵画寄贈の経緯とそこに至る心境を、私が高峰さんにインタビューしてまとめたものである。

新聞各紙には高峰さんの発言は一言も載っていない。当時八十一歳の妻はもはや誰にも会いたくない人になっていたので、夫の松山氏が自ら矢面に立ったのだ。

だが私は、高峰秀子の志を彼女自身の言葉として世の人に伝えたかった。

実は、新聞がこの出来事を報じた後、幾つかの雑誌から私に連絡が来た、「是非、高峰先生のご心境などを斎藤さんにインタビューしていただいて……」。

全部断った。好きでない雑誌だったから。

書くなら自分が籍を置く「週刊文春」にと決めていたし、当時の編集長は私の信頼する人物だった。

だがこの時、一つだけ困ったことがあった。

私が書いた記事の中身ではなく、そのタイトルについて。

最初、編集部が付けたタイトルは「高峰秀子『2億円肖像画寄贈』私の人生の後始末」だった。

つまり転載記事にある「見事な人生の後始末」ではなく「私の人生の後始末」。

この二つは全く意味が違う。「私の――」となると、まるで高峰さんが自らの行動を自慢げに披瀝しているかのように読者に受け取られる。

出来上がったゲラを見て驚いた私は、デスクに「これは困ります」と異議を唱え、右のような理由を述べた。事実、高峰さんは喜んでインタビューに応じたわけではない。渋るのを私が説得したのだ。

「そうですかぁ……」、デスクはちょっと困ったように黙った。このデスクはとても人柄の良い人だったので、私の気持ちを察するように、「じゃ、どんな風にしましょうか?」と聞いてくれた。

と、その時、側で私達のやりとりを聞いていた編集長がニヤリとして言った、「斎藤さん、どっち側の人間なの?」。

つまり「週刊文春」の人間なのか、高峰さん側の人間なのか、どちらなのだと私に聞いたのだ。

無理もない、と私は思った。

私の言い分は明らかに高峰の立場に立ったものだった。編集長としては当然の質問だ。

私はすぐに返事ができなかった。

だが内心で思っていた。編集長がこれ以上私に答えを求めたら、ハッキリ言おう。「私は高峰の側の人間です」と。それは即ち「私は『週刊文春』の記者として失格です」と同義だ。だからいざとなったら会社をやめるつもりでいた。と言っても、この時の私は、記者の定年まで一年を残すだけだったので、そう悲壮な決意でもなかったが。

つまり当時の私は、既にそこまで高峰秀子の〝身内〟になっていたのだ。それはもはや一つの雑誌に所属する記者として、ある限界を意味していた。数年前から少しずつ自分でも感じていたその矛盾が、この記事のタイトルを決める時、目の前に突きつけられた思いがした。

今だから正直に言うが、編集長に先の質問を投げかけられた時、瞬間、私の頭に浮かんだのは、「たとえ『週刊文春』を裏切っても、高峰秀子を裏切ることだけは死んでもしない」。

たぶん、その時、私の実質的な記者人生は終わっていた。

様々な思いが私の中を駆け巡ったが、時間にすれば、二秒ほどのことだった。

「ま、いいよ」

私の心の内を知ってか知らずか、編集長は笑顔で追及の手を止めた。「デスクと相談して決めなさい」。

この編集長には、今でも感謝している。

デスクもホッとしたように、「じゃ、少し変えましょうか?」。

そして「私の」が「見事な」になった。

「明美、凄いじゃないの！　何人がかりで作った大きな特集記事を抜いて、あなたが一人で書いたこの記事がずっと上にランクされたのよ」

かつての女性上司が私の席に来て、読者のアンケート表を見せた。

記事は、自分とは永久に無縁であるはずだった〝デスク賞〟を受けた。

やっぱり、かあちゃんは凄いや。

私がそう思ったのは、自分が社内の栄誉にあずかったからではない。

高峰秀子の価値観が週刊誌の多くの読者の心をとらえるほど普遍的なものだと再確認したからだ。そして何より、「寄贈することにした」と夫妻から聞いた時には驚かなかったが、記事を書いてみて、私自身が改めて、高峰秀子の「見事な人生の後始末」に感服したからである。

始末。

これほど「他人に迷惑をかけない」行為があるだろうか。

かつて日本には「始末のいい女性」という言い方があった。掃除、洗濯、炊事、整理整頓という日々の暮らし方から、心の持ちようまで、人様や世間に迷惑をかけず、慎ましく粛々と行っていく女性。

高峰秀子とは、そういう人である。

そして考えてみれば、私が知るだけでも、高峰さんはある時から、真っ直ぐに「人生の後始末」に向けて歩き続けていた。

五十五歳で悲願の女優引退。六十七歳で家を縮小、家財整理。七十八歳で執筆引退。そして八十一歳の時、この十一点に及ぶ自身の肖像画すべてを美術館に寄贈した。

何事も、大きくするのは簡単だが、小さくするのは難しい。

私がかろうじて実感できるのは生業にしている文章についてだけだが、長く際限なく書くことはいとも容易《たやす》く、一方、そいで削って短くするのは、骨の折れる作業だ。だが確実に言えることは、頭を絞ってそいで削るほどに、文章は生きて輝いてくる。

それを、自らの生活、人生の上で実行できる人がどれだけいるだろう。

「善三さん、ご飯ですよぉ」

いつものように、高峰さんは夕食の支度を整えて、松山氏を呼んでいる。

八十五歳と八十六歳の夫婦の食卓は、今日も穏やかで、その生活は変わらず安寧に満ちている。

高峰秀子という人を見ていて、私が強く感じるもう一つのこと。

見事だ。

それだけである。

高峰秀子　81歳　独占インタビュー
「2億円肖像画寄贈」　見事な人生の後始末

ライター　斎藤明美

〈賤しげなる物、居たるあたりに調度の多き。硯に筆の多き。持仏堂に仏の多き。前栽に石・草木の多き。家の内に子孫の多き。人にあひて詞《ことば》の多き……〉（『徒然草』第七十二段）

同書は高峰さんの座右の書である。思えば、彼女の人生はこの兼好法師の論そのままと言える。

「もう納得することばかり。お手本ですよ、生活の」

ゆったりと細い煙草を燻らせながら、高峰さんは語った。

ここは東京・麻布の松山（善三氏・夫君）邸、優に三十畳はある食堂兼居間だ。いつもなら、高峰さんの視線の先には梅原龍三郎の油彩「高峰秀子像」があるのだが、今は白く残った壁跡に同画伯の「ハワイの風景」が、まだ落ちつきかねた様子で鎮座している。

「私はもう八十一になりましてね、家の中の整理をコツコツと進めてるわけ。それで一番気掛かりだったのが、私の唯一の財産と言える梅原先生の絵だったの。私達夫婦がいなくなったら、子供もいないし、いろんな所に散じてしまう。どこか一括して預かってくれる所はないかしらと松山と頭を寄せて考えた末、世田谷美術館というのがとっても素敵な、環境もいいしね」

高峰さんは梅原龍三郎他が描いた自身の肖像画十一点を世田谷美術館に寄贈。十一月二十二日から一般公開される。だが高峰さん自身はその美術館を一度も見ていないという。

「でも松山が行ったことがあって、とてもいいんだって。それに、私が十三歳で松竹から東宝に移った時に東宝が家を支度してくれて、それが世田谷区成城という所だったの。東宝撮影所が側でしょ、だもんでその後、そうねぇ、同じ成城で三軒も四軒も引っ越したけど、フリーになる二十六歳まで世田谷区民だった。だからご縁があるかなと思って。そしたら幸いにして美術館のほうで貰って下さると」

「貰って下さる」どころか、美術館は欣喜雀躍だろう。

「さぁ、どうかしら。やっぱり一人の人間の肖像画なんてものはね、私は本人だから大事に思ってるけど、他人にとっては何の価値も見出さないかもしれない」

お金に換えてもしょうがない

評価額は二億円を超える。寄贈という行為に迷いはなかったのか。

「私達は売ることは全く考えませんでした。私は八十一、松山は八十でしょう。もうお金に換えたってしょうがないじゃない。洋服買うわけでも宝石買うわけでもない。それより一つ所に残しておいて、美術が好きな人やいろんな人が観て下さったらそんな幸せなことはないし、梅原先生に対してもいいことだと思って」

世田谷美術館学芸部長・勅使河原純氏によると、

「普通は寄贈によって誰かが得をしたり、生臭いことになる場合が多いんです。でも今回は関係者一同、最後まで完全に欲を離れました。これはひとえに松山ご夫妻の志の高さによるもので、今の日本では考えられないことです。それにここまで画家とモデルが人格を理解し合って生まれた名画はない。松山家を旅立った名画がいい旅を続けられるよう全力を尽くします」

寄贈した十一点のうち七点が梅原龍三郎作。以下、堂本印象二点、宮本三郎一点、森田元子一点。堂本、宮本の作は週刊朝日の表紙を描くためにモデルを依頼され、森田の作は対談した時に対談相手の森田がその場で描いたものだという。実は高峰さんの肖像画はあと四点存在するが、既に三十年以上前、国立近代美術館他へ寄贈している。うち二点が梅原作。つまり梅原は「高峰秀子像」を九点描いているのだ。しかも全て、二人の個人的な交流の中から生まれたというのだから、極めて稀なケースと言える。

「梅原先生との出逢いは、チャーチル会です。戦後まもなく発足した素人の絵画集団。そこに私も加えて頂いたの。先生には石川滋彦、宮田重雄、益田義信、伊原宇三郎、猪熊弦一郎……錚々たる方々だったから、それならいっそ御大を最高顧問に戴こうというので、宮田先生や益田先生と一緒に梅原邸にお願いに上がった。それが最初ですね」

生徒のほうも藤山愛一郎、田村泰次郎、石川達三、森雅之……と、負けていない。

「初めて私が梅原先生のモデルになったのは、『カルメン故郷に帰る』（木下恵介監督による日本初のオールカラー作品）という映画の撮影をしていた昭和二十五年の夏。ちょうど梅原先生も夏の浅間山をお描きになるために軽井沢の別荘にいらしてたんです。ところがお天気が悪くて浅間山が姿を現さず、先生は絵を描くことができないし、私もロケが中断。そんな時、先生から宿にお電話があって『秀子さん、今日撮影がないなら、ちょっと座ってくれますかね？』と。

『座って』というのはモデルになってくれという意味なのね。以来いつも先生は『座ってくれますかね?』という言い方だった。先生が亡くなられるまで四十年近く、近しくさせて頂きましたが、先生の人としての大きさ、正直さにどれほど影響を受けたかしれません。私の人生の師です」

梅原のほうも、三十六歳下の高峰さんに「君は男でも女でもない、僕にとって無二の親友だ」と言うほど厚い信頼を置いていた。

画壇の巨星と大女優の麗しい関係

〈箱には白い紙が巻かれて、先生の自筆なのだろう、赤の水彩で水引きが描かれ、梅原龍三郎と署名があった。(略) 梅原先生のお手紙がそえられていた。「この絵を、あなたに進呈したいと思います。ただし、この絵をお受けとりになることに、あなたがいささかでも負担をお感じになるならば、あえて進呈はいたしません」

簡潔だが、人の心を思いやる優しさの溢れたお手紙で、私は感激した〉

これは、高峰さんが師への敬愛を込めて綴った『私の梅原龍三郎』(文春文庫)の一節だが、礼節を弁《わきま》え、それでいて互いに限りない親愛を抱き合う画壇の巨星と大女優との麗しい関係が窺える。それだけに今回の寄贈に寄せる高峰さんの思いは、察するに余りある。

　高峰さんは二十六年前に女優業を引退、三年前には筆も絶ち、ここ数年は一切人にも会わない。最近いたく気に入っている森永キャラメルをなめなめ、好きな読書に勤しみ、夫君に手料理を供するという毎日だ。先日の寄贈記念記者会見にも松山氏が一人で応じた。

——高峰さん、何故全く外に出ないのですか？

「出たくないから」

——どうして？

「この歳になってヨロヨロ人前に出たりカメラの前に出たりしたくない。私は区切りをつける人間だから」

——家にばかりいて飽きませんか？

「飽きない」

——日がなベッドで本を読みよく眠りこけませんね？

「読書が好きだから」

——一カ月に何冊ぐらいお読みになるんですか？

「うーん、二、三十冊かな」

——たまには庭を歩くとか。

「歩かない。もう足が弱くなったし」

――外を歩かないと余計に弱くなりますよ。

「それでいいの」

――読書とお料理の明け暮れですか……。

「それが私の理想の生活」

望んで女優になった人ではない。五歳から親族を養い、小学校さえ通えなかった。松山氏との結婚によって漸く安寧と幸せを得たという。陰から日向から守ってくれる氏と心を合わせ、十四年前には家を縮小、家財を整理、夫妻合わせて二百本に及ぶ映画賞のトロフィーも捨てた。今回の寄贈はその見事な「人生の後始末」の総仕上げだったのか。

最後に尋ねた。

――高峰さんにとって人生で一番大切なものは?

「潔さですね。生きる上での清潔さ」

きっぱりと言い切った。

天晴れな老境である。


「週刊文春」二〇〇五(平成十七)年十一月十七日号

生きること

平成十八年三月、私は「週刊文春」の記者を辞めた。独立などという立派なものではなく、単に、記者の定年五十歳を迎えただけだ。考えてみれば、二十九歳で校長と喧嘩して高校の教師を辞めた時も、記者を退職する時も、私は辞めた後のことを何も考えていなかった。要は〝行き当たりばったり〟の人生。

以前、高峰さんは作家の沢木耕太郎氏と対談した時、氏に「僕はあまり先々まで予定を決めたくないんです。高峰さんもそうでしょう?」と聞かれて、言下に「いいえ。私は、人生、予定通りです」と答えて、大いに氏を驚かせた。

それに続けて高峰さんが言ったことは、「三十歳でもしいい人がいたら結婚して、結婚したら六十歳までその人に尽くして、その時まだ自分が元気だったら、その後は自分の人生を楽しもう、そう思ってました。その通りになりました」

沢木氏はもっと驚き、ライターとして対談に同席していた私も口あんぐりだった。私達が驚いた理由はたぶん同じだと思う。

高峰秀子という人の半生は、言ってみれば己の意志を無視され続けた歳月だった。五歳半で映画の子役になったその出発点から、いや、五歳の誕生日の翌日、攫《さら》われるようにして叔母に函館から東京へ連れてこられ養女になった日から、その歳月は始まっていた。だがもしも養母が心ある人だったら、たとえ高峰さんが一度は映画に出たとしても、次からは「もう一度出たいかい？」「ずっとこういうことを続けたい？」と幼い本人に〝意志〟を聞いてくれただろう。だが彼女の養母はそんな人ではなかった。なかったどころか、「小学校へ行きたいか？」「仕事はイヤじゃないか？」はもちろん、「疲れたろう」の一言もかけてはくれず、自分に加えて十数人の親類縁者の生活まで、年端もいかぬ高峰さんに担わせた。

そんな半生に〝予定〟など立とうはずがないからだ。

だが高峰秀子は考えていた。というより希望を捨てなかった。束縛された歳月の中で、他者の都合に翻弄され続けた半生の中で、「それでも、できることなら」と。

そして見事に実現した。

そこに至るまで高峰さんがどんな思いで生きてきたか――。

それを一番よく知っているはずの私が、自分の意志でどんな予定でも立てられたにもかかわらず、何も考えずに漫然と定年を迎えた。せいぜい思っていたことは、「私などがフリーになったところで仕事の依頼はないだろうから、たまにヘボい小説でも応募して、のんびり暮らそう。贅沢さえしなければ、今の蓄えで何とかなるだろう」。

私は五十歳で体《てい》の良い〝楽隠居〟を決め込もうとしていたのだ。

だがそんなバチ当たりな私に、数人の奇特な編集者が〝予定〟を与えてくれた。その感謝すべき仕事の一つが、転載した「キネマ旬報」の「これがはじまり」。その人が何を契機に映画関係の仕事に就いたか、本人の談話を交えて綴る連載だった。

第一回は高峰さんが登場してくれた。

恐らく、大女優と呼ばれる人で、自身の職業のスタートを「災難」と表現した人は、後にも先にも、世界中で高峰秀子ただ一人だろう。

五歳のある日、たまたま養父が高峰さんをおんぶして松竹蒲田撮影所を見学に行った。撮影所の庭では映画「母」に主演する子役のオーディションをしていた。受けに来た五十数人の少女ではなく、無関係の高峰さんが選ばれた。そのことを彼女は、言い方は悪いが、ある種吐き捨てるような口調で、「災難です、災難。大災難」、そう言い切ったのだ。

その瞬間、私は粟立つ思いがしたのを覚えている。

八十年も前のことを、しかも数々の名作を残し、数え切れないほどの映画賞に輝き、人々を感動させ、日本映画史に名を刻む大女優として五十年の職業人生を完結させた、いわば栄光に満ちた歳月の出発点を、「災難」と言い放ったのだ。

その言葉を発した時、高峰さんの表情には、かすかだが、〝険〟があった。

怨嗟だ、とっさに私は思った。

高峰さんにとって最も痛恨だったのは、学校に行けなかったことだろう。仕事が忙しくて、小学校に通算一カ月余りしか通えなかった。読み書きを教えてくれる人は誰もいなかった。養母は自分の名前を書くのが精一杯の人だった。救ってくれたのは、小学校二年の時の担任教師だったという。

「私が地方のロケに行く時、指田《さしだ》先生はいつも東京駅のホームまで駆けつけてくれて、汽車の窓から『はい、秀子ちゃん』って、何冊も絵本を渡してくれた。たぶん先生のお子さんのものだと思う。それを行き帰りの汽車の中で見ながら、私は字を覚えたの。象の絵が描いてあれば、側の字は『ゾウ』って読むんだなっていう風に。指田先生のお陰で私は字を覚えることができたの。私にとって指田先生は『小僧の神様』みたいな人だった」

かつて、そう、高峰さんは言った。

教育の機会を奪われた子供。しかも学びたいと願う子供からそのチャンスを奪うこと。これほど残酷なことはない。

そしてもう一つの痛み。

それは、自分自身の〝普通の生活〟と引き換えに、親戚という名の見も知らぬ人々に〝普通の生活〟を送らせるため、やめたくてもやめられなかった職業。

女優業である。

高峰秀子は今でも女優が嫌いだ。

大勢で映画を創ることは好きでも、女優という生き物に付きまとう醜さが嫌いなのだ。

高慢、虚栄、不遜、わがまま……。それらすべてを、高峰秀子は、憎んでさえいると、私は思う。

「もしも生まれ変わって、また映画界で働かなきゃいけないとしたら、美術か衣装がいい。裏方の仕事が好き。人に観られてあれこれ言われる仕事はイヤ」

あの時、高峰秀子が見せた、一瞬の〝険〟――。

そこにあるものは、確かに、物心ついてから一度も自分の〝意志〟を聞いてもらえなかった人間の、怨嗟だったかもしれない。

しかし今になると、それだけではなかったような気がする。

そこには、その怨嗟をねじ伏せてなお、自分に与えられた仕事に全身全霊で尽くしてきた人の、覚悟にも似た意志の力があったのではないか。

そのとてつもない迫力に、私は戦慄したのだ。


平成十九年から二年間、私は「婦人画報」誌で「高峰秀子の流儀」を連載、平成二十一年春には、前々からまとめておきたいと思っていた「高峰秀子という映画史」を、月刊誌「オール讀物」で開始した。

無声映画、トーキー、モノクロ、カラー、シネマスコープと、女優・高峰秀子が歩んだ道はそのまま日本映画の発達史と重なる。しかもその間五十年、常に第一線で活躍してきた人だ。おまけに抜群の記憶力を持つ。この〝生きる映画史〟を是非書き残しておきたいと思ったのだ。

第一回は「天才子役時代」と題して、デビューした五歳から、十三歳で松竹から東宝に引き抜かれるまでを描いた。

子役時代の映画をビデオで一作ずつ観ながら、当時の話を聞いたのだが、実にこれが驚きの連続だった。

デビュー作「母」の撮影エピソードはもとより、主演子役に選ばれた際、自分を首実検した野村芳亭監督（「砂の器」などで知られる野村芳太郎監督の父）が着ていた洋服まで覚えていた。

そして「母」で自分の母親役を演じた当時の人気女優・川田芳子が、自宅で振袖を着て母親に何から何まで世話をされている様子を見て、思ったそうだ。「こんな風に母親にかしずかれてるようじゃ、この女優はダメだな」と。

数年後、川田芳子は映画界から消えた。五歳の目が見抜いた通り。

高峰秀子は、五歳で叔母に連れられ津軽海峡を渡ったその日から、じっと見ていたのだ、人間を。

そして考えたのだ、何が本物で何が偽物か。人生で出会う数え切れない人間達の振る舞いと発言を、その全身の五感を研ぎ澄ましながら直視したのだと思う。

私は恐怖をもって、高峰秀子の目を見つめ、その唇から送り出される言葉の何一つも聞き逃すまいと耳をそばだてた。

女優・高峰秀子が語る一言一言に、死んだように沈黙していた日本映画の歴史が、私の目の前で鮮やかに蘇っていった。

私は今、〝日本映画史〟と向き合っている。

それは、タイムマシンに乗って失われた日本映画界を旅することと同じだった。様々な書籍や資料を読んで、高峰秀子が生きた時代と当時の映画界の様子を調べることは、私がそれまでに体験したことがない、ゾクゾクするような作業だった。

だが、続けて第二回の準備を始めた矢先、以前にも書いた通り、高峰さんが骨折した。同じ日、私も骨折。間なしに松山氏が入院、郷里の実父が他界……。平成二十一年は怒濤の年だった。

しかし高峰さんの脚は完治した。今、杖はベッドの脇で埃をかぶっている。松山氏も数日の入院で治癒した。

それにしても、普通なら、「八十五歳で大腿部を骨折」は、そのまま寝たきりにな

って も不思議ではない出来事だ。事実、高峰さんが救急車で運ばれる時、私は暗澹たる思いで付き添っていた。松山氏も同じだったろう。だが救急外来に待機していた外科医は、高峰さんの脚をレントゲンで撮ると、その写真を私に見せながら言った、「折り所が良かったのが不幸中の幸いです。チタンですぐ繋がります。三十分の簡単な手術です」。

そして医師の言葉通り、手術は三十分で終わった。記憶力の良い高峰さんに言わせれば「二十七分だった」そうだが。

深夜、たまたま運ばれた救急外来に名外科医がいたこと、そして「折り所が良かった」こと。私は医師の「簡単な手術で治ります」という言葉を聞いた時、呆然として思ったものだ。

なんという強運の持ち主なんだ。

だが、高峰さんが笑顔で小さく手を振りながら手術室に入った後、廊下のソファで松山氏と並んで待っている時、「いや、違う」と思った。

高峰秀子は強運なのではない、〝強運を引き寄せた〟のだと。

もう二十年近くも前、ある時、高峰さんが台所の流しで菜っ葉を洗っていて、ポツリと言ったことがある。

「かあちゃんは小さい時から働いて、働いて……。だから神様が可哀想だと思って、とうちゃんみたいな人と逢わせてくれたんだね」

その時、私は高峰さんの何とも言えぬ幸せそうな笑顔を見て、涙を堪えるのが精一杯だったが、今なら、言うだろう。「かあちゃん、神様なんていうのかね。とうちゃんに逢わせてくれたのは神様なんかじゃないよ。とうちゃんに逢えるような人生を、あなた自身が築いてきたからなんだよ」と。

誰かが言った、「運も才能のうち」と。そして才能は努力なしでは無に等しい。

私はこの二十年余り、高峰秀子という人と仕事をさせてもらって、数え切れないほどの貴重なことを学んだ。

今、八十六歳になった高峰さんが身をもってそれを総括してくれているような気がする。

人生を投げないこと。

朝起きて夜眠りにつくまで、高峰秀子はその行いの一つ一つに〝心〟を込めている。どんな些細な動作もぞんざいにせず、丁寧に、あたかも一日を人生のように生きている。

いつか高峰さんに電話で言われた言葉を思い出す。

「食べる時は一所懸命食べるといいよ」

平成二十二年七月某日、猛暑。麻布・松山邸。

今日は、「高峰秀子という映画史」の第二回「少女スター時代（前編）」の取材をする。

一年半もの間、辛抱強く再開を待ってくれた「オール讀物」の編集長がこの九月号に掲載してくれるという。今後は是が非でも、「女優時代（前編）」「同（中編）」「同（後編）」と、女優・高峰秀子の全軌跡を完成させるつもりだ。

私は作成した資料ノートとテープレコーダーを、松山家の食卓に置いた。

「では、さっき三人で観た『綴方教室』について……」

私はインタビューを始めた。

「あの中レね、私が机に向かってツルリカラを書いてるシーンがあったレしょ？　あの時、ヤマさん（山本嘉次郎監督）がレ、『レコ、そこレ、蚊が止まったつもりレ、左手の甲を叩く芝居を入れてよ』って言うんラヨ」

ん？　何だか高峰さんがレロレロ言ってる。

「かあちゃんッ、またキャラメル食べてるでしょ？」

「秀さん、口から出しなさいよ」

と松山氏も。

高峰さんは黙っている。

と、徐にペロッと舌先を出した。そこに、溶けて小さくなった森永キャラメルのかけらが載っている。

「かあちゃん、何してるの……」

「秀さん……」

と、また、高峰さんがペロッ。

松山氏と私は、笑ってあとの言葉が続かない。

と、またペロッ。高峰さんがピンク色の舌先にキャラメルのかけらを付けて、私達に見せる。

ペロッ。

しまいに高峰さんも笑い出した。

つやつやした頬、通った鼻筋。

なんて綺麗な笑顔なんだ。

この人が、生きることを、私に教えてくれた。

これがはじまり

斎藤明美

高峰秀子

「災難です、災難」

考えてみると、職業というのは恐ろしいものである。ひとたび就けば、住まい、服装、生活サイクル、人間関係、ものの考え方……ほぼ人生が決まる。だが、一つの仕事に生きる人は美しく、ましてやその仕事でプロとなり得た人には、冒すべからざる威厳と輝きがある。

果たして人々はいつ、どのようにして、〝映画の道〟に導かれたのだろう――。

「これがはじまり」のはじまり、第一回は、日本映画界が誇る大女優である。

この人には〝無名〟だった時期が、人生のうちで五年しかない。以後の八十年近くを常に好奇と憧憬の目にさらされてきた。これから始まる物語は、この人がまだ何者でもなかった、〝子供時代〟と呼ぶにはあまりに短い、五年足らずの物語である。

「北海道で覚えてるのは、火傷と芸者と母の死だけですね」

高峰秀子は、細い煙草を燻らせながら淡々と言った。

一九二四年、ロシアの指導者レーニンが死に、第八回パリ五輪でのちのターザン役者J・ワイズミューラーが水泳三種目に優勝、わが国では皇太子・裕仁（のちの昭和天皇）が成婚、甲子園球場が完成したその年の春三月、函館の街で一人の女児が生まれた。蕎麦屋料亭『マルヒラ砂場』を営む平山錦司とイソ夫婦の一女、秀子である。

「私の父親は『砂場』の板前だった。人がいいだけの気の弱い人でね。だから、隠居とはいえ、やっぱり祖父の力松のほうが家長だったと思いますよ」

父方の祖父・力松は、一度は泥棒に全財産を盗まれ無一文になるが、日雇い人夫から盛り返し、『砂場』の他にもカフェや劇場などを経営するようになった人物である。

「両親の馴れ初め？　さぁねぇ……。何しろ母親は私が四歳半の時に肺結核で死んだし、父親とは、デブ（養母・志げ）が話もさせてくれなかったから、全然知らない」

普段、高峰さんは一切昔話をしない。興味もない。今回も気が進まないのを承知で、夕食の前に取材時間を貰った。

記憶その一、火傷。

「一歳ぐらいの時、当時は料理用マッチっていう大きなマッチがあって、どういうわけかそれをいじってたのね。束にして擦ったもんだからボッと箱ごと燃えて、火が、着てたお引きずりの綿入れに燃え移ったの。父親が飛んできて火を消すと、私を横抱きにして病院へ走った。冬だったと思う。父親が雪の中を走ったのを覚えてるから。時間？　そう……お客も芸者もみんな帰っちゃって。だから夜中。場所は……んー……店の帳場。私が子役になった頃まであったっけ、頰に火傷の痕が」

泣いた記憶はないという。私が知る限り、この人ほど物事に動じない人はいない。してみると、幼い頃からそうだったようだ。

「『あらくれ』（当時三十三歳）の時にね、丸髷結って衣装をつけて、『おしま』になってセットの帳場に座った瞬間、ふっと母親のことを思い出したの。それまで母親のことなんか考えたこともなかったのに。母親がいつも座ってたのよ、『砂場』のお帳場に。こう、帳場格子があって、その向こうに小机があって大福帳や算盤が置いてある。入院するまでは毎日そこに座ってた。顔は覚えてない。結核だからオッパイも貰わなかったと思う。乳母がいた。乳母に連れられて病院へお見舞いに行った時、私が母親の傍へ行こうとしたら、引き戻された。伝染《うつ》っちゃいけないから。病室に置いてあった生卵に穴を開けてもらってチューチュー吸ったよ。当時卵は高かったんだけど、病人は栄養を摂らなきゃいけないでしょ。山になってザルに入れてあった」

母親の思い出はこれが全てである。

記憶その二、芸者。

「蕎麦屋料亭っていうのは、一階が蕎麦屋で、二階が座敷になってるんですよ。たくさん部屋があって、そこでお客が芸者をあげる。それでさ、可愛いからって、芸者が私を宴席に連れていくわけ。お客が喜ぶの。芸者も間がもてるしね。あっちの座敷こっちの座敷って、連れていかれた」

――幼心に「いやだなぁ」と思ったりは？

「全然。みんなが『可愛い』『可愛い』て言うんだから。ニコニコしてたよ。泣けば連れていかないもん。慣れっこだったんだもん、毎晩のことだから。そりゃ可愛いよ、人形みたいだもの」

――ちょうどこの頃でしょうか？（と写真を示す）この里芋みたいな頭した。

「〝おけし〟って言ってね。昔は女の子はこういう頭をしてた。男の子は坊主」

そして母の死。これが運命を分けた。

錦司の妹・志げは活動弁士だった荻野という男と東京の鶯谷に住んでいたが、子供がなく、兄に四番目の子供が生まれたら、男でも女でも養子に貰う約束をしていた。だから生まれた子が女だと知って「秀子」と付けた。だが夫婦には初めての女の子、しかも愛らしい。錦司は、志げが約束の履行を求めて函館に来ても、その都度何かと口実をつけて秀子を渡さずにいた。

「母親はまだ元気だった頃、鶯谷まで行ってデブに養子の話をきっぱり断ってるんです。だからその母親が死んだというのはデブにとって好都合だったんですよ。翌日に連れていかれたからね、東京へ。母親の葬式の翌日に。私は母親が死んだのを覚えてる。昔は死んだ人を座棺に入れたの。首の周りに真綿を詰めて。だから首だけ浮き上がってるように見えて、怖くて思わず傍にいた人にしがみついた。それがデブだった」

高峰さんは養母を「デブ」と言う。太っていたのもさることながら、その呼称の裏には、自身が養母から受けた長い長い呪縛への、痛みにも似た思いが込められている。

「男手に五人の子供を残されて困った父親（錦司）は、兄や弟を親戚に養子に出して、私のことも、デブにくれてやった」

幼女は奪われるように旅立った。

「鼠色の地に葡萄柄のメリンスの着物、アプチャン（よだれかけのような幼児のエプロン）して、口にはゴムの乳首、手に小さなメリーミルクの缶を持って、それに穴開けてチューチュー吸ってね（笑）」

ひどく乾いた、何か残酷とも言えるような笑顔だった。

「ポーッと汽笛が鳴った時、なぜか『あ、お祖父ちゃん』って思った。その後も汽笛を聞く度に祖父のことを思い出した」

――悲しいとは思わなかったんですか？

「思わない」

――季節はいつ頃？

「厚着じゃない。羽織なし。鶯谷に来てすぐ近所の子供と撮った写真が……」

それは『不滅のスター　高峰秀子のすべて』に収められていた。

「この、後ろに写ってるカーテンは、二階の廊下の突き当たり」

子供はみな可愛いというが、嘘だ。この写真を見ると、人は平等でないことを思い知る。それにしても、秀子の姿はどうだ。小さな手をイスの背に置いて、首を傾《かし》げて微笑んでいる。可愛らしいにもほどがある。

「誰に言われたわけでもないのにねぇ。ニッコリ笑ってるよ」

自分でも呆れたように、笑った。

——高峰さんは今でも女優業が嫌いですが、こうしてみると、やっぱり女優になる運命だったんですよ。

「そうね……」

笑顔は消えた。

「だから春だと思うのよ、東京へ連れてこられたのは。この写真、半袖でしょ。来てすぐ夏になったんだから」

志げは仕舞屋《しもたや》の二階に間借りして、人形の衣装を縫う手内職をしていたそうだ。

「猫が一コいた（笑）。三毛。名前？　そんなもの知らない」

この頃、近所の子供と遊んだという。

「北海道訛りを笑われたのを覚えてる。『わしがねぇ』って言って笑われた。何で笑うのかと思ってた。私は『ちゃん』って呼ばれてたよ、近所の子から。それで毎日、アツアツのご飯に卵かけて。そればっかり。デブは人育てたことがないからさ、明けても暮れてもピチャピチャピチャピチャ」

——なんか猫の餌みたいな……（笑）。

「ピチャ、ピチャ、ピチャ（笑）」

こういうところが高峰さんは、可笑しい。

——ずっと卵かけご飯ですか？

「そ。蒲田の撮影所へ行くまで。一年」

——一年もないですよ。

「ねぇ（と心底から）。人に食わしてもらったなんて一年もないッ」

事実、この人の〝子供時代〟はここで終わる。人間にとって何が残酷と言って、子供時代がないほど酷《むご》いものはない。これ以後何十年、高峰秀子は、養母と血縁十数人の生活を営々と担っていくことになるのだ。〝天才子役〟として〝少女スター〟として、そして〝大女優〟として。

運命の日は翌春。養父が五歳になったばかりの秀子をおんぶして松竹蒲田撮影所に行った、その日である。

「一階にいた家主が、野寺正一っていう大部屋俳優と知り合いだったんだね。笠智衆みたいな老優、（松竹）蒲田の。だから偶然オーディションに行ったんじゃなくて、その野寺さんが推薦したんじゃない？　可愛いから連れてってごらんみたいな感じで」

それは、映画「母」の主役となる子役のオーディションだった。

「傍に高砂香料っていう香水工場があって、臭ッさい、臭ッさい。川が臭いんだよ。そのちっちゃい川に橋が架かってて、橋ったってこんなもんだよ（と、両手を広げて）。渡ると撮影所があった。石の門」

そして、高峰さんがその〝門〟を出るのは実に五十年後のことである。

「撮影所に池があって、その周りに五十人ぐらいの女の子が一列に並んでた。振袖着て頭にリボンつけて満艦飾。私は何着てたか覚えてない。みんな五歳の女の子。その後ろに着飾った母親や姉さんがいた。お父さんはあんまりいなかったね。それで、荻野が私を列の最後にポンって置いた」

私は思わず大笑いしてしまった。

「何が可笑しいの」

――だってあまりにもあっけなくて。それで運命が決まっちゃったんでしょ？

「そう。可哀相に」

――その時、どう思いました？

「どうも思わない。あんまり人見知りしないもんね。監督に『○○って言ってごらん』とか何とか、話しかけられた。ちゃんと返事したんじゃないの（笑）」

突き放すように言い、笑った。

――野村芳亭監督ですよね？

「うん。野村芳太郎のお父さん。太った人で、革のジャンパー着てた。ニッカボッカはいて。よく覚えてる」

――その場で決まったんですか、主役に？

「そうでしょ。もうその次の日から撮影所に行ったから。何しに行ったんだか。たぶん髪の毛をどうするとか、衣装調べとかで行ったんじゃない」

芸名は養母が付けた。自分が女活弁士だった時の芸名、「高峰秀子」。

「毎日、デブに連れられて省線（のちの国電）で蒲田に通った。暗いうちに家を出て。品川ぐらいでやっと陽が昇ってきた」

――イヤじゃなかったですか？

「別に。そういうもんだと思ってたんでしょ。……お腹空いたね」

――（無視して）ドーランを塗られるのが痛くて涙が出たそうですね？

「スティック状で硬いんだよ。デブが火鉢の上であぶって柔らかくするんだけど、硬い。持つ所に紙を巻いてあった。デブが私の顔に塗って、手であっちこっちひっぱって伸ばすから、痛いよ」

――台詞は？

「デブが口移し」

――「母」で覚えている台詞は？

「ない」

――墨を磨る場面で、監督に「パタンと倒して、泣くんだよ」と言われたんでしょ？

「うんうん。私は墨ぐらい磨れるのに何で泣かなきゃいけないんだと思った」

――デビュー作で他に覚えていることは？

「ない」

以前聞いた話を補足すると、ある晩、母親役の川田芳子に自宅で夕飯をご馳走になり、振袖姿の川田の傍で母親が付きっ切りで世話するのを見て、「こんなに母親がべったり付いてるようじゃ、この人はダメだな」と思ったそうだ、五歳で。

幼児の恐るべき眼力は的中し、川田はこの「母」をピークに人気が下降、最後は埼玉県草加のアパートで孤独死するのである。

だが五歳の秀子は、これ以後五十年、その女優人生にただ一度の翳りも見せることなく三百余本の名作を生み、五十五歳できっぱりと銀幕を退《ひ》くのだ。

――それにしてもあまりにあっけなく女優人生が始まったことを、どう思いますか？

「災難です、災難。青天の霹靂です。私にとっては大災難ッ」

私は吹き出した。が、次の瞬間、黙った。高峰さんは少しも笑っていない。

日本映画史上、その実力と人気をしてNo.1と言える大女優が、無声映画、トーキー、カラーと、日本映画の歴史をそのまま体現する見事な自身の業績のそのはじまりを、「災難」と言い切る——。

そのとてつもない器の大きさに、私はただ呆然と、台所に向かう高峰秀子の小さな背中を見つめていた。

「キネマ旬報」二〇〇六（平成十八）年四月上旬号

高峰秀子

自分の好むと好まざるとにかかわらず、
人に名前や顔を知られるようになった人間には、
社会に対して責任があります

斎藤明美（作家）

高峰秀子は寡黙な人である。八十六歳になった現在はさらにその傾向に拍車がかかり、一日のうちで口を開くのは数えるほどしかない。別にボケたわけではない。本人は人様への礼状などにやたら「老衰」「寝たきり」と書きまくっているが、台所仕事から読書まで、生活は極めて規則正しく、見ていて感服する。

そしてひとたび口を開けば、一言で核心を突く。その胸のすくような洞察力も、変わらない。

私は高峰秀子という人と縁を得て以来二十年、その言葉群をシャワーのごとく浴びているのだが、あまりに見事な言葉ばかりなので、「高峰秀子の言葉」

というコラムを予定しているほどだ。

その中から一つ。

「自分の好むと好まざるとにかかわらず、人に名前や顔を知られるようになった人間には、社会に対して責任があります」

この言葉は普遍的であると同時に、あらゆる意味で高峰秀子という人間を象徴している。

高峰さんは自らの意志で女優になった人ではない。五歳の時、大人によって映画の子役に〝させられた〟人であり、その後、卓越した演技力で少女スターから大女優になった人だ。だがその間、彼女には職業の選択はもちろん、教育についても一切選択の自由は与えられなかった。小学校を通算して二ヶ月、文化学院にわずか一ヶ月が、高峰秀子の全ての〝学歴〟であることからもそれがわかる。

「自分の好むと好まざるとにかかわらず」

このくだりには、学びたくても学べなかった、やめたくてもやめられなかった、血縁にがんじがらめにされた人が、好まぬ職業に腹を括ってただ黙々と挑み続けた、ある慚愧《ざんき》と決意が感じられる。

そして五歳で銀幕にその顔が映し出された時から人々の好奇と羨望と妬みと、

それら様々な目に晒されてきた「名前や顔を知られるようになった人間」の、無名であった時を生涯で五年間しか持たなかった人の、諦めと矜持《きょうじ》が窺える。

「社会に対して責任があります」

　普段、昔話や説教の類を一切しない高峰さんには珍しい、やや教訓的な言葉だが、これは数年前、私が高峰さんの評伝を書くために話を聞いていた時、彼女が女優時代の心持ちを語ってくれた、その際に出た言葉だ。だから正確に言えば、「社会に対して、責任と言うのかな、そういうものがあると思うの」と、もっと控えめに語ったことを覚えている。

　私は仕事柄、これまで延べ千二百人に近い、いわゆる著名人と呼ばれる人にインタビューしたが、「社会に対する責任」を口にした人は一人もいなかったと記憶している。

　ただ、アメリカの少年俳優ハーレイ・ジョエル・オスメント（「シックス・センス」の子役）があるインタビューの中で、奇しくもこの高峰秀子が発したと同じ言葉を言うのを見て、「おぉ、これは」と感激したが、先般、彼も薬がらみの不祥事を起こして、私は大いに落胆した。

「彼も」と書いたのは、子役出身の役者というのは、その子役時代が華やかであればあるほど、思春期に必ずこの穴に落ちるからだ。まだ自我も価値観も確立せぬうちに下にも置かぬ扱いをされ、誤った万能感を抱いてしまうからである。そして自己を見失い、自滅する。そういう役者なら、千二百人の中にイヤというほどいた。

高峰秀子が「天才子役」としてもてはやされながら、日本映画史に名を刻む女優となり得たのは、この子役が持つ「魔の刻《とき》」を難なく切り抜けた最大の理由でもある〝自己の客体化〟、それに尽きる。

一見、机上の教訓に思えるこの言葉は、高峰秀子がその決して生半《なまなか》でなかった人生という教育の場から勝ち取った真理であり、冷めた目で見据え続けた自身の信念であると、私には思えてならない。

「文藝春秋」二〇一〇（平成二十二）年八月号

「オール讀物」二〇〇九（平成二十一）年三月号

あとがき

ずっと以前、ある人が呟くように私に言ったことがある。

「君は数奇な運命を辿るね」

私には運命がどういうものかわからない。ある者はそれを運命と呼び、ある者は偶然と言う、それだけのことではないか。

しかし、二十二年前、自分の熱心さは特別だったにしろ、多くの執筆者の一人として寄稿を依頼した高峰秀子という人と、これほどの深い縁を持つようになったことを考えてみると、運命は、たとえ紙一重であったにせよ、明らかに偶然とは違う、何か得体の知れないものかもしれないと、今は思えている。

この一月、ハワイの墓所を訪れた時、私はかつて松山と高峰が写真で見せてくれた、三十年前に自分達のために用意した墓を、じかに初めてこの目で見た。

芝生に埋め込まれた墓石には、高峰が自らデザインした「眠」の一字とプルメリアのレリーフ、その横に「松山善三　高峰秀子」の名前が横書きで上下に刻まれていた。

その下の余白に、誰が「松山明美」の四文字が加えられると想像しただろう。

「小さくていいです。二人の名前よりずっと小さくていいですから、私の名前は」

セメタリーの係りの女性が「でもそれじゃ、何かとってつけたようで……」と心配顔で言った。

「いえ、それでいいんです。私の存在そのものがとってつけたようなものですから」

自分で言いながら、そうか、本当にそうだなぁと、私は改めて思った。

松山も高峰も、この丘陵で、人知れず二人静かに眠るつもりだったはずだ。まさか、もう一人、それも娘が自分達と一緒にここに入るとは夢にも思っていなかったことだろう。

本書は、高峰秀子という人と、一介の記者だった私が、仕事を通して、その距離が徐々に変化していく二十余年の、不思議な、ある意味で常識はずれな、いわば〝物語〟である。

高峰との仕事を通して、私は多くのことを学んだ。仕事とは生きることそのものだと教えられた。本来は読み捨てられるかもしれない、高峰の小さな談話記事から何から、全て余すことなく残しておきたい。そう思って作った本である。

どんな小さな記事にも、高峰秀子という人の仕事への限りない責任感と、真摯が溢れているからだ。

「こうしてみると、結構あんたと仕事したんだねぇ」

「婦人画報」誌で連載を始めた頃、高峰は言った。

本当は二月に刊行することになっていたが、その前に想像もしなかった物語の結末が訪れた。

本書は、高峰の協力を得て刊行作業を進めていた幾つかの本のうちの一つであり、そして、高峰がその表紙カバーを自身の目で確認してくれた最後の本である。

「これでいい？」、まだ高峰の容態が良かった頃、絶対に良くなると信じていた頃、私は病室のベッドに横たわる高峰の顔の上にパソコンを掲げて、編集者から送られてきた表紙カバーの画像を見せた。

高峰は、澄んだきれいな目で見つめて、「うん、うん」と大きく二度頷いてくれた。

「かあちゃん、きれいだね」

私がカバーを指して言うと、もう一度頷いてくれた。

「君が養女だということがわかったら、『なんだ、養女が書いたのか』と読者が思って、本の値打ちが下がる」と心配してくれた人がいる。

もしそうだとしても、構わない。

私は養女になったから『高峰秀子の流儀』を書いたわけではない。養女にしてもらえたから本書を出したのでもない。

養女だから高峰を尊敬しているわけではない。

正確に言えば、本書の内容を連載していた、その最終回を執筆している時に養子縁組をした。

養女になって以後、高峰の人格について書いたことは一度もない。

本書の「まえがきに代えて」と「あとがき」が、私が養女になって初めて書いた、高峰秀子への思いである。

過去の拙著『高峰秀子の捨てられない荷物』も、先の『高峰秀子の流儀』も写真集『高峰秀子』も、そして本書も、ただ書きたいから書いただけだ。

たとえ何十年前に養女になっていても、同じように書いていただろう。

高峰秀子は、身内びいきなどというつまらぬ動機で書かれるほど、凡庸な人物ではない。

書かずにはいられないほど人を衝き動かす、稀有な人だ。

だから書いた。

「高峰で商売している」「死んでまで高峰で儲けようとする」……何と言われようと構わない。

私はこれからも書く。

何百回生まれ変わっても、決して二度とめぐり逢えない、高峰秀子という見事な人間のことを、書き続けたいと思う。

高峰のため息が聞こえるようだ。

「あんたは私に対する思い入れが強いからねぇ……」

今の私には、常にもまして冷静さがないかもしれない。しかし、今の私には、こうとしか、書けない。

高峰秀子に出逢えた人生に感謝する。


平成二十三年、高峰の八十七回目の誕生日を前にして。

斎藤明美

文庫版に寄せて

私にとって最も貴重な本
～亡き父母、松山善三・高峰秀子に捧ぐ

斎藤明美

本書は、高峰が死んだ一年半後に『高峰秀子との仕事1』『同2』という二冊の単行本として刊行され、このたび『高峰秀子との二十年』と改題して一冊の文庫になったものである。

もちろん私がこれまで上梓してきた高峰に関する書籍と同じく、一人でも多くの方に高峰と、そして夫である松山善三の人柄や生き方を伝えたいという思いで刊行したのだが、本書が他の拙著と大きく違うのは、単行本時代のタイトルでもわかるように、発案したきっかけが、二十年近い時間の中で記者として高峰とどのような仕事をしてきたのかまとめておきたいという、ごく個人的な動機だったことにある。

だから端《はな》から連載など考えず、書き下ろしてどこかで本にしてもらえたら有難いと思っていた。だが幸いにも「婦人画報」誌から連載の声をかけていただいたことで、私はこの二十年の物語に思いがけぬ時間をかけて向き合うことができた。

連載を書き始めると、それは単なる記録としての仕事の羅列では済まず、高峰秀子という人間が持つ仕事への姿勢、その奥にある彼女の揺るぎない価値観や生き方に及んでいったのだ。

それは今思えば当然のことなのだが、当初の私に果たしてそこまでの思いがあったのかどうか、確信はない。ただ書いていたら自然にそうなったというのが正確だろう。書いていると、次々に記憶がよみがえり、具体的な年月日こそ当時の手帳を見て確認したが、他のことはすべて、出来事も高峰の発言も、その時々の表情も声音も、まるで録画していたVTRかDVDでも再生するように、鮮明な映像となって目の前によみがえった。

今回、この文章を書くためにほぼ二十年ぶりで読み返したのだが、あぁ、あの時かあちゃんはこんなことを言ったのか、私はこんなことをしたんだなと、自慢ではなく、己の記憶力に驚いた。自慢ではなくと書いたのは、多くの知人から、「君はそんなことまで覚えていて怖い」とか「そんな細かなことまで記憶しているなんて異常だ」とか、決して肯定的な言われ方をしないからである。

　だが私に限らず、人は自分が強い関心を抱いた出来事についてはかなり覚えているのではないだろうか。ある種の衝撃を持った光景や会話。それが私の場合は、多少微に入っているだけのことだ。「中でも怒りの感情などはその場で冷凍保存して、何十年経っても、即座にリフレッシュ解凍できる」と友人に言って、いわゆるドン引かれたこともある。だが高峰と松山との交遊の中で腹が立った類は皆無に等しい。それでも、リフレッシュ解凍できる。きっとそれは、高峰という人の発言や振る舞いが、完全に類型を超えて、あまりに英知に満ちていたために、強い衝撃となって私の記憶に焼き付けられたからだと思う。加えて私の高峰への思慕。だがそうだとすれば、これも私だけでなく、自分が強い思いを寄せる相手とのやりとりは多くの人が覚えているはずだ。

　だが記憶は、悲しいことに、摩滅する。

　現に今回、読み直して、今では既に記憶から消えていることもたくさんあった。だからこそ、書き留めておいてよかったと思う。そうしなければ、高峰との会話や松山とのやりとり、細かな出来事、そのうちのどれほどが失われていただろうと恐怖する。

　がしかし、記憶はあくまで記憶に過ぎない。大切なのは、その記憶から何を学びとったか、なのだ。殊に高峰の一挙一動を目の当たりにしながら、私はただ感動し感服しただけで、一体、その教えがどれほど己の身に染みているのかと考えると、呆然とする。高峰に教える気持ちなどなかったとしても。

本書にも登場する、作家・出久根達郎氏についての出来事。初めての拙著に素晴らしい書評をくださった出久根氏に心ばかりのお礼をと、高峰が私に指示したことだ。彼女は氏が焼酎を好むことを覚えていて、到来物の珍しい焼酎を「『これは高峰から』と言って。そしてあんたからは奥様にお花をさしあげなさい。あんまり大げさでない……そうね、今ならスイートピーなんかいいわね。それを『これは私から奥様に』、そう言って、宅配便なんかじゃなく、あんたがじかに届けなさい」と言った。

高峰の凄いところは、指示がそこで終わらなかったことだ。続けて私に言ったのは、「玄関先でお渡しして帰ってきなさい。決して上がり込むんじゃありませんよ」。

明らかに私という人間の性格を見越して出した指示である。私の甘えと厚かましさ。

優れた指導者とは、単に知識を教え込んだり的確な指示を出せる人のことではない。

〝誰に〟対してそれをするのか、その誰を理解した上で教え指導できる人のことだと私は思う。つまり万人に同じやり方で同じ内容を教えるのではなく、相手の能力や性格を把握して、その人に応じた教え方ができる人。受ける側から言えば、何を教わるかより、誰に教わるかのほうが重要なのだ。それは大げさでなく、人生をさえ左右する。

その意味で、高峰は非常に優れた指導者だった。

その優れた指導者に私は二十年もの長い間、貴重な教えを授けてもらった。養女にまでしてもらった。

中学生の頃、高知の田舎でテレビを見ていたら、画面に「違いがわかる男のゴールドブレンド」というナレーションとともに一人の男の顔が映った。「へぇ〜、この人、松山善三さんっていうんだ」、ぼんやり見ていたその男性が、まさか四十年後、自分の父親になるとは、誰が想像できただろう。高峰に至っては、文字通りスクリーンの中の人でしかなかった。

高峰に寄稿を依頼したのは、数知れない著名人に対してそうしたことの、情熱の度合は別として、単なる一つに過ぎなかった。

東京の大学に入っていなければ、親に勘当されて仕方なく教師になっていなければ、校長と喧嘩して教職を投げ捨てていなければ、私が初出社した日に「エンマ」という写真雑誌の廃刊が決まっていなければ、そして実母があんな難病で死んでいなければ……仮定すればきりがない。

一体、人生というのは何か脈絡や因果があって進んでいくのか。二十数年前、初の拙著に書いたと同じ、未だに私には運命と偶然との区別がつかない。

わかることは、高峰秀子と松山善三に出逢えて、生まれてきて良かったと思う。それだけである。

読者をそっちのけにして著者失格だが、本書は、読んでくださる方々より、書いた私にとって、最も貴重で愛おしい、そして最も読むに辛い、一冊である。

令和二年二月

（松山善三・高峰秀子養女／文筆家）

＊本書は、二〇一一年に新潮社より刊行された『高峰秀子との仕事 1：初めての原稿依頼』『高峰秀子との仕事 2：忘れられないインタビュー』を合本して改題し、文庫化したものです。
＊本書収録の写真で撮影者が明らかでないものがあります。ご存じの方はお知らせください。

草思社文庫

高峰秀子との二十年

2020年4月8日　第1刷発行

著　者　斎藤明美

発行者　藤田　博

発行所　株式会社 草思社

〒160-0022　東京都新宿区新宿1-10-1
電話　03(4580)7680(編集)
　　　03(4580)7676(営業)
　　　http://www.soshisha.com/

本文組版　有限会社 一企画

印刷所　中央精版印刷 株式会社

製本所　大口製本印刷 株式会社

本体表紙デザイン　間村俊一

ISBN978-4-7942-2451-4　Printed in Japan

草思社文庫既刊

野上照代
完本 天気待ち
監督・黒澤明とともに

フランソワ・トリュフォー　山田宏一＝訳
ある映画の物語

山田宏一・和田誠
ヒッチコックに進路を取れ

黒澤作品の現場のほとんどに携わった著者が、伝説的シーンの製作秘話、三船敏郎や仲代達矢ら名優たちとの逸話、そして監督との忘れがたき思い出をつづる。日本映画の黄金期を生み出した人間たちの青春記！

『華氏451』撮影日記と『アメリカの夜』シナリオ、自作二作によりフランソワ・トリュフォー監督が映画創作の内側を赤裸々に描いた本。撮影技術や女優のわがまままで、多彩なエピソードが興味津々。

ヒッチコック作品の秘密を映画好きの二人が余すところなく語り明かす。傑出した映像技術、小道具、メーキャップ、銀幕スターから脇役の輝き、製作裏話まで話は尽きない。映画ファン必読の傑作対談集。